開発と生活戦略の民族誌

ソロモン諸島アノケロ村の自然・移住・紛争

宮内泰介

新曜社

目次

写真撮影　宮内泰介
装幀　鷺草デザイン事務所

第1章　マライタ島で考えたいこと

生活の組み立て方への注目

1　マライタ島で何を考えたいのか

村の生活

蕭々と降っていた雨は、いつのまにか豪雨になり、家の隣を流れるクワラエ川は、今にも氾濫しそうな勢いだ。私は家の中で小さくなっている。なすすべなし。雨がトタン屋根を叩く音もいつになく大きい。そのうち夜になりランプをつけるが、文明社会からやってきた私にとって、その光はいかにもかぼそい。小学校に上がった子どもたちは、そのかぼそい光の回りに集まってノートを広げ、学校の宿題をしている。

いつ訪れても、マライタ島は雨が多い。自分のからだも湿気てくるような感じがする。近くの村から遊びに来ているDSさんは「ホントに、雨がマライタをダメにするね」と笑う。しかし、その隣でEEさんが「でも、雨がマライタを豊かにもしているよ」と言う。

たしかに、川沿いの細い道は雨のせいでたびたび崩れ、整備をしなければならない。奥の村から学校に通っている子どもたちは、道が崩れるとたいへんだ。雨が続くと畑仕事もできない。しかし、雨のおかげで作物はよく育つ。作物の育ち具合は、いつも人びとの大きな関心事だ。「昨年は畑の野菜が虫にやられてしまった」とEEさんが嘆く。畑は生活の中心に存在している。

別のある日、畑を歩いてみる。

村のうしろに広がる標高40～140メートルの丘陵がこの周辺の住民たちの畑である。起伏が結構あるので、傾斜のある畑も多い。この畑から、日々の糧が収穫される。移動焼畑耕作、つまり焼いて畑にしてまた移動して、というやり方なので、この丘陵地すべてが同時に畑になっているわけではない。畑のエリア、草ぼうぼうのエリア（畑を放棄してからの期間が短い）、二次林のエリア（畑を放棄してからの期間が長い）がモザイク状に点在している。

ちょうど女性たちが除草の作業をしているところに出くわした。「どのくらい除草をするの？」と私は聞く。「植えてから収穫までの間、だいたい一回」。女性たちは土からイモのようなものを掘り出して放り投げていた。「これがはびこるとサツマイモの出来が悪くなるの」。女性たちが作業している畑は、見たところ、サツマイモ、タロイモ、キャッサバ、バナナ、デエと呼ばれる野菜、それにオフェゲと呼ばれる野菜が植わっている。デエは、ぬるぬるした野菜で食卓にもよく出てくる。ソロモン諸島の共通語ピジン・イングリッシュでは「スリッパリー・キャベジ」（ぬるぬる野菜）と呼ばれている。

生まれて初めて焼畑という農法を見たのもここだった――。

その日は炎天下だった。暑くてからだにはきついが、火入れの条件としては最高の日。すでに数日前、木の切り倒し、草刈りはすませてある。以前にも焼畑に使ったところだから太い木はないが、それでも木を倒し、草を刈り、それらを集めておく作業はなかなかに重労働だ。そのあと数日間放っておいたので、草木は十分乾燥している。ＥＬさんが火をつけると、あっという間に広がった。おもしろいように燃える。黄色の炎が舞い上がる。火はうまくコントロールされていて、焼畑にする範囲以外には燃え移らない。私は火の勢いに見とれていた。

写真 1-1　畑の火入れ（1992 年撮影）

写真 1-2　焼いた畑にサツマイモを植える（1992 年撮影）

焼畑からの収穫物は日々の食卓を賑わせる。とはいえ、それほどたくさんの種類があるわけではない。タロイモ、サツマイモ、ヤムイモ、キャッサバ、各種野菜など。そこに、買ってきたインスタントラーメン、ツナ缶などがときどき加わる。いくらか小金をもっている村人は、買ってきた輸入米（オーストラリア産）を食べることもある。

アノケロ村とは

私がいるのは、ソロモン諸島マライタ島 Malaita のアノケロ Anokelo 村。州都アウキ Auki（マライタ島唯一の町でもある）から乗り合いトラックで90分ほど、距離でおよそ20キロ北に位置する村だ。アノケロ村は、人口150人ほどの、このあたりでは比較的大きな集落である。人口の半数は18歳以下。このあたりの村々はおもに海岸近くの平地部、それに河川沿いに点在している(1)。

アノケロ村は、マライタ島北西部を走る主要幹線道路の脇に位置している。車が通れる規模の道路が造られたのは一九六五年、乗り合いトラックはそれより5年遅れて一九七〇年に始まったという。毎日3〜4本行き来している乗り合いトラックは、個人が商売で営んでいるものだが、住民にとっては町への唯一の交通手段となっている。トラックの荷台に、荷物と一緒に人間も乗り込み、町と村の間を移動する。

乗り合いトラックに乗りたい時は、道路脇で待つ。時にトラックが満杯で乗せてもらえないこともある。トラックの時間は不定期だし、運行されない日もあるので、トラックに乗せてもらうだけで一仕事だ。それでも、アノケロ村の交通の便は悪くないといえる(2)。

写真 1-3　乗り合いトラック（1993 年撮影）

さらに、看護師を擁する診療所が集落から歩いて15分ほどのところにあり、小学校・中学校も徒歩3分のところに位置している。アノケロ村は、交通、教育、医療の面からすると、ソロモン諸島の村落部としては比較的恵まれたところにあるといえる。

ある晴れた日、村ではコプラづくりが行われていた。コプラは、ココヤシの実の中にある白い胚乳部分を乾燥させたもので、輸出されてヤシ油となり、洗剤や加工食品の原材料として使われる。村の人びとの貴重な収入源だ。

コプラづくりは人手がかかる。

村の近くにおのおのがもっているココヤシ園で、自然に落ちてくる成熟したココナツを拾い集めておく。そして1〜2

写真 1-4　コプラづくり。みんなでココナツから胚乳部分（コプラ）をくりぬく（1993 年撮影）

ヵ月に一度、近所の人や親族を集めてコプラづくりを行なう。いちばんたいへんなのはココナツから胚乳部分をくりぬく作業。勢揃いして、一人ひとりくりぬき作業を行なう。そうやって手伝ってもらった人たちには、あとで食事などのお礼をする。現金でお礼をすることもある。村ではこうした共同作業も多いが、経済活動の単位はあくまで世帯である。

コプラ、それにカカオなどが村での貴重な収入源だが、たいしてお金が入るわけではない。村での現金収入は本当にわずかなものだ。それでも畑の作物がちゃんと生長してくれさえすれば、生活することはできる。村の自給度の高さはソロモン諸島全体の特徴でもあり、そのことが人びとの生活の安定を支えている。とはいえ、ランプの灯油、洋服、加工食品、

写真 1-5　水場で洗濯（2007年撮影）

さらにこれが大きいが子どもの学費など、現金もますます必要になってきている。お金は日々の悩みの種である。

コプラづくりの隣では、女性たちが戸外の水場で洗濯をしている。一九九〇年代に、湧水や小川から引いた簡易水道が整備され、コンクリート張りの水場で、洗濯、食器洗いから浴水までが行なわれるようになった。近くの村ではいまだに水場が遠く、苦労しているところもある。

日曜日。この日はコプラづくりも洗濯もしない。キリスト教が浸透しているソロモン諸島では、日曜日は安息日だ。この日ばかりは少し新しい服を着て、教会へ向かう。アノケロ村には、コンクリートで作った大きな教会がある。SSEC（南洋福音伝道会）というソロモン諸島独特の教派である。ソロモン諸島の村々は、どこも教会を中心に形成されている。

教会での礼拝が始まる前、多くの家ではフォデづくりが行なわれる。フォデとは、いくつかの種類のタロイモの葉、野菜、イモなどを何層にも重ね、ココナツ・ミルクをたっぷり加え、バナナの葉でくるんで蒸し焼きにしたもの。幾種類もの食材を層状に重ねたこの食べ物は、人びとの楽しみの一つだ。

竹筒を使った調理をすることもある。カオ kao（*Nastus obtusus*）と呼ばれる竹の中にイモ、野菜、魚などの食材を入れて焼く。しかし、この調理法は今ではたいへんまれになってきた。一九五〇〜六〇年代にかけて、カオは市販の鍋にとってかわられた。もともと金属をもたず、畑の仕事も木の棒を使っていたソロモン諸島の人びとが、斧やナイフを持ちはじめたのは、西洋人との接触以降だ。

アノケロ村は、他の多くの海岸部の村同様、第二次大戦後の社会変動のなかで成立した村である。マライタ島の住民たちの多くはもともと、内陸部に2〜3世帯ずつの小さな集落を形成していた。集落と集落の間は離れていて、その間に畑を拓いたり、また、森からの収穫物を得て生活していた。

ソロモン諸島がイギリスの植民地に入ったのが一八九三年。「ソロモン」の名は旧約聖書の「ソロモン王」からとられた（命名は一五六八年、スペイン人探検家メンダーニャ〔メンダナ〕による）。もともと現在のソロモン諸島全体を表す名前はなかった。それだけ各島は独立していて、全体を覆う政治的なまとまりがなかったということでもある。それどころか、各島の中も小さな親族グループ、小さな集落に分かれていた。

キリスト教が入ってきて、タバコ、洋服、斧といった商品が導入され、さらに学校教育や医療も入っ

写真 1-6　日曜日のフォデづくり（1998 年撮影）

てきた。ソロモン諸島の村々は激変期を迎える。キリスト教布教者たちは、教会を中心にした村をマライタ島海岸部につくり、同時に学校を作った。アノケロ村近くの海岸沿いに英国国教会が病院を設けたのは、一九二九年。内陸部に住んでいた人びとは、学校や医療へのアクセスがよい海岸部に移住しはじめた。第二次大戦後にはマアシナルールという自治運動が起こり、その運動の提唱によってさらに多くの人びとが海岸部に移住した。集落の規模も格段に大きくなった。そうして生まれた村の一つがアノケロ村だった（詳しくは第2章参照）。

私がいま見ているアノケロ村は、あたかもあの日曜日の食べ物フォデのごとく、人びとの生活の変化、政治の歴史、社会の変化、そうしたものが幾重にも折り重なった姿なのだった。

ソロモン諸島は貧困か?

このようなソロモン諸島の人びとの暮らしについて、私たちはどうとらえればよいのだろうか。たとえば、コプラ生産について考えてみよう。村の人たちが貴重な現金収入源としてせっせと作っているコプラだが、その価格は低迷を続けている。一九九六年段階での買取り価格は1キロ当たり0・6ソロモン・ドル(当時のレートで18・4円)、二〇〇六年には1・0ソロモン・ドル(15・3円)だった。ソロモン諸島のインフレを考えると、コプラの買取り価格は変わっていない。1回にたとえば500キロのコプラを生産するとして、年6回行なうと3千ソロモン・ドルの売り上げになるが、経費(手伝ってくれた人たちへの謝金や乾燥施設の賃料)を500ソロモン・ドルとすると、差し引いて2500ソロモン・ドル、日本円で約4万円である。年間これだけ熱心にコプラ生産をする人は村では決して多くないが、それにしても年間4万円の収入にしかならない。

コプラの買取り価格は、コプラの国際取引価格に連動しており、政府による価格保証はない。したがって、住民たちがコプラの価格をコントロールすることはできない。コプラの価格は浮き沈みが激しく、買取り価格が低い時期は、住民たちも、コプラづくりに意欲をなくす。

ソロモン諸島の購買力平価換算(PPP)の一人当たりGNPは二〇〇九年時で2819米ドル。194国・地域中130位と低い(3)。ちなみに日本の購買力平価換算(PPP)一人当たりGNPは同じ時点で3万2608米ドル。お金だけでなく平均寿命、識字率、就学率といった社会指標を考慮に入れた「人間開発指数」(HDI)(4)でも、ソロモン諸島の値は二〇〇七年で0・610で、182国・地域中135位とやはり低い(UNDP 2009)。

要するに、ソロモン諸島は「貧困」なのだ。

ソロモン諸島をおおう問題は「貧困」だけではない。「環境問題」もまたソロモン諸島をおおっている。その大きな一つが「熱帯林伐採問題」である。

熱帯林伐採問題

ソロモン諸島の森林伐採が輸出用として本格的に始まったのは一九六二年で(5)、その後とくに一九八〇年代以降、毎年数十万立方メートルの規模で木が伐られ、丸太のまま輸出されてきた。一九九〇年代以降も年間輸出量50〜80万立方メートルを推移していたが、二〇〇四年に急激に輸出量が増加し、二〇〇四年に104万3千立方メートル、二〇〇八年には152万3千立方メートルの丸太を輸出した(図1―1)。これは金額で9億3436万ソロモン・ドル(124億円)に当たり、ソロモン諸島の二〇〇八年輸出総額の60・8%を占めた(Solomon Islands Statistics Office 1987; Central Bank of Solomon Islands 2002; 2008)。

ソロモン諸島の商業伐採は、ラッセル諸島、ニュージョージア島、マライタ島、ガダルカナル島など全域で行なわれており、おもにマレーシア系多国籍企業などによって行なわれている。ソロモン諸島中央銀行すら、すでに一九九三年の段階で、森林伐採が持続可能なレベルをはるかに超えていると警告を発していたほどであるが(Central Bank of Solomon Islands 1993)、その後も伐採は続いている。

一九九〇年代には、ソロモン諸島のパヴヴ島における森林伐採が国民的な論議を呼んだ。パヴヴ島は二〇世紀初頭、多国籍企業がココヤシ・プランテーションに進出し、大部分の土地が土地所有者である

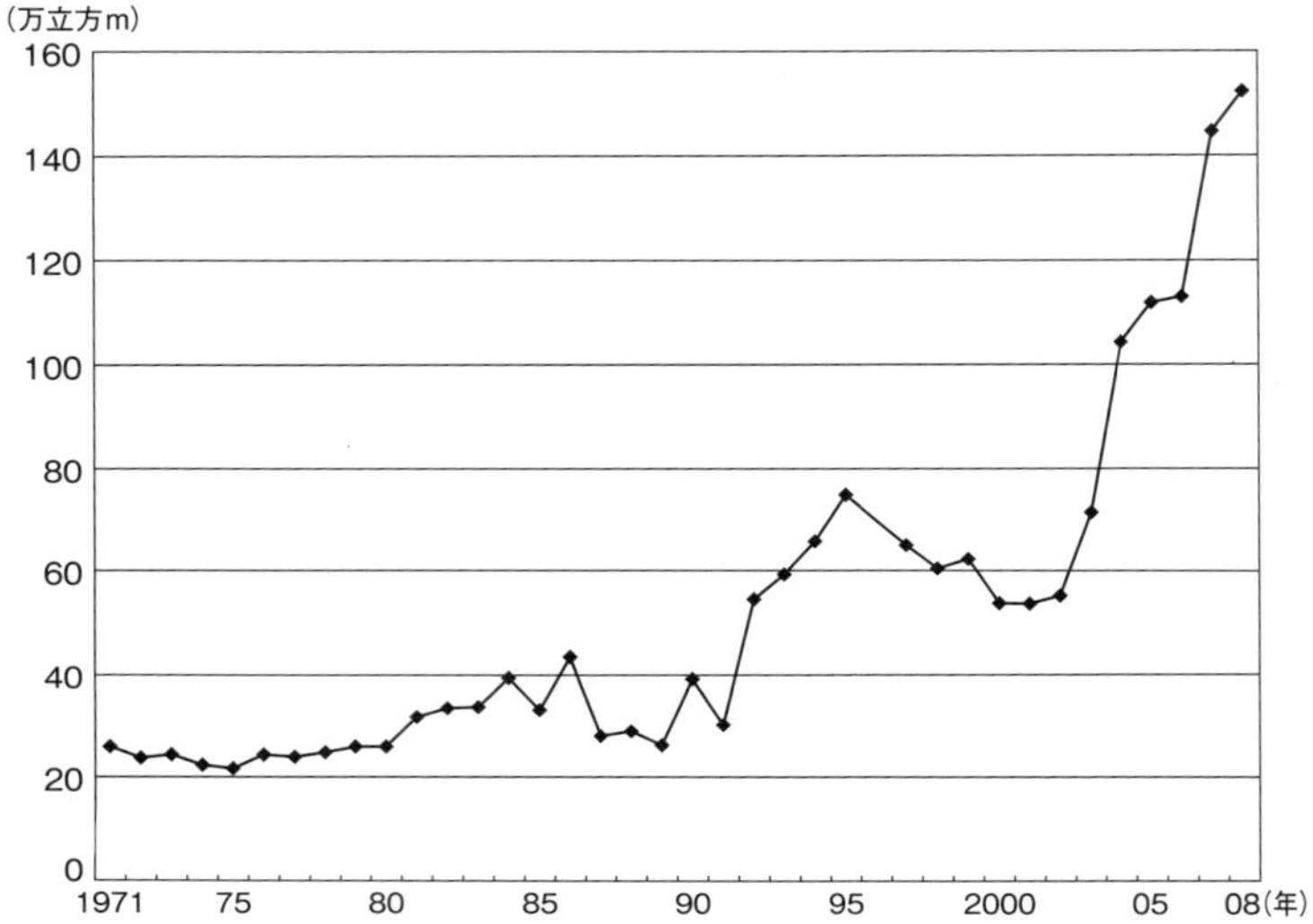

図 1-1　木材（丸太）輸出量の推移

（資料）1971-1988: Solomon Islands Statistics Office（1991）
1989-1992: Solomon Islands Statistics Office（1994b）
1993-1995: Solomon Islands Statistics Office（1997a）
以降：Central Bank of Solomon Islands, 各年版

住民の手から奪われた。一九七八年にイギリスから独立したあともこの状態は続き、一九九二年にこのパヴヴ島の伐採権がソロモン諸島政府からマレーシアの森林伐採企業マービング・ブラザーズ社に下ろされた。住民・元住民はこれに猛反発し、一九九三年に同社が同島に機材を持ち込もうとした時に、機械を燃やすと脅してこれを阻止した。その後も住民の抵抗は続いたが、一九九五年伐採は開始された(6)。

ソロモン諸島で伐採される木材のほとんどは、日本が輸入している。日本ではおもにベニア板になり、建築用コンクリート型枠などに使われている。

発展途上国の住民をめぐる以上のような「問題」は、「貧困」「環境」、あるいは「発展／開発」「自立」といっ

写真 1-7　マライタ島の商業伐採現場（上：2004 年撮影　下：1993 年撮影）

Solomon Star

No. 801 Wednesday, 24 May, 1995 Price $1.20

Islanders 'ready to fight'

By Duran Angiki

Leaders of a Russell Islands group who tried to invade Maving Brothers logging camp on Pavuvu island last month have vowed to fight, if the government fails to stop the operation immediately.

PM warns NGOs not to interfere

By Duran Angiki

図 1-2　パヴヴ島住民の反対を伝える地元紙（出典）*Solomon Star*, May 24, 1995

た言葉で語られることが多い。しかし、そうした「問題」からの目で発展途上国の住民を考えることは妥当だろうか。

発展途上国の住民の暮らしに少しでも触れた者ならば、「環境問題」「貧困問題」として語られることと現実の暮らしとの間にずれがあることに気づく。あたりまえのことだが、住民の暮らしは「貧困」という言葉に一元的に収斂されるものではないし、住民は「環境保護」のために暮らしているわけではない。もちろん「貧困」も「環境」も、住民の生活の一部として重要な位置を占めている。そのことは無視すべきでない。しかし、それに収斂されないさまざまな要素がそこにはある。「貧困」「環境」といった言葉で私たちが語るものも、実は住民にとっては違う文脈で理解されていることが多い。かといって環境や貧困を、たんなる異文化の問題として語るわけ

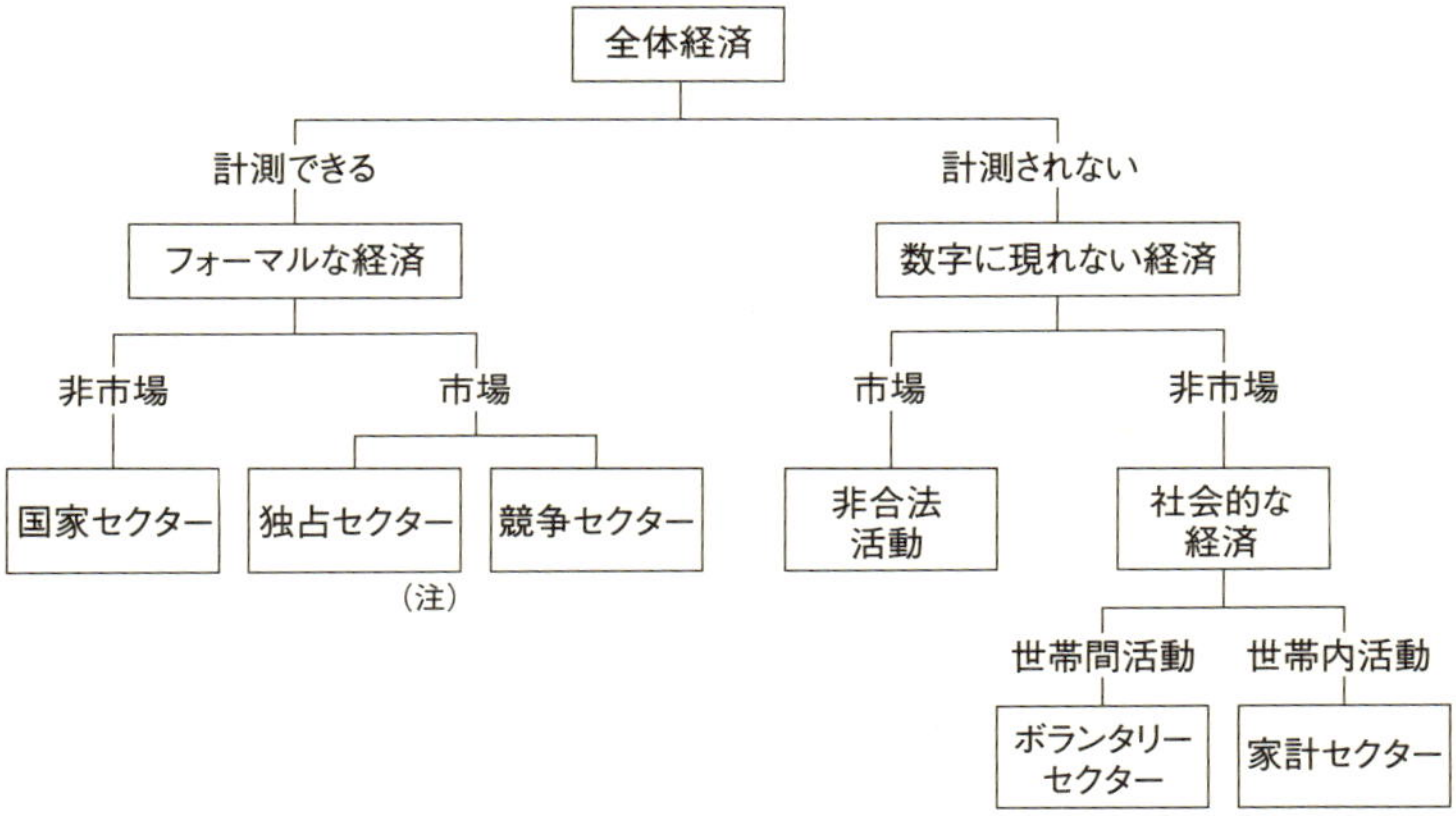

図 1-3　ウィーロックの全体経済モデル（出典）Wheelock（1992: 127）
（注）国際資本，金融資本，国家セクターによる市場向け生産を含む

にもいかない。では、どう考えればよいのか。

この本で私は、人びとの生活を「経済」も「環境」もその一部に含んだ広義の経済という視点でとらえようと考えている。

生活を広義の経済として見る

ポール・イーキンスとマンフレッド・マックスニーフ（Ekins and Max-Neef eds. 1992）は「実生活経済」（real-life economy）という言葉で、また、ジョン・フリードマン（Friedmann 1992=1995）は「包括経済モデル」（whole economy model）という言葉でそれを表そうとした[7]。

ポール・イーキンスとマンフレッド・マックスニーフの編著（Ekins and Max-Neef eds. 1992）の中で、ジェーン・ウィーロック（Wheelock 1992）は、これまでの経済学が世帯（household）をブラックボックスとしか見てこなかったと批判し、世帯の中の支払われない生産労働、世帯間のボランタリーな活動などを含

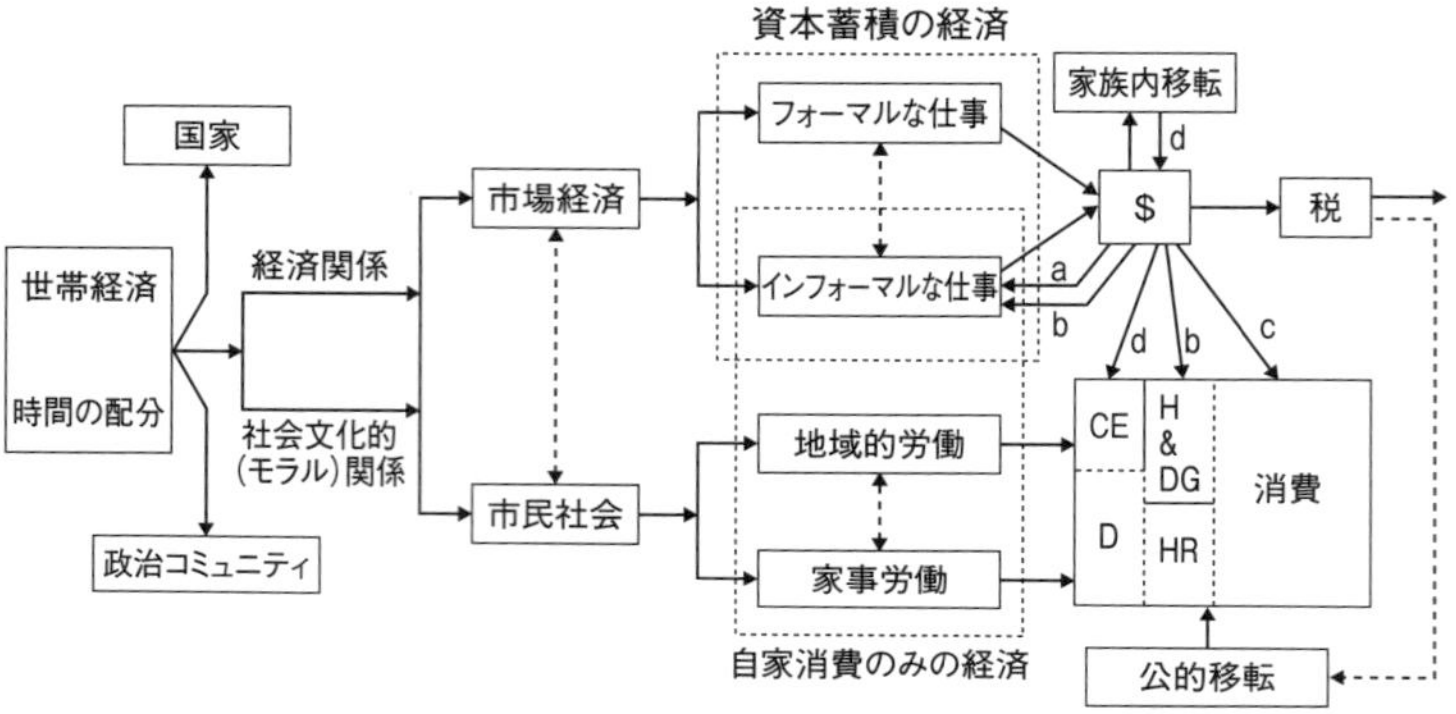

a 労働資金
b 投資
c 消費支出
d 自発的な貢献と社会義務

CE 地域経済
D 家庭領域
H&DG 住居および耐久財
HR 人的資源

図 1-4　フリードマンの包括経済モデル（出典）Friedmann（1992=1995: 94）

めた全体経済のモデルを、図1ー3のように描いた[8]。

一方、フリードマン（Friedmann 1992=1995）の包括経済モデルとは、世帯を中心に置き、世帯が政治や経済、市場経済やインフォーマル経済や家庭内の経済を包含しているその全体を示すモデルである（図1ー4）。ラテンアメリカで開発問題にたずさわってきたフリードマンは、自家消費経済のみに焦点を当てるのも、市場経済にのみ焦点を当てるのも十分でない、という。そこで、その両方を現実に担っており、人びとの生活と経済の基盤である世帯に視点をおくのである。「世帯による活動は、果てしない蓄積に対しては向けられていない。むしろ、いのちと暮らしを支え、維持し、よりよくするために働く。そうした活動はしばしば特定の具体的目標をもち、貨幣と交換できるものは一部分のみである」(Friedmann 1992=1995: 97)。

人間開発論

こうした議論はすでに、発展途上国の開発戦略の議論の中にある程度組み込まれている。人間開発（人間発展）（Human Development）論や社会開発（社会発展）（Social Development）論がそれである(9)。人間開発（人間発展）論は、従来の経済中心の開発政策が、貧困の緩和を達成することに失敗したという反省から、一九八〇年代以降、ＵＮＤＰ（国連開発計画）等から出てきた考え方である。

人間開発論にはバリエーションがあるが、いずれも、アマルティア・センのケイパビリティ（capability）論とリンクして使われることが多い。センによれば、人間の幸福は、それぞれが「『様々なタイプの生活を送る』という個人の自由を反映した機能のベクトルの集合」（Sen 1992=1999: 69）、つまりケイパビリティを発揮できることにかかっており、貧困とは「受け入れ可能な最低限の水準に達するのに必要な基本的な潜在能力（ケイパビリティ）が欠如した状態」（Sen 1992=1999:172）である。したがって、発展とは、諸個人のケイパビリティを発揮できるような状態にすることにほかならない。これが人間開発論である。

人間開発論は、経済開発がまずあって、その残余として、あるいはその補完として人間開発がある、という話ではない。「人間開発が目的であり、経済開発はその手段」とＵＮＤＰの『人間開発報告』（一九九六年）がいうように（UNDP 1996: 1）、発展の中心に人間開発があるべきだとする議論である(10)。

そして、この人間開発論を中心に据えた開発戦略が社会開発論である。社会開発論は、人間開発のためにどのような社会的な要素を軸におけばよいのかを議論している。たとえば、社会開発論の画期となった一九九五年の世界社会開発サミット（WSSD: World Summit for Social Development）では、貧困、雇用、社会的統合、という三つの社会的要素が主題とされた。社会開発論は「社会の発展」論としての側面を強くもっている（佐藤元彦 2002: 34, 42）。そこで強調されるのは、政府による政策と並んで、社会の各セクター（教育機関、ＮＧＯ、コミュニティ組織、協同組合など）の参画であり、それらが主体となった発展である。人びとは、開発／発展（development）の対象ではなく、開発／発展の主体として描かれるようになったのである。

ソーシャル・キャピタルと〝社会的なもの〟

さらに近年、社会開発論とも関連しながら発展途上国の開発戦略の議論において注目されているものとして、ソーシャル・キャピタル（社会関係資本）論がある。よく知られているように、ソーシャル・キャピタル概念はジェームズ・コールマンが、人間は個人の利益中心に動くという経済学的な分析方法とも、社会の規範によって動くとする社会学的な分析方法とも違う、第三のツールとして提示したところに端を発する（Coleman 1988）。コールマンは、合理的選択理論の立場に立ちながら、その合理的行動の選択の背景として、従来言われてきたような単なる「利益」だけでなく、信頼や規範といったアクター間の関係にかかわるもの、すなわちソーシャル・キャピタルが存在している、と説いた。

その後、社会科学の分野では、ロバート・パットナムが *Making Democracy Work*（邦題『哲学する民主主義』）（Putnam 1993=2001）でイタリアの政治分析にソーシャル・キャピタル概念を効果的に用いて以降、急速にこの概念が注目されることになった。一方、「開発協力」の分野でもこのソーシャル・キャピタル概念が有効だと認識されるようになった。とくに世界銀行が一九九三年にこの概念についての議論を始めたことが一つの契機となり、開発の分野でのソーシャル・キャピタルへの注目、さらには応用が始まった(佐藤寛 2001: 16-18)。

たとえば、アブドゥル・ハイ・モンダール(Mondal 2000)は、バングラデシュにおける発展の試行錯誤の中で、NGOが軸になって地域社会のソーシャル・キャピタルを高める戦略が非常に有効であったことを実証的に論じている。バングラデシュのNGOが、いくつかの開発戦略――文化の重視、インフォーマル教育の重視、共同作業の重視、共有資源の活用とルールづくり、など――をとるなかで、地域社会のソーシャル・キャピタルを高める役割を果たし、そのことが住民たち自身からも「利益になった」と評価されている、と論じている。モンダールのこの議論は、発展途上国の開発問題における議論の一つの典型をなしている。

ソーシャル・キャピタル論の功績は、発展途上国の開発論の中で、〝社会的なもの〟への注目を促したことにある。社会開発論でもまだ見えにくかった、人と人とのつながり、集団と集団のつながり、といった〝社会的なもの〟への注目を促した。発展途上国の人びとの生活とその向上は、そうした一見〝ひ弱〟な〝社会的なもの〟とわかちがたく結びついているのである。

しかし、ソーシャル・キャピタル概念は、〝社会的なもの〟が果たしている多様な役割・機能を、開発戦略上の機能に一元化、あるいは単純化して見せてしまうことになった、と私には映る。また、何かも〝ソーシャル・キャピタル〟にされてしまう、研究上の後退も生んだ、と私は考える。

ソーシャル・キャピタル論が再び光を当てた〝社会的なもの〟は、人びとの具体的な生活の中にこそ現れる。私たちは再び、ポール・イーキンスとマンフレッド・マックスニーフの実生活経済モデル、フリードマンの包括経済モデルに戻り、さらにもっと具体的な住民の生活に分け入る必要がある。人びとがどのような状況のなかでどのように実生活経済を組み立てているかを分析し、そのことによって開発論に資すること、それが本書のめざす方向である。

発展途上国の人びとの生活の次元から、さまざまな〝社会的なもの〟を浮かび上がらせ、そこから人びとの開発／発展を論じる研究のあり方をめざすこと。社会学がつちかってきた、さまざまなレベルの〝社会〟への複合的な視線を十二分に生かしながら、開発／発展の議論へ貢献すること。それが本書の狙いである。

生活の組み立て方への注目

そうした開発論をめざすとき、重要になってくるのは、発展途上国の住民たちがどう具体的に生活を成り立たせているかである。住民たちのリアルな生活を抜きに開発／発展を議論することは意味がない。そう考えたとき、私たちは、住民たちの生活からある側面のみを切り取って論じることに慎重にならざるをえない。貨幣セクターにのみ注目するのでもなく、〝伝統的〟な生活にのみ注目するのでもなく、生活の全体性に迫ることが求められる。

住民たちのリアルな生活から開発／発展を議論するために、また一方、むやみにリアルな生活の詳細に分け入って研究が拡散してしまうのを防ぐために、住民たちの**生活の組み立て方**に焦点を当てたい。本書では、**ソロモン諸島マライタ島の住民たちを事例に、彼らの具体的な生活がどう成り立っているか、彼らの生活経済がどのような資源を使って成り立っているか、彼らがどのような生活戦略を立てている**

か、また、**社会変動のなかでどう立て直しているか**、を見ていく。

ここでいう資源とは、住民（世帯）が生活を続けていくために利用しているさまざまなモノやコトを指す。そのなかには、物質的な資源のほかに、技術、制度、権利、社会的ネットワーク、人間関係、権力などを含めている。こうしたさまざまなものを住民の生活の視点からひとまず並列に並べ、それを本書では資源という言葉で表してみようと思う。物質的な資源と社会的ネットワークを別のものとする論じ方は当然存在しているし、それはそれでよいのだが、住民たちの〝生活の組み立て方〟に焦点を当てながら人びとの開発／発展を考えようとする本書では、それらをあえて資源という統一的な視点のもとに議論してみたい。

住民たちがさまざまに組み合わせて利用している資源の多くは、歴史の中で登場してきたものである。住民は、歴史的に登場したさまざまなモノやコトを資源化してきた(11)。本書ではそうした資源化のプロセスに注目することになるが、うまく資源化できているものばかりでもない。歴史的に登場したモノやコトが、住民の生活にとって不安定要素となる、いわば負の資源として働くこともある。それと住民たちがどうせめぎあっているか。それも同時に注目することになる。

本書では、ソロモン諸島マライタ島のここ百年の歴史、とくにここ三～四十年の歴史から、住民たちがさまざまに変化させてきた社会的なしくみ（あるいは変化させなかった社会的なしくみ）を、彼らが生活を成り立たせるための資源と見なし、それぞれの時代のなかで、あるいは諸個人（諸世帯）のライフステージのなかで、その資源群をどう使いながら（あるいは、資源化しながら）生活を組み立ててきたかを見ていきたい。そうした見方によって、自然とのかかわり、土地制度、貨幣経済、といった彼らをとりまく主要な社会的トピックを、統一的な視点で見ることができ、さらにそれを開発／発展の議論へと展開することができる。

この試みは必然的に、地域社会の歴史に注目することを促す。発展途上国の村落地域の開発や発展を考えるとき、それぞれの地域が固有の歴史をもっていることは意外に軽視されがちである。しかし、どの地域も歴史をもっており、その具体的で一回限りの歴史の中にこそ、住民たちの生活の諸条件は構成されている。その意味で、歴史に注目することは、地域の具体性に注目することでもある。資源はそこに無前提に存在するものではなく、社会的・歴史的な文脈のなかで構築されてきたものである。本書が住民たちの具体的な生活の歴史（生活史、社会史）の記述に重点を置きながら議論しようとするのは、そういう理由によっている。本書では、地域社会の具体的な歴史の中で、人びとがどういう選択をしてきたか、人びとにどういう選択肢や条件があるのかを見、そのことによって人びとの生活の組み立て方を論じたい。

自然環境と移住への注目

そうやって具体的な生活の歴史を重視したとき、本書の対象地域であるソロモン諸島マライタ島では、二つのトピックが浮かび上がってくる。それは〈自然環境〉と〈移住〉である。

自然環境はマライタ島民の生活のなかで、大きな位置を占めている。第7章で取り上げる、海岸部から内陸部への移住計画において、彼らが言うのは「内陸部のほうが自然資源が豊富だから」ということだった。住民は、「森がなければ私たちは死んでしまう」と語る。

〈自然環境〉は、ソーシャル・キャピタル論が光を当てた〝社会的なもの〟だろうか？ 〈自然環境〉は、直接的には人と人の関係ではない。しかし、人びとの生活戦略のなかでは大きな位置を占めている。彼らにとって〈自然環境〉は、自然保護主義者が考える〝保護すべき自然〟でもない。マライタ島における自然は、ただそこにあって人が恩恵を受けているのではなく、歴史的に形成されてきた、人と自然との間のさまざまな関係が内包されている。そしてその人と自然との間の関係は、人と人との関係ともリンクしている。その意味で〈自然環境〉もまた社会的なものであり、実生活経済の重要な一部である。

ソロモン諸島マライタ島において、人びとはどのような具体的な関係を環境との間に取り結んでいるのだろうか、そして、人びとはどのように環境との関係を生活戦略の中に取り込んでいるのだろうか。本書の第3、4章では、そのことを考えたい。

一方、人びとは〈移住〉を繰り返している。二〇世紀半ばに急速に進んだ、内陸部から海岸部への移住、戦争による移住、出稼ぎ等の労働移住など、二〇世紀後半以降の彼らの生活は、〈移住〉に彩られている。移住は、世界のほかの多くの地域同様、この数十年のマライタ島社会の大きな社会的トピックである。移住は、彼らが生活をどうやって組み立てるかの大きなポイントであり、移住を見ることによって彼らの生活戦略は浮き彫りにされてくる。さらに一九九九年以降の民族紛争は、彼らの移住戦略の練り直しを促した。民族紛争の中で彼らがどうふるまったのかを見ることもまた、住民たちの生活の組み立て方を見るのに格好の材料を提供してくれる。本書の第5、6、7章は、この〈移住〉をトピックに取り上げながら人びとの生活の組み立て方や組み替え方を見ようというものである。

生活を組み立てるということ、それは、人びとが空間的、社会的なものと自分たちとの関係や配置を組み替えることである。自然との関係を組み替えるのが〈自然環境〉であり、社会的な関係（雇用、制度、社会的ネットワーク）を空間的に組み替えるのが〈移住〉である。本書は、〈自然環境〉や〈移住〉を通して、そうした組み替えのさまを見ようとするものである。

2　フィールドワークとは何だろうか

複合的なフィールドワーク

そうしたことを考えようとしたとき本書がとった方法論は，フィールドワークだった。一九九二年以来今日に至るまで繰り返してきたフィールドワークが、本書の土台になっている。もちろんフィールドワークだけでなく、各種文献・資料や先行研究を使っている。したがって「フィールドワークを中心に、各種文献・資料を使った」と書けば、本書の方法論の記述として大きく外れていないし、それですむのかもしれない。しかし、この本でとったフィールドワークという方法論について、少しだけ議論をしてみよう。

フィールドワークが手法といえるようなものであるかどうか、当初から確たる信念があったわけでもないし、裏づけがあったわけではない。一九九二年にソロモン諸島で調査を始めたとき、悪くいえば「フィールドワーク」ということ以外の明確な方法論をもたずに始めた。方法論のみならず、明確な仮説や理論枠組みももたずに現地に入った。

もちろん「環境問題を考えたい」とか「開発問題を考えたい」といった思いはあった。しかし、そうした「思い」あるいは「仮説」をいったん括弧に入れるところからフィールドワークは始まる。あらかじめ持っている枠組みに実態を当てはめるのではなく、実態から考えること。それを目ざした。しかし一方で、調査テーマをすべて括弧に入れることは実は難しい。まったく白紙の状態で何かを見たり聞いたりすることはできない。何を聞くかは当面自分の関心に基づいて決めるしかない。何を見るかには自分の視点が必ず入っている。それでもなるべくそれを括弧に入れ、相手の出方に応じてテーマをずらしていくことを試みるのがフィールドワークの基本だと私は素朴に考えた。「ある程度の関心や仮説のようなものをたずさえながら現地で調査を始め、その調査のなかで関心や仮説を変更したり練り直したりしていくというプロセス」をフィールドワークと呼ぶのならば、本研究の方法はまさにフィールドワークである。

そうしたフィールドワークにおいて使う技法は、さまざまである。観察、インタビュー、立ち話、参加、体験、あるいは地図作成、リストづくり（たとえば単語のリストづくり）、文書収集、写真撮影、映像撮影などなど、さまざまな手法があり、使えるものは何でも使ってよいだろう。佐藤郁哉のいう「恥知らずの折衷主義」（佐藤郁哉 2006a: 69-72）である。しかし、本研究でもっとも多く使ったのは、観察とインタビューである。

観察やインタビュー以外の手法も、時に応じて試みた。調査の初期の段階では、網羅的な世帯調査や労働時間調査、あるいは畑の面積を測るといったことも行なった。しかし結局のところ、長年の調査のほとんどは観察とインタビューに費やされた。

観察とインタビュー

村に滞在中、あるいは、村人とともにどこかに出かけている間、観察を繰り返す。観察のおもしろいところは、自分の視点で解釈しきれない事柄がたくさん出てくるということだ。人に聞いて解釈できたとしても、それが「意味のある」できごとなのかよくわからないことが多い。しかし、それらもとりあえず記録しておく。それがあとで生きてくることもあるし、まったく生きてこないこともある。重要だと思ってたくさん記録したことが、あとでまったく役に立たないこともあるし、たいしたことはなさそうだがとりあえずと思って記録しておいたことが、あとで重要になってくることもある。

観察は単にこちらが透明人間になって見聞きするということだけではない。観察には必ず、ちょっとした立ち話をこちらからしかけたり、あるいはこちらが動くことで相手が動くことを観察する、というインタラクションが含まれる。観察やその記録は、つまるところ、観察者である私と人びとの間に繰り広げられたストーリーの記述にほかならない。

私はそうした観察をなるべくメモ帳に記し、それをあとで日記形式にして記述するという方法をとった。日記は一九九五年の調査まではノートに手書きし、一九九六年以降はモバイルコンピューターにテキストで入力した。調査地には電源がない。今は売られていない「モバイルギア」（ＮＥＣ製）という、電池で動くコンピューターは、そうした調査マンにとってたいへん貴重な道具だった。

単に観察していただけではわからないことはもちろん多く、それは、聞くことによってわかってくる。何より書かれたものがほとんどない地域なので、インタビューに頼るしかない。インタビューは目的をある程度決めて、しかし、実際のインタビューの中で柔軟に中身を変えていく、という、いわゆる半構造化インタビューの手法で行なった。対象者はそのときどきのトピックに応じて決めていく。誰が語るに適した人であるかは、主要インフォーマントであるエディ・エリファウさんに相談したり、人づてに聞いて決めていった(12)。

実のところ調査地は大きなエリアではないので、同じ人に繰り返しインタビューしていることが多い。そのなかで私は、同じ人に毎年のようにインタビューすること自体が、大きな意味をもっていることに気づいた。それは、単に時系列的な変化を追うために有益ということではなく、一人の人が、聞く時期によって態度を変えたり、言い方を変えたりしていることは(実際にそういうことが非常に多い)、地域で起こっていることを多面的にとらえるのにたいへん役に立った。

インタビューの相手を選ぶ選び方が「正しい」かどうか、別の言い方をすればそのサンプリングが適切かどうかは、難しい問題であるが、いわゆる「理論的飽和」(これ以上調査対象者を増やしても新しい話は出てこないという「飽和」)の考え方に基づいて、その適切化が図られる。たとえば、第6章において民族紛争の避難民たちへのインタビューを行なったが、最初は人びとの情報をもとに、手当たり次第にインタビューしていった。そのうちだいたいのパターンが浮かんできて、それがいくらか固定してきた(と私が認識した)ところでインタビュー調査を終えることにした。

もちろん、インタビューの困難はいくつもある。たとえば、相手の語ることとこちらの聞きたいことがなかなか交わらないという困難、相手の言うことの信頼度を測れないという困難、などがある。異文化の地で行なうインタビューは、そうした困難がさらに増幅することになる。

テキストデータとの対話

インタビューのほとんどは、テープレコーダやMDレコーダ、ICレコーダに録音され、調査地を離れたあとで文字に起こされる。初期の頃はカセットテープをたくさん持ち込んでなかなかたいへんだったが、MDレコーダ、さらにICレコーダになって便利になった。私の場合、完璧なトランスクリプトを起こすのは時間的な余裕がないため、言い回しなどの多くは省略し、しかし実質的な内容はすべて入っているというたぐいの起こし方を行なった。もっとも、言い回しが重要だと思われるところは、とくにその言い回しのままトランスクリプトとして起こした。共通語のピジンでインタビューしているが、テープ起こしは、あとの使いやすさを考えて日本語に直した。

このように、観察やインタビューの結果は、膨大なテキストデータ（文字データ）というかたちで私の前に整理されることになる。それに写真や図が加わる。

調べたこと、見聞きしたことがテキストデータになることの意味は何だろうか。

第一に、テキストデータとなることで参照が容易になり、そこからデータとの対話が促される。日記・インタビューデータは、すべて一つのファイルに仮にまとめられ、その上で、二つの方法で繰り返し参照されることになる。一つは、時系列に従って、最初から読んでいくという方法。もう一つは、ある特定の言葉によって検索された上で読むという方法。前者は、画面で読むこともあるが、多くは印刷し製本したものを読んだ。そして線を引いたりメモをしたり、といった「データとの対話」をしながら読んでいく。後者は、そのときどきの関心に従って検索し、その前後を読むという対話のしかたである（このために便利なソフトとしてKWICFinderがある）。この両者が組み合わされることにより、立体的な対話がデータとの間に可能になる。

第二に、そうしたデータとの対話を通じ、新たな着想や発見を得るプロセスが生まれる。データとの対話から着想を得るルートには、おもに二つの流れがある。一つは、対話の中からダイレクトになにがしかの発見をし、論を立てる、というルートである。もう一つは、もう少しゆっくりと進むルートがある。データの細部からキーワードや着想をコードとして記述し、そのコードを体系化していくルートである。後者のルートについて、本研究では、「野帳」と「アイデアツリー」という二つのソフトウェアを使って行なった。「野帳」は名前のごとく、まさにフィールドワークのテキストデータをコード化し構造化していく目的で試験的に作られたソフトウェアであるが、仕様が十分でなく、それだけでは不十分だった。そのため、私はコード化までを「野帳」によって行ない、それによって作ったデータをテキスト処理した上で「アイデアツリー」に渡し、そこで体系化を図った(13)。

データと発見(コード化)ということについてもう少しいえば、この二つははっきり分かれるものでもない。実は、フィールドワークで記録することの多くの部分は、事実ではなく発見や着想である。「Aさんが悲しんでいる」という記述があったとして、それは、「Aさんが悲しんでいる」という事実が事実として書かれているというより、観察者である私が「Aさんが悲しんでいる」ということになにがしかの意味があることを発見しているのである。記述は意味の発見の記録である。つまり、テキストデータになっているものにはすでに発見やコードが含まれている。それと対話をしてまた発見(再発見)やコード化(再コード化)を行なう、という入れ子構造になっている。

もっといえば、そうしてテキストデータから発見する作業が、次回の調査に影響を及ぼす。テキストデータとの対話からアイデアが生まれ、そのアイデアが次回の調査の軸となるということも多い。発見が記録を生み、記録が発見を生む、という円環状になっている。

現場の響き合い

第三に、こうしたボトムアップ型の研究は、必ずしもつねに下（データ）から上（発見や議論）へプロセスが進むわけではない。

現場での体験や着想、そして、データとの対話がいくらか進むと、個々のデータから直接何かが発見されるというより、その全体が影響を及ぼして何らかの着想を生むことがある。その着想をもとに、もう一度データを参照し、議論を深める、というトップダウンのプロセスも含むのである。あるいはさまざまな先行研究や一見関係の薄い研究や議論が、自分のデータや着想との共鳴を生み、新しい議論に結びつくことも、そのプロセスには含まれている。

フィールドワークにおいては、当然ながら「現場」が重視される。しかし、おかしな言い方になるが、「現場」は現場にあるとは限らない。コプラ生産ということについていえば、それを消費している先進国の私たちの生活も、実はソロモン諸島の現実の一端である。ソロモン諸島で家族に関心をもったその関心の矛先が、日本の家族へ向かい、日本の家族について考えたことがまたソロモン諸島での考察に影響を及ぼす。あるいは、日本の川で川づくりの活動を参与観察していると、ふとそこでソロモン諸島の自然と社会の関係について分析していることがある。ソロモン諸島の「現場」は必ずしもソロモン諸島の中だけにあるのではない。現場と現場が響き合い、あるいは、融け合うのである。

こうしたことは通常「比較」という言葉で表される。狭い意味での「比較」は、他の条件をコントロールしてある項目だけについて比較し、その差異を見るというものであるが、それは、人間が本来行なっている豊かな「比較」のごく一部にすぎない。事象と事象、現場と現場、議論と議論を響き合わせて議論を組み立てること。フィールドワークにおける「現場」、フィールドワークで求められる「比較」とは実はそうしたものである(14)。

事例研究とは何だろうか

フィールドワークは事例の研究である。本書もソロモン諸島マライタ島のアノケロ村周辺地域という、たいへん限定された「事例」について扱っている。

事例研究とは何かということは、実のところちゃんと議論されてこなかった。多くの事例研究は、表向き次のような研究意義を掲げている。つまり「全体」の一サンプルとしての事例研究ということである。本当は全体を扱いたいのだが、それは難しかったり、全体を追おうとすると表面的なことしか扱えなかったりするので、全体を示すサンプルとして一つの典型的な、あるいは平均的な事例を扱うというものだ。この説明は理屈としてはわかりやすいし、学会などでは通りがよいのでよくなされる。しかし、何がその典型であったり平均であったりすることを保証するのか、という問題につねに悩まされることになる。また、実際に事例研究をする側の感覚としても、この説明はどこかしっくりこない。全体の一サンプルという時の「全体」とは何か。事例は全体のためのサンプルなのか。

そこで、もう一つの主張がなされる。事例研究は量的な全体の一サンプルではなく、その事例の中にものごとの本質を見ることができる、というものである。量的に代表するものでもないし、典型例でも平均例でもないが、しかし、それは何らかの本質を表している、というのである。たとえば今田高俊（2000: 15）は「個別の事例を分析することは、全体への一般化認識や時空を超えて成り立つ普遍認識をねらいとしているのではない。事例の奥にひそむ本質の認識をめざすのである」と述べ、船橋晴俊（1999: 30）は「限定された対象を徹底的に深く探求していくと、ある時、一挙にいろいろな事象についての『意味の発見』や『規則性の発見』を可能にするような、一般性を持つ理論的視点や洞察に達する」と述べている。こちらの説明の方が事例研究をしている側の実感に近い。

しかし、ここでも悩ましいのは「本質」とか「洞察」とは何なのか、ということである。本質的な認識とか、一般性のある洞察といったものが果たして存在するのか。

これは、再び複数の現場という話に戻ることになるだろう。現場を越えたメタ理論としての「本質」ではなく、現場と現場を結ぶ本質、事例と事例を横に結ぶ洞察をこの本ではめざしたい(15)。

3　ソロモン諸島とはどのようなところか

ソロモン諸島の概観

さて、この本の舞台は、ソロモン諸島マライタ島アノケロ村とその周辺地域である。この小さな地域の話の前に、ソロモン諸島そのものについて少し概観しておこう。本書が研究対象としているマライタ島は、ソロモン諸島最大の人口を有する島で、全人口の30・0％を占めている。ソロモン諸島全体の特

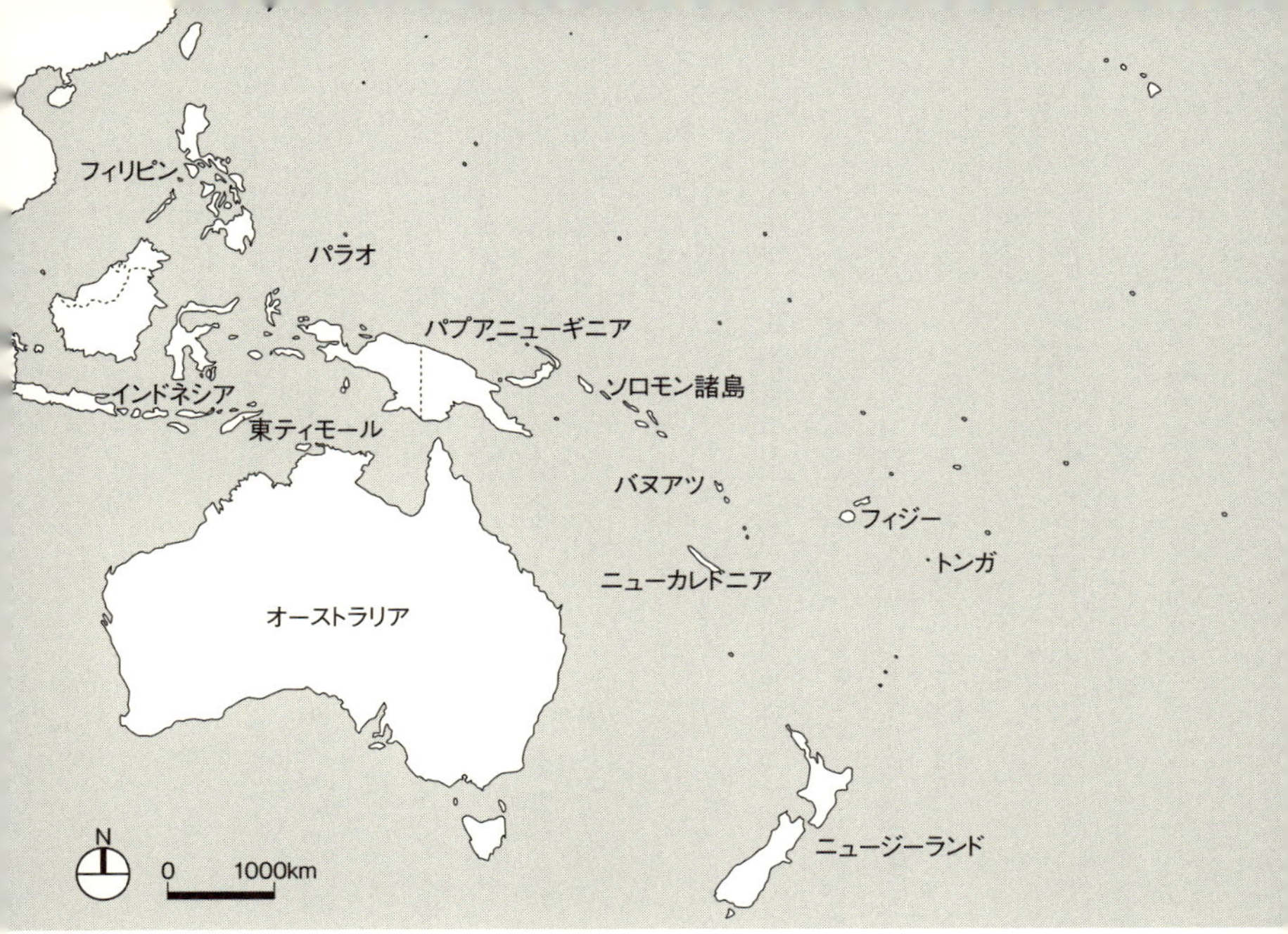

図1-5　ソロモン諸島の位置

徴は、ほぼそのままマライタ島の特徴でもある。

ソロモン諸島は、地誌的にはメラネシアの一部であり、パプアニューギニアの東部に位置する。数多くの火山島および珊瑚島からなる熱帯の島国で、陸地総面積は2万7540平方キロを有している。メラネシアの他地域同様、ソロモン諸島の降雨量は高く、年間降雨量は平均約3100ミリに達する。月平均の最高気温は31・0度、最低気温は22・3度である(16)。

二〇〇八年現在の人口は50万7千人で、人口増加率は2・4%と非常に高い(17)。一九九九年の国勢調査では、人口の94・5%がメラネシア系、3・0%がポリネシア系、残りが2・5%(ヨーロッパ系、華人系など)だった。平均寿命は61・1歳である(Solomon Islands Government 2000)。

ソロモン諸島は多言語国家である。人口がわずか50万人なのに92もの言語があり、そのほとんどはオーストロネシア諸語に属している(18)。もっとも言語人口が多いのは、一九九九年の国勢調査時で、マライタ島のクワラアエ語 Kwara'ae の３万２４４３人であった。本書のおもな対象となっている、ファタレカ語 Fataleka を話す人口は６７０３人。共通語はピジン Pijin である。

ピジンは、ピジン・イングリッシュともいい、メラネシアで二〇世紀に生まれた新しい言語である。一九世紀における西洋人とメラネシア住民との間の交易時に使われた言語を原型とし、そのあとプランテーション下での西洋人雇用者とメラネシア住民による労働者との間の会話からピジンが成立したといわれる(19)。ピジンを話せる人口は、全世代を含めると81・２%、15歳以上に絞ると91・９%に達する。識字率（15歳以上）は75・９%（男性83・０%、女性68・４%）である（ただしマライタ島に限ると識字率は60・６%。男性71・５%、女性50・５%）（Solomon Islands Government 2000）。

宗教は圧倒的多数の国民がキリスト教徒であり、キリスト教が住民の生活に占める比重は大きい。キリスト教宗派としては、英国国教会（Church of Melanesia）が32・８%（全人口比、以下同じ）、カトリックが19・０%、ＳＳＥＣ（South Sea Evangelical Church：南洋福音伝道会）(20)が17・０%、セブンスデイ・アドベンティスト（Seventh Day Adventist：第七安息日再臨派）が11・２%、合同教会（United Church）が10・３%を占め、この四宗派が全人口の90・４%を占めている（Solomon Islands Government 2000）。

国勢調査によると、14歳以上人口のうち、賃労働人口が23・１%、失業人口が11・１%、非賃労働人口が64・７%である。ソロモン諸島のような国の場合、こうした統計の解釈は難しく、「賃労働人口」には、「熟練の農業・漁業労働者」が含まれている。これを除くと、賃労働人口は17・０%となる。また、都市と農村の人口比では、都市人口が15・6%、農村人口が84・4%という比率になっている。農村部で自給自足に近い生活を送る人口が圧倒的に多くを占めることをこれらの数字は示している。しかし一方で、賃労働人口や都市人口も一定程度いることがうかがえる。首都ホニアラの人口は、一九七〇年に1万2006人だったのが、一九八六年には3万413人、一九九九年には4万9107人と確実に増加している(Solomon Islands Government 2000)。

国全体の主要産業は焼畑を中心とした農業および漁業である。ただしこれらは自給的側面が大きく、GDP(二〇〇九年で6億5700万米ドル(21))を支えているのは、おもに森林伐採による丸太輸出であり、これにマグロ・カツオの輸出用漁業、そしてコプラ、カカオ、パーム油さらに鉱物資源輸出が加わる。

電気、電話といったインフラは首都ホニアラなどの一部の都市部に限られているが、ラジオ(国営放送)は全国で広く聴取されている。『ソロモンスター』をはじめとする新聞も、都市部を中心に農村部でも広く読まれている。

小学校は広く国土に設置されており(22)、就学率(ここでは小学校を修了する割合)は67・1%(男性68・3%、女性65・9%)。乳児死亡率(生後1年未満の死亡率)は千人あたり66人、「安全な飲み水にアクセスできる割合」は61%である(23)。

政治体制について触れると、ソロモン諸島は一九七八年にイギリスから独立、現在イギリス連邦に属しているため元首はエリザベス女王。しかしイギリスとの政治的な関係は現在ほとんどない。議院内閣制(一院制)をとっており、50人の国会議員はそれぞれの小選挙区から選ばれ、首相は議員による互選。

各州には州政府と州議会があり、州議会議員もやはり選挙で選ばれる。

しかしソロモン諸島政府は現在オーストラリア政府の強い影響下にある。というのも、一九九九年より始まった民族紛争の解決の中で、二〇〇三年七月以来オーストラリアを中心とするRAMSI(Regional Assistance Mission to Solomon Islands)がその統治を「助ける」というかたちをとっており、その強い影響を受けているのである。

アノケロ村とはどのようなところか

本書で取り上げるのは、ソロモン諸島マライタ島の北部に位置するアノケロ村である。アノケロ村は、マライタ島唯一の「町」アウキから北20キロのところに位置する集落である。行政区分ではフォアブ地区Fauabu Wardになり、この地区全体の人口は一九九九年の国勢調査段階で８２４０人(Solomon Islands Government 2000)。アノケロ村は、二〇〇七年三月の調査時点で、世帯数が28、人口は１４２人(うち18歳以下80人)である(24)。政府が一九九五〜九六年に調査した数字では、19世帯、１０４人だった(この段階でのフォアブ地区の人口は５７７０人)(Solomon Islands Statistics Office 1997b)から、人口増加の続いている地域だということが容易にわかる。

アノケロ村に居住する世帯の多くは一九四〇年代に村が成立した頃に定着した世帯であり、以降、世帯から分化した世帯の数の増加、人口の自然増があるが(それ以外に若干新しい世帯が加わっている)、枠組みとしてそれほど大きな変化はない。

アノケロ村は、キリスト教教派ＳＳＥＣの村であり、また、おもにファタレカ語を話す人びとから成

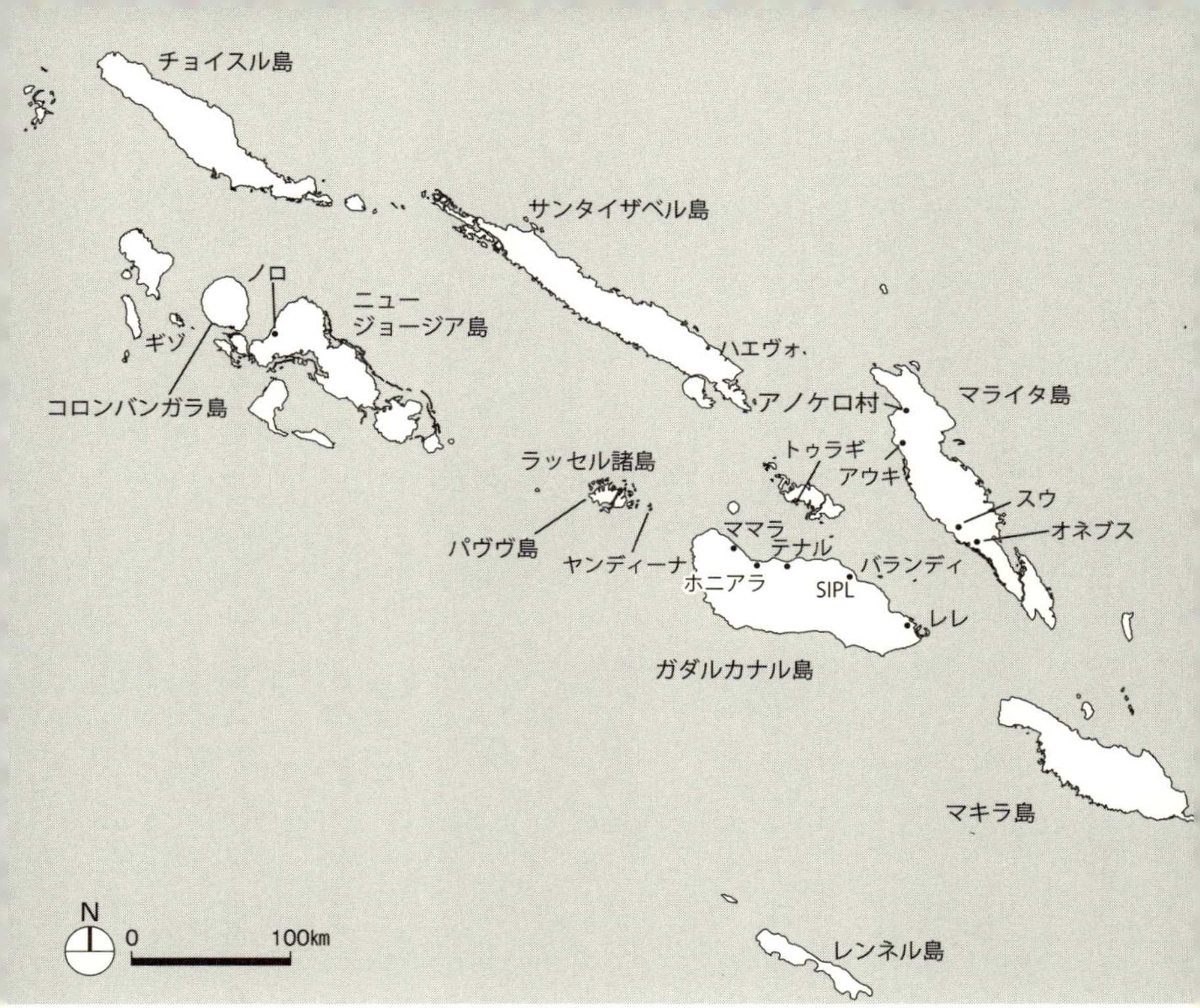

図 1-6　ソロモン諸島マライタ島およびアノケロ村の位置

り立っている。一部クワラアエ語を話す世帯もおり、さらには、婚姻等によってそれ以外の言語を話す人びとも在住している。アノケロ村を含むフォアブ地区は、クワラアエ語の村、ファタレカ語の村、バイグ語 **Baegu** の村が混在している地区である。異なる言語を話す者同士の会話は、お互い自分の言葉を話してコミュニケーションをとっているし、また、いくらかお互いの言語が混じり合っている[25]。さらには、近年の現象としては、それぞれの言語の中にピジンの語彙が多く入り込んでいる。ちなみに学校で使われているのはピジンと英語である。なお、本書中の「現地名」は、とくに注記のない限りすべてファタレカ語である。

4 人びとをとりまく社会集団——世帯、集落、親族

マライタ島の人びとはどんな社会集団の中で生きているのだろうか。

まず、人びとはファタレカ語、クワラアエ語といった言語グループにそれぞれ属している。しかし、言語グループそのものに集団としての社会的な意味はあまりないといってよい。少なくともファタレカについては、人びとがファタレカとしてのまとまりについて言及することはほとんどないし、ファタレカ全体を覆う社会的な組織もない。

人びとの生活上重要なのは、世帯、集落、そして親族という単位ないしネットワークである。

世帯と集落

マライタ島民の生活の核は、親と子からなる核家族世帯である。親子からなる核家族世帯単位で一つの住居をもっており、一つの家計を形成している。一つの世帯の住居は、通常、高床式の住居(寝食を行なう)と台所小屋とのセットになっている(26)。経済活動は、ほぼすべてこの世帯単位で行われる。親世帯や男キョウダイ(同じ実父母をもつ男兄弟)世帯との結びつきは強いが、家計は別であり、サブシステンス(非貨幣経済)部門、貨幣経済部門とも経済活動は別である。とはいえ、親世帯や男キョウダイ世帯とは、連携して経済活動を行なうこともよく見られる。

村における経済活動の中心は、焼畑である。焼畑に加えて、サブシステンス部門では、おもに森から

の採集や川や海での漁撈があり、貨幣経済部門では、ココヤシ栽培、カカオ栽培、ビンロウジュ栽培、パン焼き（小麦などを購入してパンを加工する）、それに、数は多くないが賃労働（学校教員など）、トラック運送経営などが加わる。また、家族の一部の出稼ぎ、あるいは、世帯全員で町やプランテーションに一時移住する出稼ぎも数多く見られる。

もっとも少なくて一世帯、多い場合は数十世帯が集まり、集落 fera（ムラ、故郷の意味）が形成されている。集落は人びとが日常生活を送る場であり、またさまざまな共同の場である。今日のマライタ島の集落は、そのほとんどがキリスト教共同体の性格を帯びている(27)。多くの集落は同じキリスト教教派の住民たちで構成されており、集落に一つの教会を有する。礼拝を共同で行なうことは、集落における生活の基本の一つである。

多くの集落では、教会の仕事をはじめとして、さまざまな相互扶助や共同作業を行なう。たとえば家を新築した世帯のために集落総出で屋根を製作するなど。集落には居住地のテリトリーがあるが、それ以外に集落自体が管理する土地や資源はない。集落はあくまで場であり、土地や財産をもつような単位ではない（例外は教会関係の資産）。また、集落間の関係は、(1)近隣の集落とのさまざまな関係、(2)同じ教派同士で礼拝を共同で行なったり、人的交流をもったりなどの関係がある。

親族関係とトライブ

親族関係もまたマライタ島民にとっては重要なものである。親族関係の核を成すのは、父系の親族集団である。これは、共通の父系の祖先を有すると信じる者同士の親族集団である。共通の祖先から自分たちに至る系譜（genealogy）が存在する（と信じている）。この集団が住民にとって重要なのは、何よりも土地の所有権を有しているためである。この父系親族集団は、ファタレカ語ではクワロファ kwalofa、アエバラ aebara あるいはフイ・ワネ fui wane と言う。アエバラとフイ・ワネは同義である。クワロファは、アエバラやフイ・ワネより大きな親族集団を指し、クワロファからアエバラやフイ・ワネが分離して生まれる、と言われるが、その境界はそれほど明確ではない。

実のところ、今日これらの用語をマライタ島民が使うことはほとんどなく、ファタレカ語の会話のなかでも「トライブ」（英語の tribe に由来している）というピジンの用語が使われている。父系親族集団の意味合い、とくに親族集団が土地を「所有」していることの意味合いは、社会変動のなかで変化しており、今日マライタ島でもっとも大きな問題と認識されている土地所有の問題（土地争い、所有権の主張し合いの問題）との関連でこの親族集団が語られる時に「トライブ」の用語が使われる。逆に言えば、現在人びとがこの父系親族集団について語る場合、土地をめぐる問題がほとんどであり、その際にはクワロファやアエバラではなく、「トライブ」が用いられる。

したがって、本書でも人びとのこのリアリティに従い、父系親族集団を指す言葉として「トライブ」を用いる(28)。トライブは生活を共にする単位ではなく、また一つの集落にはたいてい複数のトライブのメンバーが存在している。同じトライブの人間は、あちこちの集落に分かれて生活していることになる。

「土地」との関係で語られる親族集団は父系の「トライブ」であるが、彼らが有している親族関係はこの「トライブ」に限定されない。諸個人は母系・父系双方での親族関係を有する。トライブの存在と

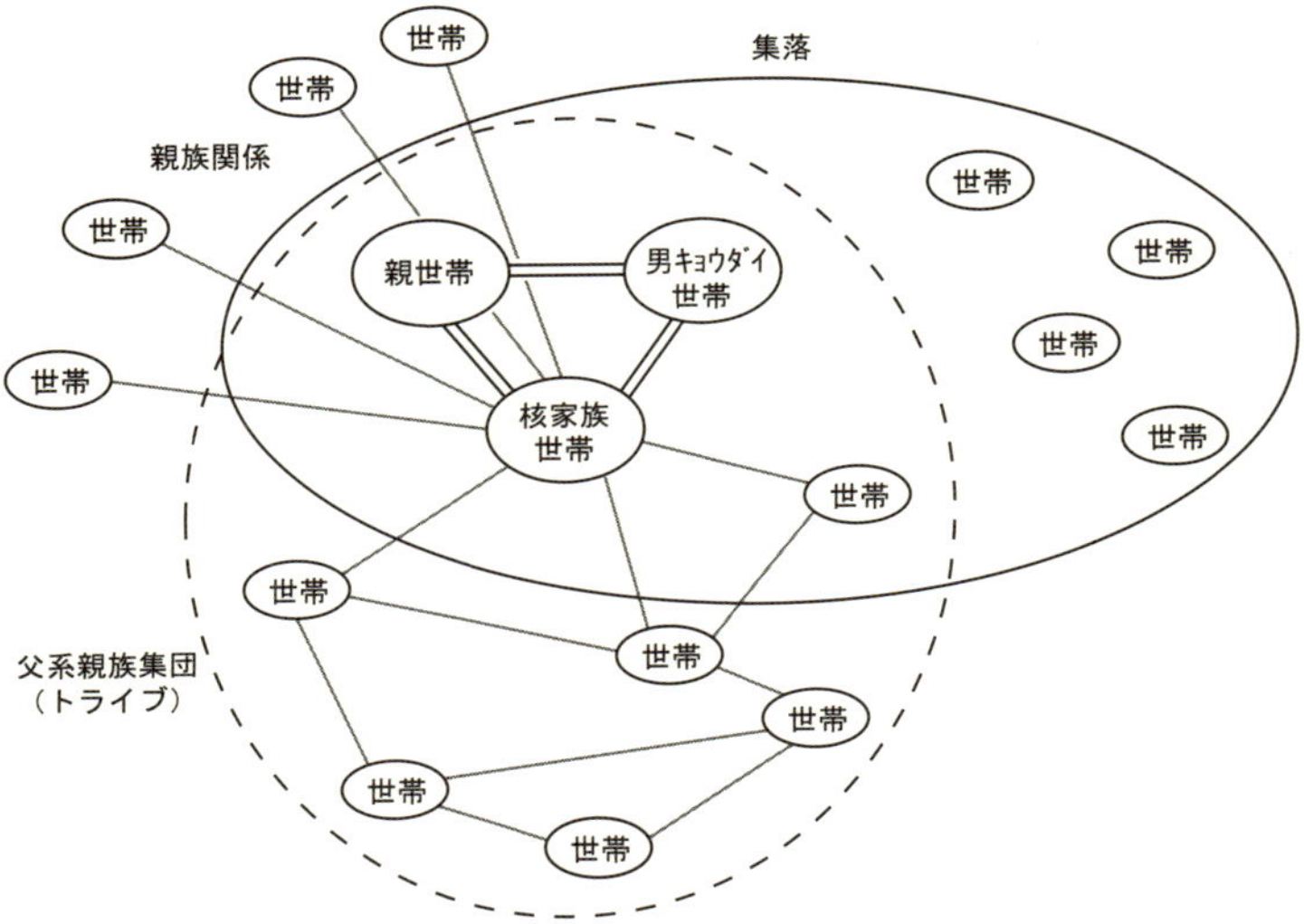

図 1-7　世帯，集落，親族の関係図

は別個に、母系・父系双方で広がる網の目のような親族のネットワークは、個人の生活にとって大きな意味をもつ。たとえば、祖父母と孫の関係は、父系、母系を問わずココオ kokoo という（双方からココオと呼び合う）。オジ・オバとオイ・メイの関係は、父系と母系で呼称が違うが[29]、それでも双方は同じく重要な位置を占めている。集団を形成しているトライブとは対照的に、こうした母系・父系双方の親族関係（その中には擬制的な関係も含まれる）は、個人を軸としたネットワークであり、住民たちの生活を支える社会的な資源として働いている。婚姻は、そうした親族関係のネットワークをさらに広げるものとして存在しており、したがって婚姻儀礼は、双方の親族ネットワークが参加する大規模なものとなることが多い[30]。

図1―7は、こうしたマライタ島民の生活構造を図式化したものである。人びとの生活（広

義の経済活動）の基本は世帯であり、集落である。したがって、人びとの生活に焦点を当てた本書では、世帯（個人）や集落に軸をおいて記述を進める。

5　調査の概要と本書の構成

本書は、一九九二年以降継続して行なっているソロモン諸島での調査に基づいている。調査は、一九九二年八～九月、一九九三年七～八月、一九九五年七～八月、一九九六年七～八月、一九九八年二～三月、一九九九年二～三月、二〇〇〇年二～三月、二〇〇一年八～九月、二〇〇二年八～九月、二〇〇四年八月、二〇〇五年三月、二〇〇六年三月、二〇〇七年三月、二〇〇八年三月に行なった。ソロモン諸島での調査のほとんどは、本書の対象地域である、マライタ島アノケロ村およびその周辺地域での調査に費やされた。アノケロ村での調査は、調査協力者のエディ・エリファウ Eddie Elifau さん宅（アノケロ村の分村であるイミアス Emmaus 村）に滞在し、そこを拠点に、観察、インタビュー、質問紙調査、資料収集等の調査を続けた。エディ・エリファウさんは、ソロモン諸島の代表的ＮＧＯであるソロモン諸島発展基金（ＳＩＤＴ：Solomon Islands Development Trust）の元フィールドオフィサー（現地職員）であり、私が一九九二年にソロモン諸島の調査を始めたときこのＮＧＯのお世話になったことから、エディ・エリファウさん宅での居候が始まった。

アノケロ村周辺地域での調査に加え、比較および補足のための調査として、一九九九年にニュージョージア New Georgia 島ノロ Noro 地区、二〇〇一年にマキラ Makira 島、二〇〇二年にサンタイザベル

Santa Isabel 島レピ Lepi 村、二〇〇四年にマライタ島北部ラウ Lau 地域で調査を行なった。また、毎回、首都ホニアラにおいても、関係者（おもにアノケロ村周辺地域出身者）のインタビュー、国立公文書館、統計局を含む各省庁、各国際機関、各NGO等でのインタビュー・資料収集を行なった。また、アノケロ村周辺地域出身地が多く住むホニアラ周辺の都市集落や、民族紛争前のアブラヤシ・プランテーション、SIPL（ソロモン諸島プランテーション会社）エリアも何度か訪れて、観察やインタビューを行なった。なお調査のほとんどは、ピジンによって行なわれた。

また、補足的な資料・データ収集については、ホニアラで行なうと同時に、オセアニアにおいても近年急速に利用価値が高まりつつあるインターネットによっても行なわれた。文献資料、統計資料、各種ドキュメントを各種サイトから収集するとともに、ソロモン諸島国内のメディア報道を、新聞『ソロモンスター』とそのオンライン版（*Solomon Star*, http://www.solomonstarnews.com/）やソロモン諸島放送局（Solomon Islands Broadcasting Corporation）のオンライン版（http://www.sibconline.com.sb/）などで収集した。

本書の構成

本書は、以下のような順序で議論する。

まず第2章では、当該調査地の地域史をたどる。書かれた歴史がほとんどないこの地域について、おもにインタビューから（一部資料も使った）再構成した歴史を記述する。二〇世紀前半からの歴史の記述になるこの章は、ちょうど、住民たちがキリスト教に改宗して内陸部から海岸部に移住し、そこでマアシナルールと呼ばれる自治運動を体験し、さらに学校や消費物資、そしてプランテーションでの出稼ぎを体験し始めた時期に当たる。そうした歴史から、人びとが生活を組み立てるための新しい資源がいくつも登場してきたことを示す。

続く第3章では、住民たちの「生業」を成している「栽培」や「採集」に焦点を当てる。焼畑農業を中心にしつつも、それだけではない広範な生業を組み合わせているさまを記述しながら、人びとと自然環境の間の多様な関係について、「半栽培」というキーワードを使いながら分析する。というのも、人びとが生活を組み立てる上で、この「半栽培」という言葉で広く言い表せるような自然資源との多様な関係がたいへん重要な位置を占めてきたし、今もそうであるからである。

さらに第4章では、そうした自然との多様な関係を支えている土地所有（権）・利用（権）のあり方について、「重層的コモンズ」というキーワードを使いながら分析する。土地は住民たちにとって非常に重要な資源であるが、それを近代的な所有概念（排他的な権利として「所有」）で把握しようとすると、事態を見誤ってしまう。マライタ島における所有や利用のありようを、「コモンズ」の議論と交錯させながら分析し、そこから住民にとっての土地の意味をさぐる。

第3、4章が広く「環境」に関するものだとすれば、続く第5、6、7章は「移住」に関する記述と分析である。人びとの生活の組み立て方を見たとき、移住するかしないか、あるいはどこへどう移住するか、は中心的なテーマになってくる。第5、6、7章は、それらを三つの事象から考察するものである。

まず第5章は、当該地域住民たちの移住の歴史をおもに一九九〇年代まで追いかけ、時代ごとにいくつかの移住のバリエーションを類型化し、分析した。

続く第6章は、一九九九年にソロモン諸島で起こった民族紛争と人びととの移住の関係について扱った章である。民族紛争は、人びとの生活に大きな影響を与えた。第6章では、これによって避難や移住を余儀なくされた人びとに焦点を当て、彼らの避難・移住が、どういう意味をもっているかを探る。民族紛争による人びとの避難・移住は、実は従来の移住との共通点も多い。

そして第7章では、民族紛争の一連の事態に続いて、ある住民たちがマライタ島の内陸部へ移住計画を立てていることに注目し、その意味をさぐる。彼らの移住は非常に象徴的であり、本書で考察してきたことの多くがそこに〝埋め込まれて〟いる。そこで、本書最後の章であるこの章ではこの現象を分析し、そこから本書全体のテーマである「生活を組み立てる」ことについて議論を深めたい。

なお、本書は一九九二〜二〇〇八年の長きにわたる調査をもとにしており、データもその16年間に収集したものを使っている。したがって、記述ではできる限りいつ収集したデータに基づいているかを明示した。もっともソロモン諸島の住民たちの生活において、たとえば一九九七年に入手したデータによる記述を大きく変えなければならない要素は現在あまりないといえるので、気にしないで読んでいただいてよいと思う。例外は、一九九九年に起こった民族紛争であり、また通貨価値の下落である。ソロモン諸島は長くインフレ傾向が続いており、私が調査を始めた一九九二年と二〇〇九年では、米ドル換算で2・5倍の差がある。そのため、金額についての記述は、つねに何年のデータかを入れた（さらにできるだけ日本円換算を入れた）。ソロモン・ドルと米ドル、日本円との換算レートの変遷については、

表 1-1　ソロモン・ドル（SD）換算レートの推移（対米ドル，日本円）

年	外貨当たり SD		SD1.00 当たり
	1.00 US$	100 円	円
1985	1.61	0.80	125.0
1986	1.99	1.24	80.6
1987	2.00	1.43	69.9
1988	2.11	1.63	61.3
1989	2.34	1.67	59.9
1990	2.53	1.75	57.1
1991	2.72	2.03	49.3
1992	2.93	2.31	43.3
1993	3.18	2.87	34.8
1994	3.29	3.23	31.0
1995	3.41	3.64	27.5
1996	3.55	3.27	30.6
1997	3.73	3.07	32.6
1998	4.82	3.68	27.2
1999	4.93	4.36	22.9
2000	5.11	4.74	21.1
2001	5.30	4.40	22.7
2002	6.78	5.46	18.3
2003	7.51	6.54	15.3
2004	7.49	6.93	14.4
2005	7.54	6.81	14.6
2006	7.61	6.54	15.3
2007	7.65	6.51	15.4
2008	7.75	7.51	13.3
2009	8.05	8.66	11.5

（出典）Central Bank of Solomon Islands, 各年版

表1－1を参照していただきたい。なお、この本では、煩雑さを避けるために、以下、ソロモン・ドルを単に「ドル」と表記し、米国ドルは「米ドル」と表記する。

また、本書では多くの人物が登場するが、氏名をアルファベット大文字2文字（たとえばJR、SAなど）で表すこととした。便宜のため、表1－2に本書に登場する主要人物を生年順に示しておいた。

さらに、本書には多くのトライブ名も出てくる。こちらはアルファベット小文字＋大文字（たとえばbK、aEなど）で表すことにした。トライブ名を

表 1-2　本書に登場する主要人物

氏名	生年	性別	氏名	生年	性別	氏名	生年	性別
OA	−	男	BM	1943	女	RR	1959	女
NR	−	男	BA	1943	男	PA	1959	男
FF	c.1910s	男	JK	−	男	NT	c.1960	男
CS	1921	男	LL	c.1940s	男	JI	c.1960	男
JR	1923	男	JM	1945	男	EE	1962	男
JA	1924	男	II	1945	男	RS	1963	女
KK	c.1925	男	SO	1948	男	TS	1964	男
LM	1928	男	LB	1949	男	MA	1965	男
EL	c.1930	男	KA	c.1950	男	AB	c.1967	女
FA	1936	男	EB	−	男	HS	1968	男
ZO	1939	男	SI	−	男	ST	c.1970s	女
CT	−	男	GW	1955	男	EM	1970	女
BB	1941	男	JF	c.1957	男	JB	1972	男
SS	1942	男	PK	1958	男	AH	1973	男
SA	1942	男	AM	1958	女			
BE	1942	男	SR	1958	男			

（注）c. は推定，－は生年不明．ソロモン諸島では自分の生年を記憶していない人が多いが，生年はおよそこの順と思われる

表す名前は、同時にそのトライブの出自の土地（あるいは、〝所有する〟土地）そのものを示すこともある。その場合は、たとえば「土地ｂＫ」などという表記にした。

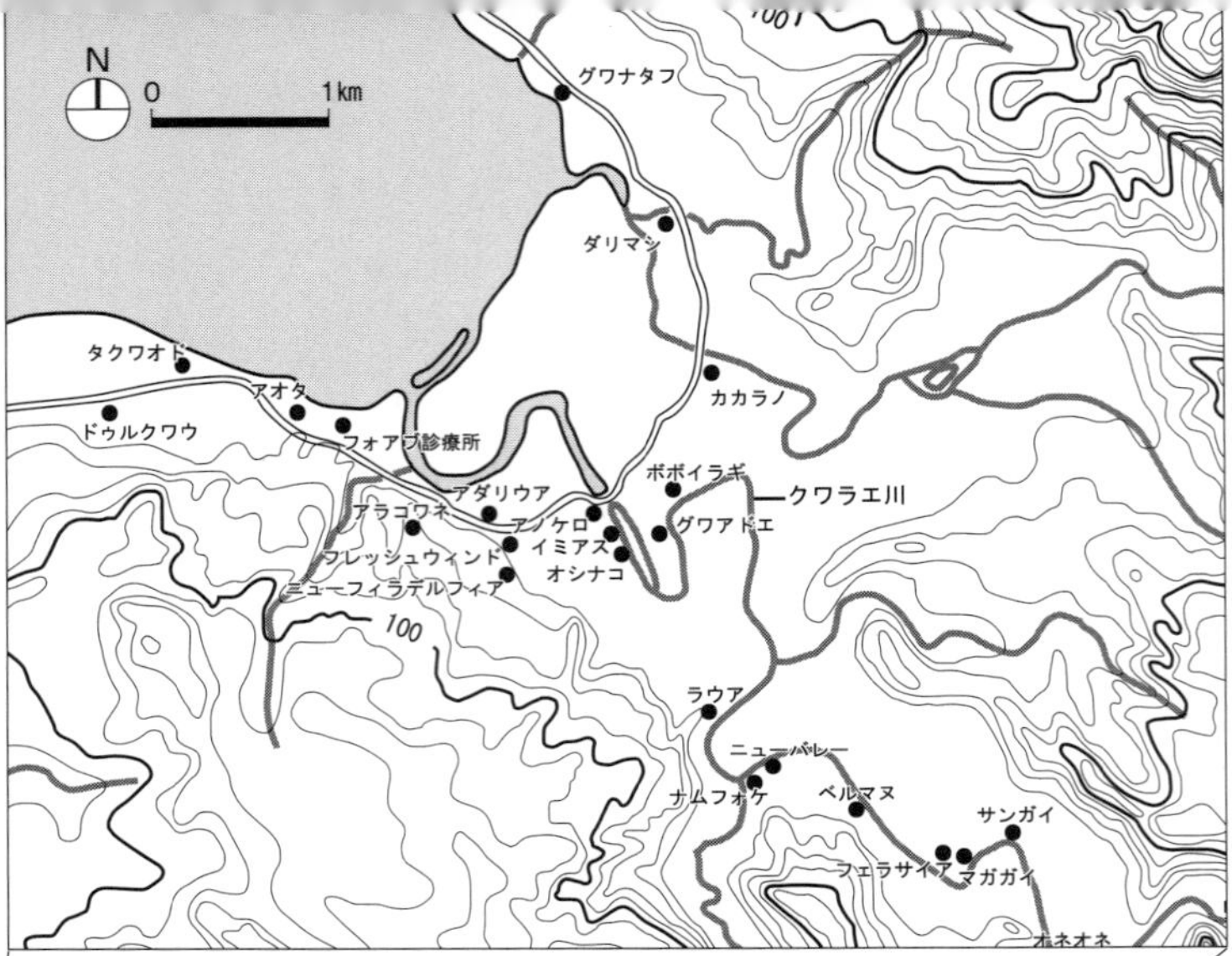

図 1-8　アノケロ村周辺地形図（●は集落　◌ 第 7 章のグループ f の移住先）

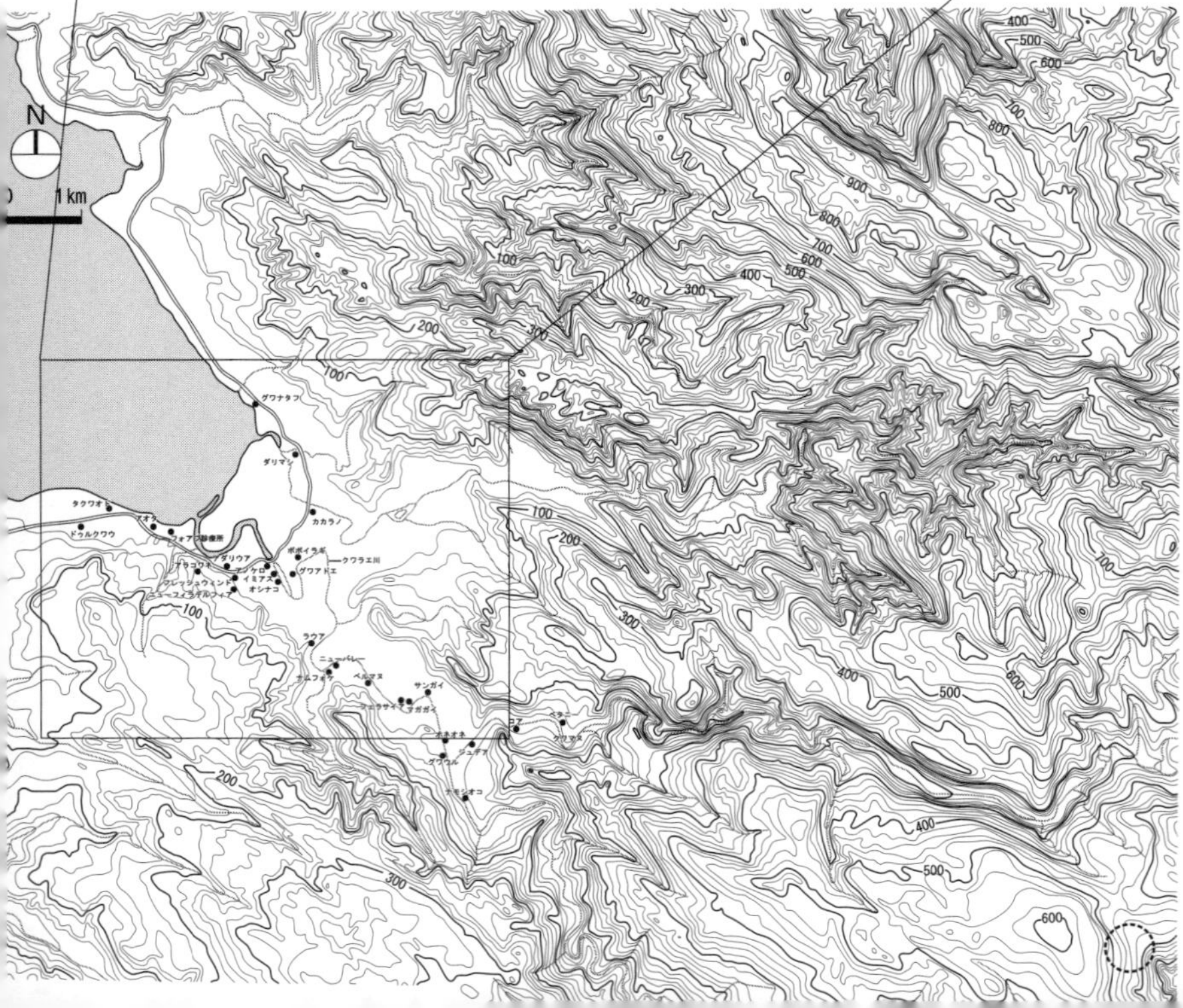

注

（1）ここでいう「村」は行政村ではない。村は人びとが集まり住む集落である。村人同士は親族とは限らない。
（2）ソロモン諸島全体で車が通ることのできる道路があるのは、首都ホニアラ周辺を除くと、このマライタ島北部を含む数ヵ所しかない。
（3）国際通貨基金ＩＭＦのデータを用いたWikipedia, List of countries by GDP（PPP）per capita（http://en.wikipedia.org/wiki/List_of_countries_by_GDP_%28PPP%29_per_capita 10年10月7日閲覧）より。
（4）人間開発指数（Human Development Index）は、ＧＤＰだけから豊かさを測るやり方を反省し、ＵＮＤＰ（国連開発計画）が採用している。一人当たりのＧＤＰに加え、平均寿命、識字率、就学率を含めて指標化したもの。
（5）『南方造林』（ソロモン諸島における森林の更新に関する調査報告書）No. 33: 26.
（6）Black（1963）及びソロモン諸島統計局 Solomon Islands Statistic Office 各年版を参考にした。このパヴヴ島の熱帯林伐採問題については、宮内泰介（1998a）で詳しく論じた。
（7）いうまでもなく、こうした経済のとらえ方に影響を与えたのは、カール・ポランニーである（Polanyi 1977=1998）。
（8）ウィーロックのモデルは先進国を念頭に置いたものだが、発展途上国も含めたモデルと考えてよいだろう。事実、このあと述べるフリードマンが発展途上国（具体的にはラテンアメリカ）を念頭において作成した包括経済モデルと近似している。
（9）human development は人間開発、social development は社会開発と訳されることが多く、ほぼ定着しているのだが、やはり意味するところは「開発」より「発展」のニュアンスの方が正しい。しかし、

表1-3　インド・ケーララ州の社会発展指標の国内・国際比較

国／州	所得（1人当たり1992年）	女性識字率	女性出生時平均余命	乳幼児死亡率（出生1000件当たり）	合計特殊出生率
インド	5.2	39.29%（1991年）	59.7歳（1991年）	74（1994年）	3.6（1991年）
ケーララ州	4.6	86.13%（1991年）	74.7歳（1991年）	16（1994年）	1.8（1991年）
アメリカ合衆国	100	99%（1995年）	79.4歳（1993年）	8（1995年）	2.1（1992年）

（注）ケーララ州女性識字率は7歳以上　（出典）穂積智夫（1998: 237）

ここでは通例に従って「人間開発」「社会開発」としておく。

（10）経済開発と人間開発が必ずしも並行しない例として、インド・ケーララ州の例が挙げられる。ケーララ州では、(1)労働組合、協同組合、農民組合などの組織が進展している、(2)市民の政治力の強さが州政府を動かし、積極的な政策が行なわれている、(3)女性教育の重視、女性の社会参加が推進されている、などにより、表1－3に見るように一人当たりGNPの低さと裏腹に、先進国型の〝豊かさ〟を実現している（穂積 1998; Ramachandran 1997）。

（11）山下晋司（2007）は「文化資源」を論じるなかで、文化が資源化する三つの社会的次元として、日常的な実践の場、国家、市場を挙げているが、本書では（もちろん「文化」に絞るものではないが）日常的な実践の場における資源化を対象としている。

（12）実際アノケロ村におけるインタビュー調査のかなりの部分はエディ・エリファウさんのコーディネートによるところが多く、その意味で、この書の視点には彼の視点も相当程度入っていることになる。

（13）野帳は http://www.nakahara-lab.net/yacho.html, アイデアツリーは http://www.dicre.com/soft/itree.htm. ただし野帳は開発が終了しており、サポートもない。野帳と同様の考え方にもとづく質的データ分析のためのソフトウェア（QDAソフトウェア）としては、海外のものとして、MAXQDA, NVivo, ATLAS.ti があり、佐藤郁哉（2006b; 2008）

はそれらについて解説している。現在私はMAXQDAをよく使っているが、このソフトがソロモン諸島調査の最初から使えていればと思う。

(14) ソロモン諸島でのフィールドワークについては、宮内泰介(2009)でも論じたので、参照していただきたい。

(15) 事例研究の意味については、宮内泰介(2005a)で詳しく論じたので参照されたい。

(16) Solomon Islands Statistics Office (http://www.spc.int/prism/country/sb/stats/Environment/Climate.htm) の二〇〇二年のデータより。

(17) 人口はソロモン諸島統計局のページ(http://www.spc.int/prism/Country/SB/Stats/)より。人口増加率はそこでの数字(過去10年間の人口)から試算。

(18) 言語の数え方は一通りではないが、ここではソロモン諸島政府が一九九九年の国勢調査の時に採用した分類に従っている(在留華人が使っている中国語などは除く)。

(19) その後、キリスト教のミッションがピジンを普及のための言語として利用したことが、この言葉の普及・定着を助けたといわれる(豊田 2000; Keesing 1988)。現在、パプアニューギニアではトク・ピシン(Tok Pisin)、ソロモン諸島ではピジン(Pijin)、バヌアツではビスラマ(Bislama)と呼称されている。

(20) SSEC(South Sea Evangelical Church:南洋福音伝道会)は、一八八六年、オーストラリアのクイーンズランドで創立されたキリスト教の教派。当時メラネシア各地から来ていたメラネシア系労働者への布教を目的とした。

(21) 国際通貨基金世界経済見通しデータベース IMF World Economic Outlook Database (http://www.imf.org/external/pubs/ft/weo/2010/01/weodata/ 10年10月22日閲覧)

(22) かつて学校の多くは教会が経営していたが、現在はほとんどが国営である。
(23) ソロモン諸島統計局のページ (http://www.spc.int/prism/Country/SB/Stats/ 10年10月25日閲覧)
(24) アノケロ村の隣にイミアス Emmaus という小集落がある。もともとアノケロ村から分村したところなので、これをアノケロ村と続きのコミュニティと見ることができる。イミアス村の世帯数は6、人口は29人(うち18歳以下17人)であり、これをアノケロ村の人口と加えると、世帯数34、人口171人(うち18歳以下97人)となる。本書中の各章でもこのイミアス村を含め、広い意味でのアノケロ村を対象に考えている。
(25) ファタレカ語、クワラアエ語、バイグ語はいずれも北マライタ諸語と分類される言語群の中にあり、共通する単語なども多い。
(26) 高床式の住居になったのはキリスト教改宗以後のことであり、それまでは土の床で、壁もなかったといわれている(Ross 1973: 177f.)。
(27) キリスト教改宗以前の集落は、1~3世帯の小さな集落であり、おもに山間部に点在していた。今日の集落は規模が大きくなり、おもに海岸部に位置している(正確には、海岸より少し内陸部の集落が多い)。
(28) たとえば、慣習法的土地登記法(Customary Land Records Act)では、「この法律でいう『慣習法的土地所有集団』とは、トライブ、クラン、ライン、または慣習法的土地に関する権利を有するないし行使する権限があると慣習的に認められた諸個人の集団」とわざわざ注記している。また、この父系親族集団をめぐっては、第7章でもう一度議論する。
(29) 父方のオジとオイ・メイ関係は、ウェレ wele (子) ーマ ma (daddy)(父)、母方のオバとオイ・メイ関係は、ウェレ wele (子) ーガ ga (mammy)(母)、父方のオバとオイ・メイ関係は、アイア aia

(anti)、母方のオジとオイ・メイ関係は、グワイ gwai (uncle)、とお互いに呼びあう。括弧内のアルファベットはピジンによる呼称で、今日ではこちらが用いられることも多い。

(30) こうした親族関係について詳しく分析することは、本書の目的ではない。ハロルド・ロス (Ross 1973) が、ファタレカの隣の言語グループであるバイグ Baegu の親族関係について詳しく分析しており、調査地の場合も、それとほぼ同じだと考えてよいので、詳しくはそちらを参照いただきたい。なお、ロスは親族関係について、(1)父系親族集団、(2)双系の親族関係、(3)姻戚関係 (婚姻によってできた親戚関係) の三つのレベルで分析している (Ross 1973: Chap.7)。

写真 1-8

ソロモン諸島に通うようになった一つのきっかけは，熱帯林の存在だった。グローバルな危機として熱帯林の消失が叫ばれるなか，私は熱帯林が具体的にどのようなもので，人びとの生活にとってどのような意味があるのかを現場で知りたいと思った。幸い，マライタ島の人たちは熱帯林と近しい関係をもっていた。熱帯林を歩きながら，私は住民たちに「この木は何？　何か用途がある？」としつこく聞いて回る。薬草などに関する知識は相当低下したというが（住民たち自身がそう言う），それでも住民たちの伝統的知識は私には感嘆ものだ。「このガモイという大きな木は薪としてもよいし，樹皮を豚の餌に与えると豚がよく育つ。このウケ（つる性の木）は，つぶして水で絞り，毒漁に使う。このアマアマというシダの葉は，戦いの勝利のしるしに頭につける」。私は住民たちの説明に耳を傾ける（2004 年撮影）

第2章 新しい資源群の登場

アノケロ村の百年

はじめに――村の歴史を見ることの意味

世界のどの地域も、それぞれ固有の歴史をもっている。この意味はたいへん大きい。発展途上国の村落地域における開発や発展の問題を考えようとするとき、その地域の歴史を踏まえることは当然である。しかしこのことは、開発の議論においては意外に忘れられやすい。

一見静的に見える村であっても、よく見てみると非常にダイナミックに動いていたり、あるいは一見〝伝統的〟と思われるものが比較的近年のものであったりする。

発展途上国の村落地域はどこでも、程度の差こそあれ、世界システムの中でさまざまな変容を遂げている。したがって、歴史を見ることはまず第一に、地域社会の構造を歴史的に解きほぐすことである。それ抜きに開発の議論をすることは、現実から離れたモデルをもてあそぶことになる。

さらに国家の歴史、世界の歴史ではなく、ローカル・エリアの歴史、住民の歴史を見ることに意味がある。地域社会の歴史とはすなわち、住民が選択してきた道の歴史である。世界システムの流れに応答するかたちで住民たちがどのような道を選択してきて、どのような地域社会を形成してきたかを見ることによって、現在彼らがおかれている状況が浮き彫りになる。本書では、住民たちの生活戦略、別の言い方をすると生活の組み立て方に注目していくのだが、歴史そのものが彼らの生活戦略の集積である。また、現在の彼らの生活戦略にとって、歴史は制約でもあり（現実の歴史を超えて行動できないという点で）、使うべき資源でもある（歴史の蓄積を資源として利用して生活戦略を組み立てるという点で）。

本書が対象としているソロモン諸島マライタ島アノケロ村周辺地域には、書かれた歴史がほとんどない。したがって、住民たちからのインタビューデータが主なソースとなる。

以下では、おもに一九三〇〜八〇年代までの地域社会の歴史について、おおまかに年代順かつトピックごとに記述し、そこから彼らの現在の生活がどこに位置するのか、そしてどのような資源が住民の前に登場したのかを探る。一九三〇年代から始まる歴史から、キリスト教への改宗・海岸部への移住・戦争・マアシナルール（反イギリスの自治運動）・出稼ぎ・学校教育・消費物資といったトピックが浮かび上がってくる。ただし、出稼ぎや戦後の移住については第5章で詳述するため、本章では簡単に述べるにとどめたい。

1　植民地と海岸部への移住

内陸部の生活

アノケロ村は、第二次世界大戦後の社会変動の中で成立した村である。戦前から戦後にかけて、マライタ島民の多くは海岸部に移住して、キリスト教を軸とした大きな村を形成するという傾向があった。アノケロ村は、まさにそのようなものとして生まれた村である。

一九四〇年代に新しく成立したアノケロ村は「伝統的」な村といえない。それは単に新しい場所に村ができたというだけでなく、それまで内陸部に多くあった小さな村のあり方とは大きく違うものだった。

アノケロ村の住民たちは、いずれも出自を内陸部の集落にもっている。内陸部のことを、現在の住民たちはピジンでブッシュ bush と呼ぶ。また、キリスト教改宗前に内陸部に住んでいたという意味で、「ヒドゥン（英語の heathen＝異教徒から）のとき」という言い方もされる。住民たちは、よく「ブッシュのとき」とか「ヒドゥンのとき」といった言い方で昔のことを語る。しかし、そうした〝ブッシュのとき〟も、近代世界と無関係に生きていたわけではない。

海岸部に移住する前の内陸部の生活は、今の生活と違ういくつかの特徴があった。たとえば、集落の規模は今よりずっと小さく、2〜3世帯が普通だった。また、住居の形態も今とは違い、「女性の家」（ルメ lume）が「男の家」（ベウ beu）と分かれて存在していて、子どもは女性の家で育てられた。信仰についても、キリスト教に改宗する前であったため、さまざまな儀式、たとえば祖先が埋葬された場所である聖地（ファタレカ語でベウ・アブ beu abu）で貢ぎ物を送る儀式などを行なっていた。さらに農耕においても、現在のようにサツマイモ栽培が盛んではなかったなどの違いがあった。

労働・徴税

一八九三年にソロモン諸島はイギリスの植民地となり、トゥラギ（ツラギ Tulagi）島に植民地政府がおかれた。住民の生活は労働や徴税など新たな影響を受けはじめる。

一八七〇年代から二〇世紀初頭にかけて、マライタ島住民たちは、ほかのメラネシアの住民たち同様、フィジーやオーストラリア・クイーンズランドのサトウキビ・プランテーションで働かされた。これはブラックバーディング（Blackbirding. 労働力徴集）と呼ばれ、一八六〇年代から一九〇〇年頃にかけてソロモン諸島を含むメラネシア住民たちがフィジーやオーストラリアのプランテーションに半ば強制的に、あるいは十分な契約書を交わさないでリクルート（労働徴集）され、送られて働いたことを指す。ただしどの程度強制的であったかについては不明の部分が多い。

二〇世紀に入ってからは、ソロモン諸島内でもココヤシ・プランテーションが拓かれてコプラが輸出されるようになり、多くの労働力がソロモン諸島各島から集められた。多くの独身男性がこれに応じた（こうした出稼ぎについては第5章で詳述する）。

一九二一年には植民地政府によって人頭税が導入される。この人頭税が住民に及ぼした影響は大きかった。ＦＦさん（c.1910s-2003）は、

ベルが地区行政官（District Commissioner）として来てから税金が始まった。グワナタフGwanatafuに納税所があり、人びとはブッシュから降りて来て税金を払った。年間5シリングだった。払わなければ監獄行きだった。人びとは税金を払うために、ココヤシ・プランテーションで働いた。

と語る。これはマライタ島でいくぶん定式化された語りになっている。ＪＲさん（1923-2005）は、もう少し具体的にこう語る。

政府が来て、税金を払うように強制した。払わなければ、監獄行きだった。きつかった。貝貨を売って現金を得て税金を払うこともあった。当時貝貨は10連で3ポンドだった。女性や子どもは税

金を払わなくてよかったが、男の子は、わきの毛が生えたら払わなければならなかった。（ＪＲさん、一九九九年インタビュー）

この税金徴収が原因で起きた有名な事件が、ベル殺人事件である。これは、一九二七年、ＦＦさんの語りにも出てくる地区行政官ウィリアム・Ｒ・ベル（William R. Bell）が、人頭税に怒ったクワイオKwaio（マライタの言語グループの一つ）の男性たちに殺された事件である。男たちは植民地政府に逮捕され、処刑された(1)。この事件は現在、ソロモン諸島中の誰もが知っている歴史イベントとなっている。

植民地政府によって任命された地区長（ヘッドマン headman）、さらに刑務所の存在も人びとに大きな影響を及ぼした。

ＥＬさん（1930-2002）は、そのころ、植民地政府が作った刑務所に入るという経験をしている。

ブッシュのとき――プランテーションで働く前だった――女のことでけんかした。当時ヘッドマンだったジャック・ファウ（Jack Fau）〔この地域の最初のヘッドマン〕は、けんかした3人をアウキAukiの裁判所に連れて行った。それで、アウキの刑務所に入れられ、3ヵ月間労働した。草取りなどの労働だった。労働は刑務所の外で行なわれたが、一人監視の人間がいたから、逃げられない状態だった。朝5時から夕方4時までだった。〔〔　〕内引用者、以下同〕（ＥＬさん、一九九九年インタビュー）

海岸部への移住

現在のアノケロ村の住民たち、あるいはその親たちが海岸部に移住してきたのは、一九三〇〜五〇年代にかけてだった。出身も経路も違う人たちが集まってきたのだが、内陸部の非キリスト教の村から海岸部のキリスト教の村に合流してきたという経緯は共通している。そして最終的にアノケロに集まったのは、マアシナルールをきっかけとしていた。

マアシナルール（Maasina Rule）とは、一九四三年頃からマライタ島でイギリスの支配に対抗して起こった政治的・経済的な自治・独立運動で、海岸部の村に降りてきて同胞が一緒に生活しようと唱えられた。アノケロ村はその時の拠点の「町」になり（ピジンでタウン taon と呼ばれた）、多くの住民が移住してきたのである。

アノケロ村は、さまざまなところから移住してきた人たちの集合村である。移住経路によっていくつかのグループに分けることができる（図2－1）。

第一のグループは、一九三〇年代にいくつかの内陸部の村から、いくつかのルートを経てアノケロ近くのコオンゴリ Ko'ongori 村（アノケロ村と同じく、SSECの新しい村）に移住し、戦争中に内陸部の別の村に移住したあと、戦後マアシナルール期にアノケロ村に移住してきた。第二のグループは、一九二〇年代にいくつかの内陸部の村からアノケロの少し内陸部のケルタバ Keretaba に移住し、そのあと一九三〇年ごろアノケロ村に移住した。そのあと一九三五年ごろコオンゴリ村に移住し、第一のグループと合流し、以降それと行動を共にした。第三のグループは、戦前までは内陸部の村に居住しており、マアシナルール期にアノケロ村に移住してきた。それ以外に、マアシナルール後にナムフォケ村など他

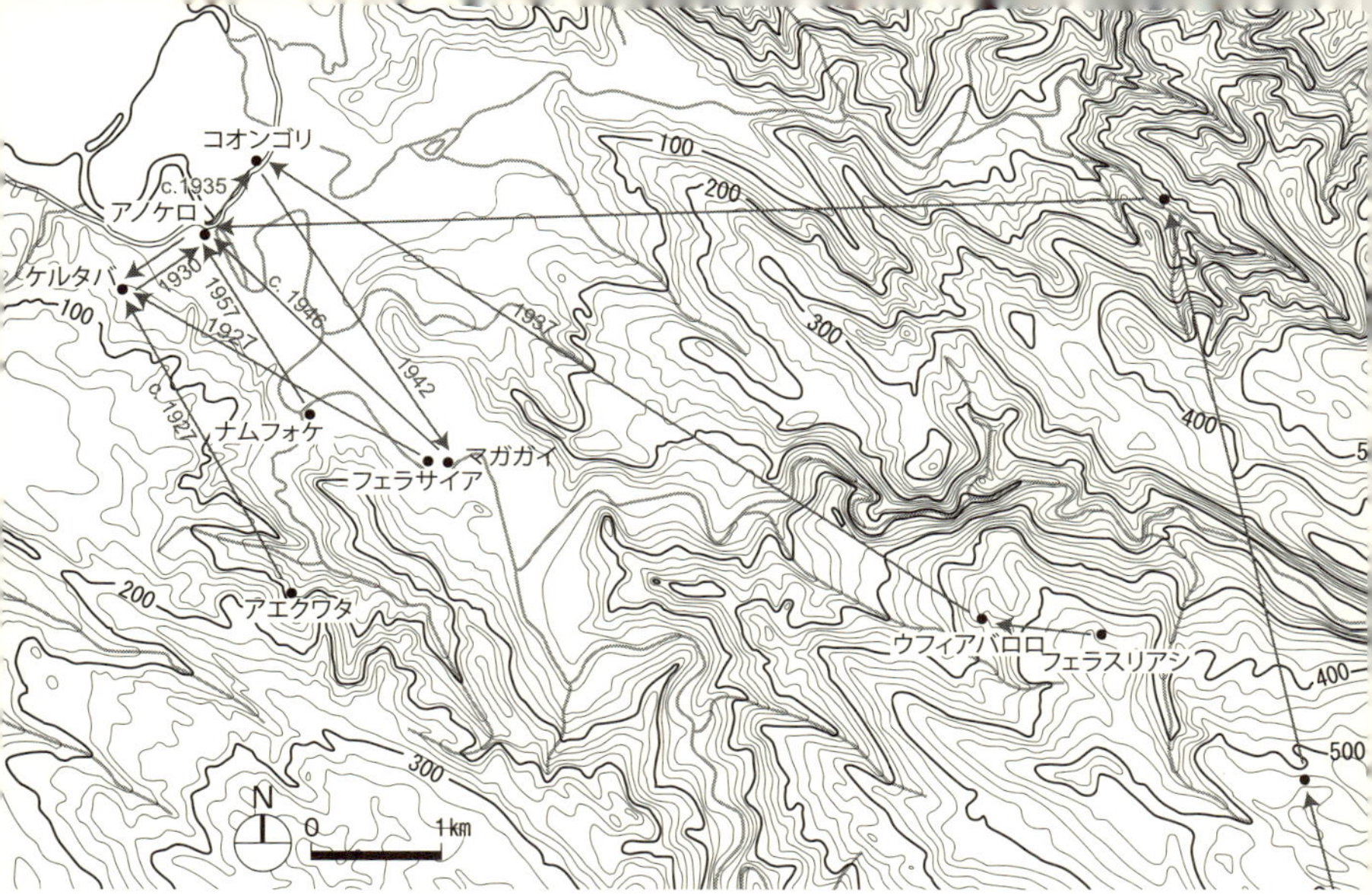

図 2-1　アノケロ村住民たちの移住経路

村からアノケロ村に移住してきた家族もいる。

こうした海岸部のキリスト教の村への移住は、マライタ島で広く見られる典型的な移住形態である。集落全体で決めて移住する場合も、また、集落の一部の世帯が移住する場合もあった。こうした海岸部への移住の背景は何か。住民たちの語りでは、おおよそ次のようにパターン化されて表現されている。

> ○○さんがアノケロ村やコオンゴリ村で布教活動をやっていた。（内陸部の集落で）一緒に暮らしていた△△さん（男性）が、改宗して海岸部の村に降りることを決めた。

改宗だけが海岸部への移住の原因ではない。アノケロ近くのフォアブ Fauabu には英国国教会の病院があり、トゥラギから華人商人が船で消費物資（米、ビスケット、衣類、煙草など）を売りに来ていた。衣類・タバコなどの消費物資、学校教育、そして医療へのアクセスの三つが住民たちを海岸部へ引き寄せた(2)。

2　戦争とマアシナルール

労働部隊

ソロモン諸島を舞台にした戦争は、一九四二年初頭に始まった。日本軍が植民地政府のおかれていたトゥラギを攻め、そのあとガダルカナル Guadalcanal 島に進攻した。米軍を中心とする連合軍がそれに対抗してガダルカナル島に進攻し、激しい戦闘が繰り広げられた。

マライタ島は直接戦闘の場となることはなかったが、住民たちの多くは海岸部の村から内陸部に逃げた。改宗して海岸部に村を形成していた人たちの多くが、一度内陸部に引き揚げるかたちになった。とはいえ、以前に住んでいた内陸部の村に戻るのではなく、いくらか海岸に近い内陸部に住む例が多かった。

戦争が終わると、今度は多くの男たちが労働徴用された。ソロモン諸島労働部隊(ＳＩＬＣ：Solomon Islands Labour Corps)とは、一九四三年半ばから米軍によって組織されたソロモン諸島民の労働組織であり、ガダルカナル島で道路建設、建物建設、薬品散布などに従事した(Bennett 1987: 291)(労働部隊については第5章でも触れる)。

マアシナルールの始まり

労働部隊から男たちが村に帰ってきたころ、マアシナルールがマライタ全島で始まる(3)。マアシナルールは、一九四四年にマライタ島南部のアレアレ（Are Are）地域で始まったと認識されている。アウキの地区行政官はその報告（Malaita District Annual Report）で次のように書いている。

「この運動は一九四四年後半にアリアリ（AriAri）〔アレアレのこと〕で始まり、一九四五年に急速にマライタ中に広まった」（公文書資料 BSIP 27/VI/12, 1948）

マアシナルールの中心的指導者の一人だったジョナサン・フィフィイ（Jonathan Fifi'i）(4)は、この運動がめざしたものについてこう書いている。

「私たちは、自分たちブラック・ピープルを尊重し、私たちの利益を守り奉仕する政府を打ち立てるために戦った。私たちの側に立つリーダーをもちたかったし、政府と交渉する会議を持ちたかったのだ。私たちの労働に対する正当な見返り、私たちの税金に対する正当な見返りを望んだ。教育を望んだ。自分たちのカスタム（慣習）が尊重されることを望んだ」（Fifi'i 1989: 72）。

アノケロ村のマアシナルール体験者の中でも、ＪＲさんはそれにとくに熱心にかかわった人物である。ＪＲさんの語りでは、マアシナルールの始まりと理念はこうである。

アレアレのノリ（Nori）がマアシナルールを始めた。ノリはこう言ったんだ。「白人たちは私たちをおとしめてきた。私たちを奴隷として扱ってきた。私たちは自分たちの政府を創らなければならない」。そういうノリのメッセージが、村々を伝ってここにもやってきた。私たちはイギリスによる支配から自由になりたいと思っていたから、そのメッセージを聞いてみなうれしかったよ。メッセージは、さらに近隣の村に伝えた。マライタ島中を、そうした情報がまたたく間に広がったんだ。伝えたのはそれぞれの村のデューティ（duty）〔若者のサブリーダー〕だった。

ノリは、マアシナルールのアイデアをアメリカから得たんだ。マアシナルールの考え方は、イギリスの統治を離れて、自分たちの政府を創ることだった。そして同胞がみんな一緒に暮らし、一緒に働く、という考え方だった。（ＪＲさん、一九九六年インタビュー）

この「同胞がみんな一緒に暮らし、一緒に働く」という理念のもとに、内陸部に住む者が、海岸部の村に降りてくるよう、呼びかけられた。そしてそれに多くの者が応えた。戦前にいったん海岸部へ移住していたが、戦争で内陸部に避難して集落を形成していた者たちも、まだ海岸部へ移住していなかった者たちも、同様に海岸部に降りてきた。そうして海岸部には、大きな集落が形成された。アノケロ村もその一つである。「マアシナルールのとき、アノケロは大きな村で、町のようだった」というのは、誰もが語る語りである。どのくらいの世帯が住んでいたかは、人の記憶によって違っており特定できないのだが、少なく見積もっても百世帯は住んでいたと推察される。体験者ＫＫさん（c. 1925-）は、多くの人がここに降りてきたので、土地の問題が生じた。畑も、それまでは集落の周辺の平地部に作っていたのが、丘陵部に作らざるをえなくなった。（ＫＫさん、一九九五年インタビュー）

と語る。こうした大集落は、マアシナルール期にマライタ島中の海岸部に形成された。そして、その各大集落に、塀や塔が設けられた。

白人や、マアシナルールに反対する人たちを入れないように塀が作られたんだ。さらに、見張りのための塔も建てられた。塀や塔を建てるというアイデアもノリから出ている。（ＪＲさん、一九九六年インタビュー）

リーダーたち

ところで、このマアシナルールには、各地にリーダーがいた。アノケロでは、ジャック・アゴウリア（Jack Agouria）という人物だった。住民たちの記憶によると、ジャック・アゴウリアは、第二次大戦前、当時の首都のトゥラギで白人のもとで料理人などとして働いていた経験をもつ。そのアゴウリアが、ノリの指令をアノケロ周辺に伝達する役割を担い、この地域におけるマアシナルールのリーダーとなった。そして、その下に、デューティと呼ばれる若者のサブリーダーが配置された。ＪＲさんもその一人だった。当時まだＪＲさんは若かったが、マアシナルールでは、こうした若い人間がデューティとなって運動を率いた（アノケロには当時10人ほどのデューティがいたという）。

ある別の体験者はこう語っている。

マアシナルールの時は、まだ自分は若かった。アウキの集会でノリを見たことがあるよ。この集会ではクワイオなどのダンスもあった。この時は政府も出席していて平和だったが、このあとマアシナルールは政府と対立した。ノリはこの集会のあと、マライタ中に命令して、塀や塔を作らせた。アノケロ周辺でも三つの集落が町になった。塔は監視のためだった。人が増えて、アノケロの周囲はタロ畑だらけになったよ。（ＩＫさん、一九九六年インタビュー）

レラシー（Leracy 1983）やベネット（Bennett 1987）は、一九四六年一二月のアウキでの大集会の時はまだ運動は穏健だった、としているので、この体験者が参加したのもその時だったと考えられる。しかし、植民地政府のアウキ在住地区行政官は、一九四六年半ばにすでに敵対的な様相を呈していた、と当時報告している。

「このマーチング・ルール（Marching Rule）〔マアシナルールのこと〕(5)について情報を得るのはきわめて難しい。（中略）自然に成長して自治政府を形成する種を有しているかもしれないと考えられる。（中略）しかし、（中略）ますます攻撃的かつ非妥協的になってきている。一九四六年半ばにはそれがピークに達し、違法な訓練・教練が行なわれていることが発覚した。リーダーたちの力を粉砕する必要があると考えられる」

「マーチング・ルールには間違いなく社会進歩をめざそうという多くのまじめな者たちが含まれているが、一方で、原始的な衝動を有する、教育されていない大衆がいて、彼らの一部がもつアナーキーさや破壊性に対して、この運動はアピールしている」(公文書資料 BSIP 27/VI/12, 一九四八年一月)

つまり、植民地政府側からの見方としては「自治へ向けた側面もあるが、次第に政府と敵対的になってきたので、取り締まる必要がでてきた」というのである。そして、一九四七年二月にマライタ島北部のラウの指導者の一人が逮捕され、続いて同年八月、政府はソロモン諸島西部ニュージョージア島の民兵を使って、リーダーたちを煽動の罪で逮捕する(Bennett 1987: 295)。

弾圧

リーダーたちを逮捕したあとも運動はやまず(6)、植民地政府はさらなる弾圧に踏み切る。地区行政官側の記録によると、以下のような経緯をたどる。

「〔運動側の〕不服従が激しくなり、一九四八年五月、塀や塔を撤去することが決定された。(中略)一九四八年七月一日、警察が出動してアイランデ Airande〔マライタ島の村名〕で最初に塀が撤去され、さらに、命令に従うことを拒否した成人男性たちが、とくに大きなトラブルなくみな逮捕された。これがジェリコ作戦の始まりである。（中略）一九四九年一月末には、トアンバイタ〔マライタ北部の地域名〕でやはり塀の撤去をめぐって649名の男性が監獄行きになった。また国勢調査の問題で543名が投獄された」（公文書資料 BSIP 27/VI/14）

「国勢調査の問題」というのは、戦前に行なわれていた人頭税を再開するために植民地政府が実施しようとしたもので、マアシナルールのリーダーたちはこれに協力しないよう呼びかけていた。地区行政官の記録によると、このあとも各地で塀の撤去と男たちの逮捕という弾圧が続けられ、一九四九年一一月に最後の塀撤去が行なわれた（公文書資料 BSIP 27/VI/14）。

アノケロでの弾圧について、JRさんはこう振り返る。

一九四九年、イギリスが来て弾圧したんだ。逃げたがつかまり、フォアブまで連れて行かれた。フォアブで船の中につめこまれ蓋を閉められて、外には出られない状態だった。みな死にそうだった。2～3ヵ月、監獄に入ったよ。まず、マルウ Malu'u〔マライタ北部の町〕で1週間監獄に入れられた。そのあとホニアラに連れて行かれ、やはり監獄に入れられた。昼間は道路工事をさせられた。機械は使わず、素手の道路工事だった。村に帰ってきた時はうれしかったよ。（JRさん、一九九五年インタビュー）

こうしてマアシナルールは、一九四九年に植民地政府当局の弾圧によって終結する(7)。海岸部に降りてきた人びとの一部はまた内陸部に戻ったが、一部はそのまま海岸部に残った。

マアシナルールはいったい何だったのか。重要なことは、マアシナルールが確実に人びとの生活に大きな影響をもたらしたことである。まず第一に、マアシナルールは、海岸部に大きな集落を形成する、という生活様式を加速し、定着させた。戦前から進められていた、改宗して海岸部に移住する動きが加速されたのである。実際、本書の対象であるアノケロ村は、このマアシナルールの産物だった。第二に、マアシナルールは、新しいリーダー層を生んだ。これも、改宗の先陣を切った者が一部実現していたものをマアシナルールが加速させるかたちとなった。アノケロでマアシナルールのリーダーとなったジャック・アゴウリアは、そのあと、この地域のヘッドマン（地区長）となる。キリスト教に早く改宗した者、白人の文化に触れた者が、新しいリーダー層を形成し、マアシナルールを先導した。これは、このあと、学校教育を受けた者に引き継がれていくことになる。

なお、マアシナルールが要求した自治権は、その後さまざまなかたちで実現していったが、ソロモン諸島が最終的にイギリスから独立するのは一九七八年だった。

3　学校教育

キリスト教への改宗と学校教育は、ほぼセットで語られる。戦前ないしマアシナルール期に改宗して内陸部から移住してきた子どもたちは、教会が作った学校に通うことになる(8)。人びとは、改宗して移住してきたことを「スクールへ来た」と表現する。当時のことを語る場合、「スクール」と「教会」

は同義で使われる。

ただ、この時期の学校は二年程度の簡易なもので、聖書と文字（アルファベット）および数字の習得がおもなものだったという。ジャスティス・ウォルター（Justice Walter）という人物が教師だった。戦前この地域で布教を始めた最初の一人ベン・バウラ（Ben Bbaura）の息子である。また、ＦＡさん（1936-）も教師として加わった。ＦＡさんもまた、この地域で布教を始めた最初の一人ＮＲさん（生年不詳）の息子である。

ＳＳさん（1942-1999）は内陸の村で生まれたが、一九五三年改宗して、アノケロの学校に六ヵ月間通った。

先生はジャスティス・ウォルター一人だけだった。授業は退屈だったが、たくさん女の子がいて楽しかった。習ったのはＡＢＣ、１２３といったものだった。アノケロの学校はＳＳＥＣで、近くのアシアシ（Asi Asi）の学校は英国国教会だった。（ＳＳさん、一九九六年インタビュー）

一九五八年、やはり教会（ＳＳＥＣ）がニューフィラデルフィア小学校（New Philadelphia School）をアノケロ村近くに設立する。一年から四年まであった。教師はジャスティス・ウォルターが続けたほか、何人かが担った。ＥＥさん（1962-）は、一九六〇年代の学校体験を以下のように振り返る。

学校は嫌いだったね。村で遊ぶ方が楽しかったよ。当時は学校というものの意味をよくわかっていなかったんだ。学校ではピジンで話し、英語で書いた。ピジンは学校で学んだ。学校ではラングース〔langus. 地域の言葉〕を使ってはならないことになっていたんだ。使うと罰が与えられた。遅刻したり、校内で騒いだりしても、やはり罰を与えられた。罰は、草刈りなどだった。大きな木の切り株を掘るという罰もあったね。（ＥＥさん、一九九五年インタビュー）

この頃から、より上の学校に行くか行かないかが、住民の間での一つの焦点となっていった。ＬＢさん（1949-1997）は、ニューフィラデルフィア小学校で四年生まで終えたあと、アウキ近くの別の学校へ通い、六年生までを終えた。そのあと、ガダルカナル島の学校で七〜八年生を修学すべく入学試験を受けたところ、受かった。しかしＬＢさんは、

お金がなく、支援者もいなかったのでその学校へ行くことはあきらめ、村に戻ったんだ。同時期に七、八年生に進んだ者は、現在、病院、銀行などで働いている。自分には財政的な支援者がいなかったから、村に帰るしかなかった。（ＬＢさん、一九九五年インタビュー）

進学が一つの強力な資源として、人びとに意識されはじめたのだった。学校がもたらしたものは多岐にわたるが、ここでは三つの点を指摘しておきたい。

第一に、学校教師という新しいリーダー層を生んだことである。初期においては、キリスト教布教の先導者と役割がかなり重なっている。

第二に、学校はピジンを一気に普及させた。ピジンはそれまでもプランテーションなどの多言語状況下では話されていたが、村では話されない言葉だった。それが教会による学校教育によって、一気に普及した。同時に、英語や算数という行政・商業関係の技術も、学校教育の中で普及した。

第三には、先ほど述べたように、進学というものが人びとに意識されるようになった。進学することによって、生活の向上を図るという選択肢が人びとの前に現れた。もっとも、進学すれば職に就けて生活の向上が保障されるということにはなかなかならなかった。

4　出稼ぎ、移住、消費物資

労働移住

この地域の社会変動を考えたとき、もっとも大きなものの一つが「移住」である。人びとは移住を繰り返している。移住には、短期、長期、単身、家族の移住、それぞれがある。その多くは、労働のための移住である。

彼らの労働移住は、オーストラリアやフィジーへのいわゆるブラックバーディング（一八七一～一九一一年）に始まる。さらに二〇世紀初頭から始まったソロモン諸島内でのココヤシ・プランテーションに、多くのマライタ人男性が出稼ぎに出かけた。プランテーションへの出稼ぎは、第二次大戦後も続く。その多くは、未婚の男性だった。一九七〇年代に入ると、ガダルカナル島に広大なアブラヤシ・プランテーションＳＩＰＬが登場し、家族ごとそこに移住して働く者たちが増えた。さらに、この頃から（とくに一九八〇年代以降）ホニアラへの移住が増え、未婚女性がホニアラでお手伝いさんとして働いたり、未婚男性がホニアラへ職探しを兼ねて移住したりすることが増えた。未婚男性で職が見つからなかった者たちは、町でぶらぶら（マライタの言葉でリリウ liliu）する層を形成した。

こうした移住には、時代が下るにつれて長期のものが増えてきた。しかしその多くは、いずれマライタ島の村に戻るいわゆる環流型移住（circular migration）だった（労働移住の詳細は第5章で論じる）。

消費物資と町

消費物資の登場も、マライタ島の人びとの生活に大きな変化をもたらした。

消費物資の導入は、ブラックバーディングにさかのぼる。ＪＲさんは、「クイーンズランドから人びとが帰ってきたとき、箱一杯の衣類を持って帰った」という話を聞いている。

その後、戦前から戦後にかけては、おもに二つのルートで消費物資が入ってきた。一つは、男たちがプランテーションに出稼ぎに出て、そこから戻ってきた時である。出稼ぎに出たおもに若い男たちは、プランテーションで稼いだ金で、衣類、ナイフ類、タバコ、米などを当時の首都トゥラギなどで買って村に持ち帰った。トゥラギには当時、華人の商店があった。

もう一つのルートは、華人商人船からの購入である。華人商人は、トゥラギからマライタ島へ、船で物を売りに来ていた。アノケロ村の人たちは、フォアブに停泊する華人の船から、さまざまな物資、たとえば衣類、ナイフ類、タバコ、米、砂糖、塩、紅茶、灯油などを購入した。ＦＦさんによると、「船が着くと、貝を鳴らせて知らせていた。それを聞いて人びとは集まった」という。華人の船がいつから来ていたかは不明であり、一九二三年生まれのJRさんは、自分が生まれる前から来ていたという。

この華人船は、ただ物を売りに来ているだけでなく、戦前から戦後にかけては、プランテーションの労働力を募集する役割を担い、そののち一九五〇年代に住民たちが自分でコプラ用のココヤシを植えはじめてからは、そのコプラを買い上げる役割を担った。こうした物資へのアクセスは、海岸部の村への移住を促した一つだった。

当時、戦前の植民地政府が作らせた簡易な道路はあったが、車が通れるような道路が造られたのは一九六五年だった。この年、アウキからアノケロまでの道路が完成した（一九五九年にアウキから道路工事が始まり、一九六五年にアノケロまで完成し、そののちさらに北まで延びた）。一九七〇年には、その道路を利用した乗り合いトラックの運用が始まった。これと同時に華人船の来訪は終わりを告げる。

アウキの町は、戦前は単なる行政の町だった(9)。アノケロ村近くのタクウォド Takwaodo 村に住むLMさん（1928-）は、子どもの頃の一九三六〜四二年の間、オジとともに、アウキに居住していた。オジが植民地政府のもとで警官として働いていたからだ。LMさんによると、戦前のアウキの様子は以下のようなものだった。

地区行政官の家と診療所の2軒だけがトタン葺きの建物だった。クォンソン・カンパニー（Kwong Song Company）という華人の店があり、衣料、米、タバコなど何でも売っていた。それ以外にソロモン人の家が10〜20軒ほどあった。監獄はあったが、裁判所はまだなかった。（LMさん、一九九九年インタビュー）

ELさんの記憶もほぼ同様で、「戦前、アウキには裁判所、政府の建物、警察、監獄、それに10軒ほどの家があったのみだった。店は華人の店が一つあった。市場はなかった」という。

ELさんによると、「マアシナルールが終わってからアウキは徐々に大きくなった」という。一九五四～五八年にアウキに在住したCSさん（1921- アノケロ村近くのグワアドエ Gwa'adoe 在住）は次のように語る。

当時私はアウキの地区行政官のオフィスで働いていたんだ。地区行政官の家と商店を経営していた華人の家だけがトタン葺きで、あとの家は葉で葺いた家だった。当時アウキには、地区行政官のオフィスのほかに、農業局、医療など四つのオフィスがあったよ。店は華人の店が一軒あったほか、政府の商店があった。当時村の人びとはアウキにカヌーで来たり、歩いてきたりしていた。また、この頃政府に雇われたフィジー人がアウキには20人ほどいて、建物の建設を行なっていたね。（CSさん、二〇〇〇年インタビュー）

一九七〇年には乗り合いトラックの運用が始まった(10)。人びとはそれまでときどき、まだ狭かった道を伝って、あるいはカヌーを漕いで海路で、アウキに物を買いに行った。しかし行き来が頻繁になるのは、やはり一九六五年に道路が開通し、一九七〇年に乗り合いトラックが運用されるようになってからである。住民たちは気楽にアウキの町に行けるようになり、アウキに華人商店が多くできた。

一九六二年生まれのＥＥさんは、初めてのアウキ体験をこう語る。

六歳くらいのとき、初めてアウキへ行ったんだ。その時はフォアブ病院のトラックで行った。「木が走っている」とびっくりした。アウキはまだ小さかったね。お店の天井にあった扇風機にびっくりした。「あの回っているのは何だ?」と思った。においにもびっくりした。ビスケットやら何やらさまざまな、これまで体験したことのないにおいが一気に感じられたからだ。また、パンを最初に食べたのもこの時で、「おいしい!」と思った。(ＥＥさん、一九九九年インタビュー)

一九六〇年代後半、ホニアラ―アウキ間の定期船が就航した。これにより、アウキのみならず、首都ホニアラ(戦前のトゥラギに代わり、戦後の植民地政府がホニアラにおかれた)へ出かける人びとの数が増えた。一九七〇年代には、ホニアラに移り住む者も増えた。

こうして村の生活の中にますます多くの消費物資が入ってくるようになった。今日、村での消費物資といえば、代表的なものとして、灯油(ランプ用)、マッチ、缶詰(圧倒的多数は、ソルタイ(旧ソロモン・タイヨー)で作られているカツオの缶詰)、インスタントラーメン(11)、米(12)、塩、砂糖、紅茶、コーヒー、タバコ、乾電池、石けん、洗濯用洗剤、時計、マットレスなどがある。また、地域の市場で種々の食料(一部加工食品)が売り買いされるし、カツオやマグロもボートで売りに来ることが頻繁にある。たまにではあるが、各世帯が飼育している鶏や豚も売り買いされる。

こうした消費財に加え、今日、子どもの学費や婚資(息子が結婚する時に相手の家族に支払う)が大きな支出を強いている(13)。さらに、たとえば家を建てる時には、大工など人を雇うのに大きなお金がかかる。

住民たちはどのくらいお金を使っているのだろうか。これは定量的に測るのが非常に難しいが、一九九三年に私がアノケロ村で行なった世帯調査（18戸調査）では、支出全体で1世帯当たり月平均64・20ドル。そのうち、市場での購入が4・40ドル、魚の購入が9・70ドル、缶詰などの加工食品類が18・90ドル、その他が31・20ドルだった。政府は同じ一九九三年に村落地域の世帯支出および収入についての調査を実施しており、それによると、ソロモン諸島全体の村落地域での1世帯当たり月平均支出は161・77ドル。そのうち、食料に99・19ドル、アルコール・タバコ等に20・13ドル、衣類・靴類9・83ドルなどとなっている（Solomon Islands Statistics Office 1995a）（表2―1）。私の調査と政府の調査では2〜3倍の開きがあるが、私の調査には、小学校教師など相対的に収入の大きい人が入っていないため（アノケロ村の調査対象者に存在しなかった）、そうした分が政府統計では平均を引き上げているものと思われる。

一方、町での世帯当たり支出は、表に見るように、州都レベルで月平均587・57ドル、ホニアラで760・64ドルと、村の支出の5〜6倍と大きな開きがある。

こうした支出のための現金収入は、村と町では大きく異なる。村での収入の手段は非常に限られ、畑の作物を地域の市場やアウキの市場で売る、コプラやカカオを業者に売る、といったことが中心になる。学校の教師や、その他ごく限られるが、看護師、病院での仕事、議員、教会関係の仕事の収入がある者がいる。さらに村では、種々の臨時収入、仕送り、出稼ぎによる収入などが加わる。

写真 2-1 缶詰，ビスケット，コーヒー，サンダル，石けんなどの商品が売られている。アウキの華人商店（2006 年撮影）

一九九三年の私の調査では、1世帯当たりの月平均収入は87・10ドルで、そのうち、コプラ販売が35・00ドル、カカオが36・30ドル、そして市場が15・80ドルだった(14)。

表 2-1　ソロモン諸島における品目別 1 世帯当たり月平均支出

地域 年	村落地域 1993 全体	 マライタ	州都 1995 全体	 マライタ（アウキ）	ホニアラ 1990／91 （外国人を除く）
パン・シリアル	53.27	52.33	132.92	129.66	125.22
肉・肉製品	11.24	19.22	20.12	26.17	53.41
魚介類	16.43	18.42	62.88	72.61	77.23
油脂類	1.09	0.86	8.17	10.44	10.02
果物・野菜	8.41	11.04	51.65	67.90	55.62
砂糖・蜂蜜	4.79	4.20	13.59	8.38	9.87
コーヒー・紅茶・ココアなど	1.21	0.53	8.19	7.26	6.72
その他の食料品	1.95	1.56	9.40	11.95	11.18
飲料（アルコール以外）	0.94	0.26	11.37	14.54	14.05
アルコール飲料	6.90	3.52	32.13	28.46	21.13
タバコ・ビンロウジュなど	12.29	15.83	20.79	22.40	14.85
衣類	9.04	11.58	32.53	14.76	30.52
建築・修繕	1.19	0.00	29.92	25.19	48.49
水道代	0.00	0.00	0.34	1.48	6.32
電気代	0.00	0.00	3.95	3.60	19.46
ガス代	3.12	3.37	7.65	7.29	16.65
その他家庭用非耐久品	4.76	5.90	20.19	26.96	18.93
家具類	6.11	5.27	22.59	13.01	42.14
交通費	2.10	3.81	13.86	33.70	48.24
自動車メンテナンス	6.91	9.80	8.48	7.07	27.02
電話・郵便	0.02	0.02	5.95	18.51	5.44
保健医療	0.15	0.21	2.21	2.84	4.65
教育	0.59	0.75	1.36	0.31	13.24
レクリエーション	1.51	1.16	11.24	17.40	18.77
化粧品類	2.64	2.72	7.26	8.32	11.67
その他	5.11	5.37	48.87	40.26	49.80
合計	161.77	177.72	587.57	620.48	760.64

（資料）Solomon Islands Statistics Office（1992a, 1995b, 1995d）

5　新しい資源群の登場

以上、アノケロ村周辺地域のこの百年の歴史について、海岸部への移住、マアシナルール、学校教育、消費物資との関係、といった点に焦点を当てながら描いてみた。実のところ、この地域の歴史を語るには、土地所有の変化、町への移住といったテーマが欠かせないが、これらについては、次章以降で詳しく記述したい。

冒頭で述べたように、私たちが現在観察することのできる村は、歴史の中で形成された村である。人びとの生活もまた、歴史の中で変容・形成されてきたものである。

今日、発展途上国の発展や環境が語られるとき、「コミュニティを重視」、「コミュニティを基盤に」といった言い方が常套句になっている。しかし、実はコミュニティは所与のものではなく、歴史的に変容している。したがって、コミュニティがどのような歴史をたどってきたかをまず見なければならないし、また、何をもってコミュニティとするのかが改めて問われなければならない。

この地域の歴史を振り返ったとき、以下の点を確認したい。

住民たちにとってのこの百年の歴史は、一言で言うと、さまざまな新しい資源の登場であった。学校、近代的制度、教会、出稼ぎ、移住、交通、消費物資、大きな集落、新しいリーダー層、といったものが、新しい選択肢または手段として彼らの前に現れた。そしてこの百年は、彼らがそれらに巻き込まれていった歴史ともいえるし、逆に彼らがそれらを取り込んでいった歴史ともいえる。もちろん彼らが利用できるのは、そうした〝近代的〟資源に限らず、さまざまな〝伝統的〟資源もある。いくら新しい資源群が登場したからといって、旧来の資源が有効性を失ったわけではない。もちろん、〝近代的―伝統的〟という二分法は便宜的なものだが、次章では、〝伝統的〟資源の一つとして、住民と自然環境との密接な関係について見てみたい。

注

（1）ベルの事件については、Keesing and Corris（1980）がもっとも詳しい。ベル事件と同じ年、ガダルカナル島でも、政府によって任命されていた警察官4名が住民によって殺されるという事件が起きている。

（2）ジュディス・ベネットは、政府の誘導とサツマイモの導入が、海岸部への移住に大きな役割を果たしたと論じている（Bennett 1987:193-194）。

（3）以下のマアシナルールの記述は、住民たちからのインタビュー、ソロモン諸島国立公文書館所蔵の資料、Fifi'i（1989）, Bennett（1987）などによる。

（4）ジョナサン・フィフィイ（1921-1989）はクワイオ出身の政治家で、のちに国会議員になる。著書『豚泥棒から国会議員へ』（1989＝1994）で知られる。

（5）当時イギリス植民地政府は「マアシナルール」を「マーチング・ルール」（Marching Rule）と誤って呼び、それがしばらく外の世界からの一般的な呼称になっていた。そして、マアシナルールはカーゴカルト運動（いつの日か先祖の霊や神が、船や飛行機に物資をたくさん積んで自分たちのもとに現れると考える信仰や運動）の一つだという誤った理解も、当時から根強くあった。

（6）住民の証言では、塀や塔を作るのはノリのアイデアだというが、塀や塔が作られたのは、ノリらが逮捕されたあとのこの頃だとされている（Leracy 1983: 29）。

（7）ベネットによると、一九五〇年前半に運動は下火になり、政府は監獄に入れたリーダーたちと話し合って、政府への協力をとりつけた上で釈放した（Bennett 1987: 296）。

（8）ソロモン諸島における学校は当初キリスト教会が担った。現在は政府が運営している。

（9）アウキは現在マライタ州の州都であり、ホニアラに続くソロモン諸島第二の町であるが、もともとララス **Rarasu** と呼ばれていた。アウキという呼称は、現在のアウキの港の向こうに浮かぶ小さな島の名前で、これが町の名前に転化したものである。たとえば、ＥＥさんが小さい頃は、「ララスに行く」と言っていたという。

（10）*Malaita News Letter*, 25 May 1971 には「マライタ・デベロプメント・カンパニー（Malaita Development Company）がアウキとアノケロの間の定期バスを六月に始める予定」とあるが、ＢＡさん（1943-）によると、「一九七〇年ころ、乗り合いトラックが走るようになった。乗り合いトラックを始めたのはファイガ **Faiga** という男（北部マライタ出身）だ。それまでは農業局など政府のトラックに便乗してアウキへ行った」という。

（11）ピジンで「ヌードゥル」と呼ばれている。インスタントラーメンは、ラーメンとして食べられるのではなく、料理の中に加えられ、ラーメンの粉末スープを使った味つけ用途が中心である。たとえば野菜をココナツ・ミルクで煮る時に、インスタントラーメンの粉末スープと麺が加えられる。なお、インスタントラーメンはインドネシア製が多い。

（12）米は、オーストラリアからの輸入である。オーストラリアの米生産地では、ソロモン諸島向けにソルライス（**Solrais**）というブランドを作っており、ホニアラの工場でこれを袋詰めして、広くソロモン諸島内で販売している。米の消費は町では多く、村でもいくらか現金収入のある家庭では多い。
(13) 今日、伝統的な貝貨や豚に加え、現金の占める割合は大きい。また婚資として差し出す貝貨や豚そのものも現金で買う必要が生じる場合が少なくない。
(14) 一九九三年に政府によって行なわれた家計調査(Solomon Islands Statistics Office 1995a)でも収入についてのデータがあるが、集計のしかたに難があり、ここでは採用しなかった。さらに政府は二〇〇五～〇六年にも家計調査を行ない、その結果はソロモン諸島統計局(Solomon Islands Statistics Office 2006a; 2006b)で公刊されているが、やはりその集計・分析のしかたに難点があり、村の住民たちの生活を表すには適していないと判断したため、ここでは採用しない。

写真 2-2

子どもたちはよく働き，よく遊ぶ。陳腐かもしれないが，そういう表現がぴったりくる。学校に行っている間は働けないが，家に帰れば貴重な労働力になり，また，偉大な遊び手にもなる。労働と遊びは時に境目がない。ウイ・ティティウという，ココヤシの殻を使った遊び（上）は，子どもたちに人気のある伝統的な遊びだ。日本の缶蹴りに似ている。集落の中は子どもたちの遊び場でもある。さらに，アノケロ村は川に隣接していて，川を使った遊びも多い。川に飛び込む遊び（左上）など，子どもたちはそのときどきの川の状態をうまく利用して，遊びに工夫を重ねる。私は子どもたちの遊びを眺めながら，この社会での子どもたちの役割について考えをめぐらし，また，元気な子どもたちの将来について思いを馳せる。時には遊びに加えてもらう。調査中のなごむひとときだ（上・左上 2004 年，左下 2007 年撮影）

第3章

サブシステンスと半栽培

人間と自然との多様な関係

はじめに

さて、前章ではさまざまな新しい資源の登場を見てきたが、村人の生活の基本は、焼畑をはじめとするサブシステンス部門（非貨幣経済部門）(1)にある。サブシステンス部門は、人びとの手持ちの資源のなかでも、いまだに大きなウェイトを占めている。ここでいうサブシステンス部門には、これから本章で明らかにするように、焼畑のみならず、さまざまな形態の自然利用が含まれている。

本章では、この自然利用、生業活動を、以下のいくつかの視点から記述・考察したい。

第一に、この分析を通じて人びとの生活の実態を民族誌的に記述することである。どのような植物等をどのような形態で利用しているか、その社会的なしくみはいかなるものかを詳細に記述することが、まず第一の目的である。

第二に、とくに畑以外の生業活動について詳しく見ていきたい。あとで詳しく述べるとおり、マライタ島民にとって畑での生産活動は大きなウェイトを占めるが、同時に畑以外での生業活動、とくに森の中での生業活動も大きな比重を占める。そうした活動をよく見てみると、栽培か自然採集かという二分法に収まりきらない、さまざまなレベルのものが見られる。このことは、ひとりマライタ島に特殊なものではなく、今日私たちが人間と自然との関係を考える時に大きな意味をもってくる。本章ではそれを「半栽培」という言葉を用いて記述・考察する。

第三に、そうしたサブシステンス部門の生業活動、自然との関係が、住民の生活戦略にとってどのような意味をもっているのか、という点についても注目する。やや結論を先取りしていえば、半栽培的なかかわり、すなわち自然との多様な関係が生活の安定をもたらしており、利用すべき資源として立ち現れている。

1　配分される労働

マライタ島民の生活に少し分け入った者ならば、彼ら／彼女らが、焼畑を含めた自然との関係に大きく依存していることにすぐ気がつく。貨幣経済導入の歴史はすでに浅くないにもかかわらず、村の生活の大部分は、貨幣と関係のないところで動いている。このことをまず、労働時間の配分の様子から見てみよう。

住民たちは、どのような生業に時間を費やしているだろうか。図3―1は、労働時間配分を示したものである。これは、一九九三年八月、アノケロ村で住民がどのような労働にどの程度の時間を費やしているかについて簡易に調査した結果である。調査対象は16歳以上の大人で、未婚・既婚を問わない。調査方法は、まず村から6家族17名を無作為抽出し、一九九三年八月のある一週間のうち、日曜日は教会の日なので除いて毎日朝6時30分より夕方6時30分までの間、無作為に選んだ二つの時点において、これらの男女が何をしているかを観察するというやり方である。結果的に男性7名、女性10名となったが、場合によってはほかの家族からのインタビューも採用した。夕方6時30分以降は通常、家事も含めて仕事はしていない。調査の一週間、とくにデータを攪乱させるできごとは起こっておらず、この時期にお

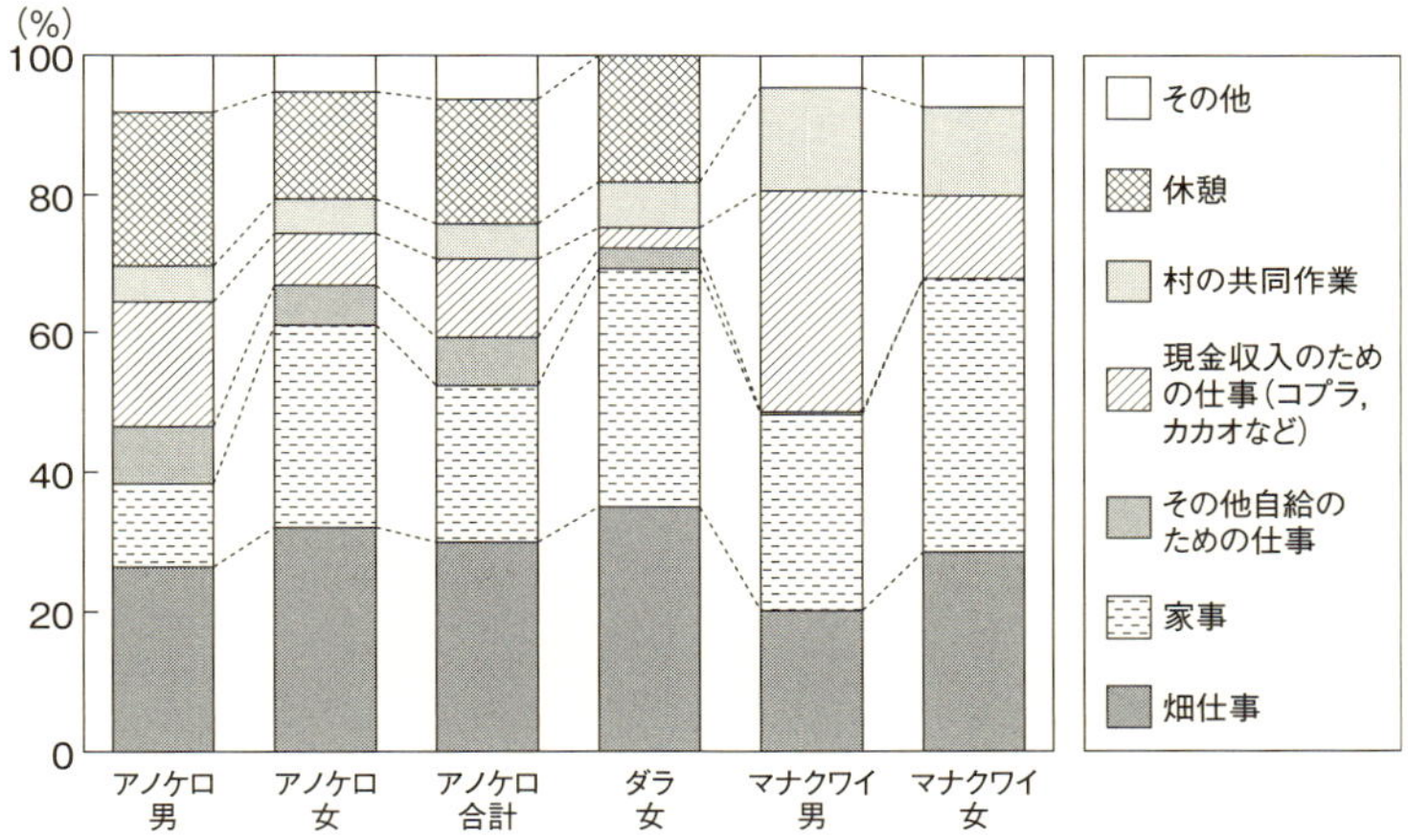

図 3-1　労働時間配分

（注 1）それぞれのカテゴリーは以下のものを含む。畑仕事：畑への移動，畑での労働，畑での休憩／家事：料理，洗濯，子育て，家の新築・改築など／その他の自給のための仕事：薪採集，野生植物・動物の採集，畑外の生産物収集，豚へのエサやりなど／現金収入のための仕事：コプラ用のココナツ採集，コプラづくり，カカオ収集，生産物の販売，市場用の加工品製造，販売用のビンロウジュ採集／村の共同作業：共同作業，村の会合，教会関係，相互扶助／休憩：休憩，ぶらぶら歩き，友人訪問／その他：食事，買い物

（注 2）Frazer のカテゴリーにより，マナクワイでは休憩は家事に含まれる

（資料）Dala（1984-85）; Warmke（1985）; Manakwai（1971-72）; Frazer（1973）

ける平均的なデータが集められたものと考えられる。調査のあと、私は実情に応じた7つの労働カテゴリーを設定し、それぞれのカテゴリーにどの程度の時間が配分されたかを集計した。

この図に示されているとおり、アノケロ村住民は貨幣経済部門よりもサブシステンス部門（非貨幣経済部門）に多くの労働時間を当てている。畑仕事、ほかの自給的活動、および家事を合わせたサブシステンス部門の労働に、男性の場合46・6%、女性の場合66・9%を当てている。一方貨幣経済部門に当てられた労働時間の割合は、男性が17・8%、女性が7・6%だった。もちろん、ここでサブシステンス部門に分類されている労働の中に、市場販売用の作物の世話など貨幣経済部門に含めてよいものも入っているが、それでも住民がサブシステンス部門により多くの時間を割いていることは確実である。

同じマライタ島北部で行なった同様の調査が二つあるので、図3―1ではそれらも並べて示した。調査データとしてはいくらか古いが、今日もそれほど変わらないものと思われる。ウォムケ（Warmke 1985）は同様の調査を一九八五年に、アノケロ村から約7キロ南西の、やはり幹線道路沿いの村ダラ（Dala）で行なっている。女性に限定した調査だったが、その結果はアノケロ村の女性のそれとかなり近似している。また、一九七一～七二年にさかのぼるが、マライタ北部のマナクワイ Manakwai 村でフレイザーが行なった同様の調査もある（Frazer 1973）。マナクワイ村では当時すでに村の近くに政府の農業普及事務所（Agricultural Extension Office）があって、男性の多くはそこで働いていた。男性の貨幣経済部門の労働の比率が高いのはそのせいである。しかしそれでもなお、畑仕事や家事に費やされる時間が少なくなかった。

このように住民たちは彼らの中心的な資源であるサブシステンス部門に労働時間の多くを割いている。そのサブシステンス部門の中身は何だろうか。冒頭で提示した視点をもとに、記述・分析していこう。

2　焼畑と家畜飼育

焼畑

アノケロ村の居住地は、クワラエ川岸の平地部にあり、標高40〜140メートルの丘陵を後背地としている。この丘陵が焼畑に使われる。アノケロ村のあるマライタ島北部の海岸部は、ソロモン諸島の村落部の中でもっとも人口過密なところである。

ココヤシやカカオのような商品作物の重要度が増しているにもかかわらず、焼畑は依然村の生活の中で中心的な位置を占めている。一人当たり週平均2〜3回畑に出ている（女性の方が頻度は高い）。

主要作物はサツマイモ **kaiasi**（*Ipomoea batatas*）とタロイモ **alo**（*Colocasia esculenta*）である。もともとは、タロイモが主要作物だったが、一九五〇年代以降、タロイモが病気によくかかるようになったため(2)、サツマイモの栽培面積が増えはじめ、現在ではサツマイモが主流である（これには個人差があり、タロイモを中心に植えている人もいる）。タロイモは、以前は民俗分類でたくさんの種類があったが、現在では種類が減り、またその分類ができる者も少なくなってきた。

そのほか、表3—1のとおり、「ジャイアント・タロ」**sangaia**（*Alocasia macrorrhiza*）、「コンコン・タロ」**alofaka**（*Xanthosoma saggitifolium*）、ヤムイモ **kaifasia**（*Dioscorea alata*）、「パナ」**fana**（*Dioscorea esculenta*）などの根菜類、「スリッパリー・キャベジ」**dae**（*Hibiscus manihot*）、「オフェゲ」**ofenge**（*Pseuderanthemum*）などの葉野菜が主要な作物である。

表 3-1　アノケロ村の作物（1993 年）

作物名	方名（ファタレカ語）	学名	生産世帯数（N=18）	導入時期
サツマイモ	kaiasi	*Ipomoea batatas*	18	古い
タロイモ	alo	*Colocasia esculenta*	18	古い
パパイヤ	aikau	*Carica papaya*	18	古い
パイナップル	baenafo	*Ananas comosus*	18	比較的古い
キャッサバ	kaibia	*Manihot esculenta*	17	比較的古い
サトウキビ	ofu	*Saccharum* spp.	17	古い
トマト		*Lycopersicon esculentum*	17	新しい
「スリッパリー・キャベジ」	dae（dee）	*Hibiscus manihot*	16	古い
「オフェゲ」	ofenge	*Pseuderanthemum* spp.	16	古い
ネギ		*Allium* spp.	16	新しい
バナナ（生食用）	bau	*Musa* spp.	16	古い
「ロシ」	losi	*Saccharum edule*	15	新しい
サゴヤシ	sao	*Metroxylon salomonense*	15	古い
「コンコン・タロ」	alofaka	*Xanthosoma saggitifolium*	14	新しい
バナナ（調理用）	bau	*Musa* spp.	13	古い
「ジャイアント・タロ」	sangaia	*Alocasia macrorrhiza*	12	古い
「スネーク・ビーン」		*Trichosanthes cucumerina*	12	非常に新しい
「ロング・ビーン」		*Phaseolus vulgaris*	11	非常に新しい
「ガリ」	ngali	*Canarium indicum*	11	古い
ヤムイモ	kaifasia	*Dioscorea alata*	11	比較的新しい
パンノキ	kekene	*Artocarpus altilis*	10	古い
カットナット	kenu	*Barringtonia* spp.	7	新しい
ナス		*solanum melongena*	7	新しい
「パナ」	fana	*Dioscorea esculenta*	7	比較的新しい
ビンロウジュ	ageru	*Areca catechu*	6	古い
トウガラシ		*Capsium* spp.	5	新しい
キュウリ		*Cucumis sativus*	4	
オレンジ		*Citrus sinensis*	4	新しい
白菜		*Brassica chinensis*	3	新しい
カボチャ	bobokeni	*Cucurbita maxiima*	3	古い
スイカ		*Citrullus lanatus*	3	
トウモロコシ		*Zea mays*	1	
「ブッシュ・アップル」			1	
トゲバンレイシ	beretutu	*Annona Muricata*	1	
「スワンプ・タロ」	kakama	*Cyrtosperma chamissonis*	1	古い
タバコ	firi		1	古い

（注）「生産世帯数」は調査した 18 世帯のうちその作物を植えていると回答した世帯数
（資料）筆者の 1993 年世帯調査

写真 3-1　焼畑（1993 年撮影）

写真 3-2　二次林を切り開き，焼畑を拓く（1995 年撮影）

この表は、アノケロ村の焼畑が単なる伝統作物の畑ではなく、古くからの作物と新しい作物との混栽であることを示している。サツマイモとタロイモが主要に植えられていて、そのほかの作物がその合間に植えられている、というのが典型的な畑の様子である。食事の内容を多様化するためと、市場で販売するために、新しい作物が植えられるようになった。ネギ、トウガラシなどは、市場販売用の作物である。しかし、そうした世帯の畑でも、タロイモとサツマイモが中心であることに変わりはない。アノケロ村の人びとは、自給用作物を主要な作物として維持しつつ、販売用作物を一定量作るという傾向がある。

休耕期間は明らかに短くなりつつある。私が調査を始めた一九九〇年代における住民たち自身の認識は、以前は10年以上の休耕期間を設けることがほとんどだったが、現在は10年以下になり、3～4年という場合もある、というものだった。二〇〇〇年代以降の調査では、休耕期間はさらに短くなり、1～3年程度が通常になっており、作物の出来が悪くなってきている、と住民たちも認識していた。これは焼畑可能な土地面積に対して人口密度が高くなったせいであるが、比較的長い休耕が必要なタロイモに対し、現在主流のサツマイモが短い休耕期間に耐えられることに助けられて、まだ問題が深刻化しているとまではいえない(3)。

図3－1に示されるとおり、人びとは労働時間の約30％をこの焼畑での仕事に費やしている。

家畜

ほとんどの世帯が豚や鶏を飼っている。鶏は現金収入用、豚は儀礼用および現金収入用、という色彩が濃い。一九九三年に行なった世帯調査では、鶏は世帯平均6・4頭、豚は5・6頭が飼われていた。鶏は住居の周辺で放し飼いされ、残飯などが与えられる。

豚は一九九六年ごろまでは集落の周辺で放し飼いされていたが、舎飼いが主となった。というのもそれ以前の豚は集落と丘陵地の間に広がる雑木林で飼われていた。このエリアには豚用の柵が集落との間に張られ、また、反対側は丘陵地なので、豚は外へ移動することができなかった。豚舎を作っていた者もいたが、放し飼いと舎飼いが併用されることが多かった。しかし、一九九六年、豚を飼っていたエリアが畑に利用されることになり、豚は舎飼いへと移行した。

豚には残飯やまれに配合飼料が与えられる。太った豚は地域内で現金で取り引きされたり、またキリスト教会の祝祭、結婚式などの儀礼に食されたりする。さらに婚資として、結婚する男性の家族が相手の女性の家族に、貝貨・現金とともに贈与する際に利用される。

3　商品作物

ココヤシとカカオ

この地域で生産されている輸出用商品作物は、おもにコプラとカカオである。

村でコプラ生産が始まったのは一九五〇年代である。当時農業省の人間がやってきて、コプラがもうかるからココヤシを積極的に植えるようにという指導があったという。しかしココヤシ農園が急速に拡大するのは一九七〇年代である。イアン・フレイザーは、北マライタの農業の変化について述べたなか

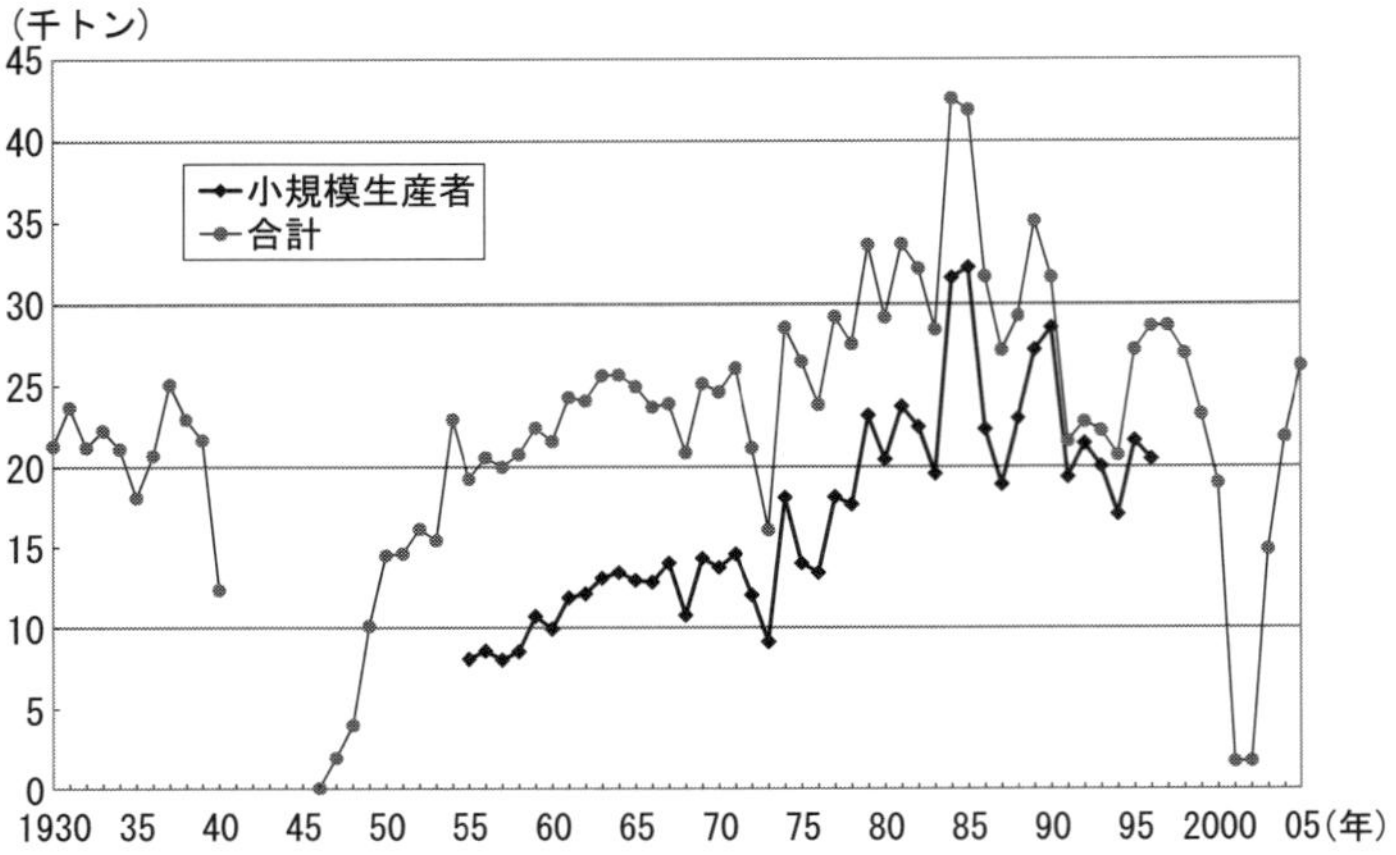

図 3-2　ソロモン諸島におけるコプラ生産量の推移

（注）小規模生産者：1997 年以降データなし。2001～02 年は民族紛争のため生産量が激減した

（資料）Frazer（1973）; Bennett（1987: 199, table6）; Solomon Islands Statistics Office（1987, 1992 b, 1992 c, 1994a, 1994c, 1998）; Central Bank of Solomon Islands（2001-05）

で、一九六九～七六年にかけてココヤシ栽培補助金が出たことが大きかったことを指摘している（Frazer 1987: 14-17）。住民によるコプラ生産量[4]は、マライタ島全体で、一九六〇年に595トンだったのが、一九九〇年には7549トンになった。

現在アノケロ村ではほぼすべての世帯がココヤシ園を持っている。しかしコプラの買い取り価格が低いことから、一九九三年の世帯調査時には、調査した18家族のうち4家族がコプラを生産していなかった。この4家族も含めた18家族全体の平均をとると、コプラ生産の状況は以下のとおりだった。

一世帯当たり年平均2・0回コプラを作る。各世帯はそれぞれココヤシ園を集落の周辺に持っていて、成熟したココナツが落ちてきたのを定期的に集め、村や村の近くまで運んでおく。それが一定量貯まったら、親族などに頼んで10

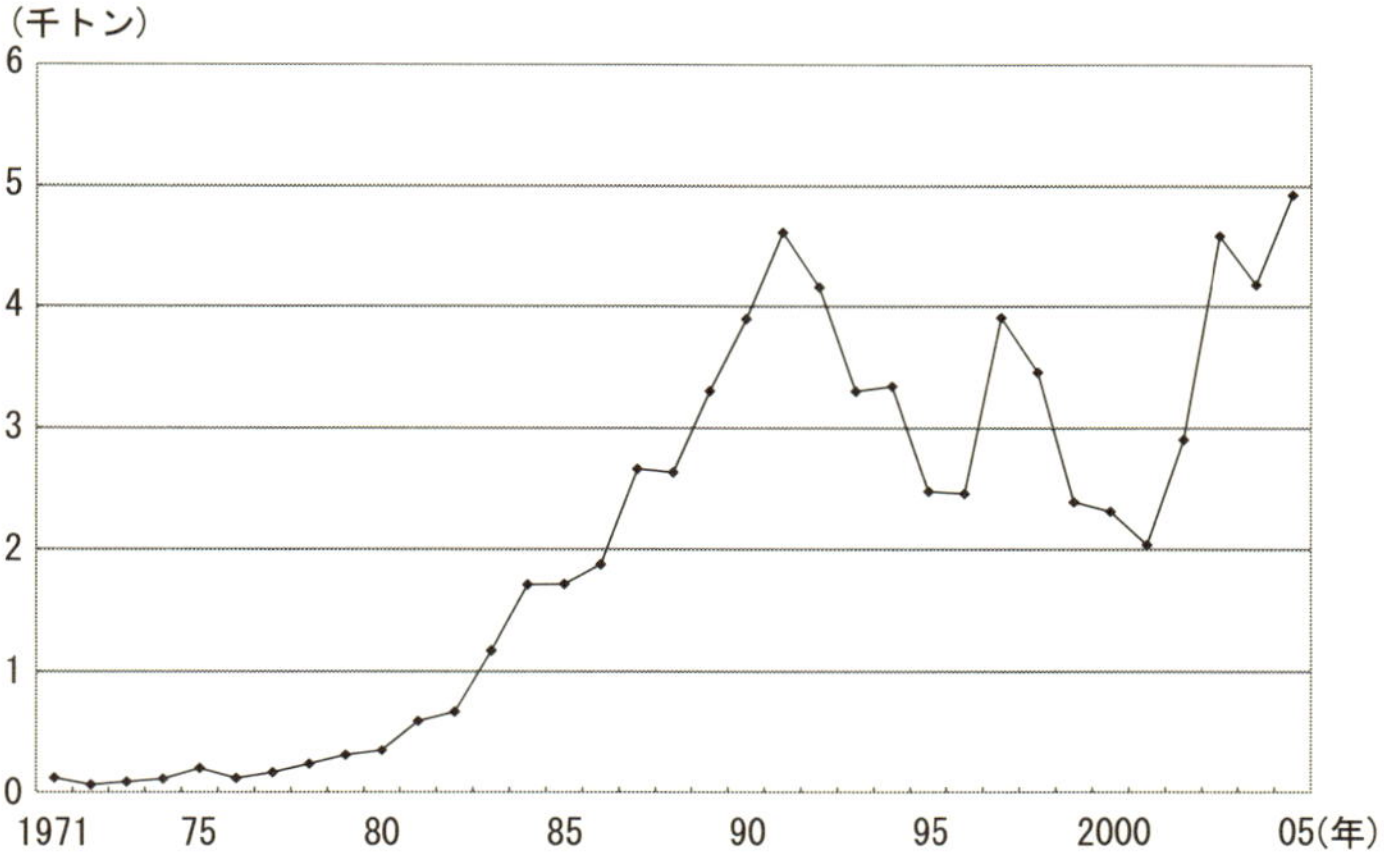

図 3-3　ソロモン諸島におけるカカオ生産量の推移
（資料）1971-84: Solomon Islands Statistics Office（1987）
1985-2005: Central Bank of Solomon Islands, 各年版

名ほどで一度に胚乳をくりぬく。キリスト教会関係の組織で所有している乾燥場（賃借料1日20ドル）か、個人所有の乾燥場（賃借料1日10ドル）を借りて、1回当たり500キログラムを生産する。これは250ドル（一九九三年の調査時で1ドル＝40円）の粗収入となり、交通費などを除いた純利益は年間1家族当たり420ドルということになる。コプラは政府の商品輸出マーケティング局（CEMA：Commodity Export and Marketing Authority）のアウキ支部、あるいは買付業者に売る(5)。

　カカオは比較的新しい商品作物である。一部の家はすでに一九七〇年代に始めているが、ほとんどの家族は一九八〇年代に入ってからカカオの栽培を始めた。一九八〇年におけるカカオ生産はソロモン諸島全体で346トンだったが、一九九〇年には3895トン、二〇〇五年には4929トンとなっている（Solomon Islands Statistics Office

1995b: 47; Central Bank of Solomon Islands 2005)。
ココヤシ園もカカオ園も、生産量の増加分だけ、その面積が広がったと考えることができる。ココヤシ園やカカオ園は、焼畑やほかの栽培植物と競合する。ココヤシ園やカカオ園は、集落近くの平地に作られているが、実は同じ土地は、焼畑を開くにも適した土地である。丘陵地に焼畑を拓くよりも、むしろ現在ココヤシ園やカカオ園がある平地の方が、川が運んでくる栄養分もあって、生産性が高い。実際、そこは以前、自給用の焼畑だった。しかし、ココヤシ、カカオという現金収入のための商品作物が占領し、畑は遠く丘陵地に追いやられることになったのである。ここには、ジェンダーの問題も絡んでいる。商品作物は男性がおもに担い、焼畑はおもに女性が担っている。マライタ島においては男性の発言権が強いため、焼畑の方が遠くなってしまった面がある。それに不満をもっている女性たちもいる。

アノケロでは調査した18世帯のうち14世帯がカカオ園を持っていて、毎週業者にカカオを売っている(6)。カカオの買付価格は国際価格に連動して変動が大きく、一九九三年の世帯調査時には、1キロ当たり40〜70セントを推移していたが、二〇〇四年の調査時には、1キロ当たり1・6ドルだった。これはインフレをほぼそのまま反映した価格上昇であり、実質的には変わっていない。

一九九三年の世帯調査では、カカオ園を持っている住民の平均では、月3・3回カカオを売り、1週当たり10・5キロ売っていた。カカオ園を持っていない世帯を含めた全調査世帯の平均では、1世帯当たり月36・3ドルの収入がカカオ販売からあることになる。

コプラとカカオ以外では、一九八〇年代に肉牛飼育に乗り出した住民もいたが、コストの問題などにより、現在では途絶えている。コプラ生産を続けたいかと住民に聞くと、一人を除いてみなお金のために続けたいと答えた。しかし、コプラ生産は労働がきついばかりで、たいした利益にならない、この点ではカカオの方がましだと考える者が多い。

コプラやカカオをどれだけ積極的に生産するかは、各世帯によってずいぶん違う。それぞれの世帯は、(1)世帯内の労働力構成、(2)ほかの現金収入へのアクセス、(3)現金の必要の程度、などによって、コプラやカカオへのかかわりの戦略を決めている。

市場販売用の作物と商品

コプラやカカオは輸出用の商品作物だが、地域内の市場を狙った作物販売、商品販売もある。アノケロ村の住民が利用する市場はおもに三つである。一つは、住民が「デイリーマーケット」と呼ぶものである。これは、集落の中の道路沿いに立てられた小さな台に、誰もが物を置いて売ってよいという〝もっとも小さな市場〟である。朝、人の往来がいくらか激しい時間に、この台にバナナや自家製のパンなどを載せて売る者がいる。もちろん誰もいない日もある。

もう一つは、定期市である。これはアノケロ村の近くで開かれるこの地域一帯の市で、住民たちは単に「マーケット」と呼んでいるが、毎週土曜日に必ず開かれる(7)。この周辺の村々から、数十組の売り手がやって来て、やはり周辺の村々からやって来た人びとが買い手となって市場を形成している。おもに売られるものは、サツマイモ、タロイモ、スリッパリー・キャベジ、ネギなどの生鮮食料品に加え、タバコ、ビンロウジュなどの嗜好品、それにキャッサバ・ケーキやパンなどの加工品である。

なお、この定期市は一九七一年、住民の現金収入機会を確保するために地域の自主的な市場として始

写真 3-3　デイリーマーケットに行くと，たいてい誰かがいる。だから調査中私もよくここに寄った。野菜を売ったり，家で焼いたパンを売ったりしている。しかし，買い手はめったに登場しない。それでも世間話をしながらのんびりと売る。乗り合いトラックを待つ人もここで待つ。とくに用のない人も集まる。ゆったりとした時間が流れる（2007 年撮影）

写真 3-4　週 1〜2 度開かれる定期市は人びとの経済と社交の場である。方々の村から多くの人がやってきて賑わう。ときに宗教的なアジテーションが行なわれたり，地域のお知らせがアナウンスされたりもする。村の定期市は町の市場ほど品物の種類が多いわけではないが，それでもちょっと珍しい野菜などが売りに出されると結構人気で，すぐになくなる。値段は固定制。その場での駆け引きはない。私もここぞとばかり，おいしそうな野菜やバナナ，パンを買う（2006 年撮影）

表 3-2　定期市での販売価格（1999 年）

商品	単位	単位当たり値段（SD）
バナナ	1 房	1.00
サツマイモ	1 山（10 個）	1.00
パン	1 個	0.20
コンコン・タロ	1 山（5 個）	1.00
パイナップル	1 個	1.00
ヤムイモ	1 山（5 個）	1.00
タロイモ	1 山（約 15 個）	1.00
ビンロウジュ	1 個	0.10
キンマ（葉）	約 5 個	0.20
キンマ（果実）	約 5 個	0.20
キャッサバ・ケーキ	1 個	0.50

（資料）筆者の 1999 年 2 月 20 日調査

められた。当初週1回だったが、一九九五年からは週2回になった。一九九三年の調査では、アノケロ村の住民がこの定期市で商品を販売する頻度は月平均2・0回だった。

最後の一つは、アウキの公設市場である。アノケロの定期市にくらべ、こちらは品数が多い。大根、ナス、レタスなどアノケロの定期市では見られない野菜に加え、「フィッシュ・アンド・チップス」（カツオとサツマイモのフライ）のような加工食品もある。アノケロ村の住民も、ときどき（平均月1回以下）アウキに出かけて作物を売る。こちらで売った方がいくらか高く売れるのだが、しかしアウキまで出るには交通費（乗り合いトラック利用の場合、二〇〇二年時で片道8ドル）がかかる。

これらの市場には、商品作物と余剰生産物が混在している。売られているものをこのどちらかに分けるのは難しいが、たとえばトウガラシ（*Capsium spp.*）やビンロウジュ（*Areca catechu*）は、どちらかといえば売るために作られていることが多く、サツマイモやスリッパリー・キャベジは通常自家消費用だが、余剰があれば売りに出す。後者の

写真 3-5　アウキの公設市場（2007 年撮影）

場合、アウキの賃金労働者を除いて買い手もたいてい自分で生産しているが、端境期等のために購入している。パンの製造は一九八三年頃にアノケロのある家族が始めたもので、現在村の数家族が行なっている。原料の小麦粉とイースト（いずれも輸入品）を購入して、いくつかの家族が共同で持っているドラム缶製のオーブンで焼く。これは比較的よい収入になる。

さらに、集落内、集落間での売買も頻繁に行なわれている。集落内の個人（世帯）同士、集落間の個人（世帯）同士で、野菜や鶏、場合によっては豚の売り買いが行なわれる。とくに鶏、豚の売り買いは市場を介さず、個人間の売り買いが中心である。

4　さまざまな半栽培植物

栽培と自然の中間形態

住民の生活の中心が焼畑であることは間違いない。しかし少し注意して見ると、焼畑以外のさまざまな植物が住民の生活にとって必要不可欠な存在になっていることがわかる。アノケロ村周辺にはさまざまな有用野生植物がある。表3－3は、そのうち主要なものである。

たとえば、森の中に生えているガリ **ngali** と呼ばれる木（*Canarium indicum*）の実を住民はよく利用する。住民自身の食用としても、また市場に出すものとしても、有用である。そしてここで大事なことは、このガリには人間が植えたものと、自然に生えているものの両方が存在していることである。両者は、外見上も実の成り方もまったく変わらない。また、サゴヤシ **sao**（*Metroxylon salomonense*）はその葉を屋根に葺くために人間が植えたものであるが、それほど手入れをするわけではない。このように、栽培とも野生とも明確に区別しにくい中間形態の植物が多く存在していて、それが住民たちの生活を支えていることがわかる。

「栽培植物」とは、人間が長い年月をかけて、人間に有用に品種改良してきた植物である。たとえばタロイモは東南アジア原産だが、品種改良のなかで毒抜きをし、またイモの部分を肥大化させてきた。栽培植物の代表例として、米を挙げることができる。米もやはり東南アジア原産で、本来バラバラと落ちていた種子を落ちないように非脱粒化することで、人間が都合よく一斉に収穫できるようになった。

突然変異によって種子がバラバラと落ちなくなった稲を、選択的に選んでいくことにより、人間は稲を「栽培植物」にしていったのである。こうして、人間に都合のよいかたちで植物に遺伝的変化をもたらしてきたのが「栽培化」（domestication）であり、「栽培化」されたものが狭義の「栽培植物」である。

ガリもサゴヤシもそうした「栽培化」の歴史はほとんどないといってよい。もっとも、植えるという点では、完全な野生ではない。こうした中間形態の植物が、マライタ島では住民の生活に不可欠な存在

表 3-3　アノケロ村周辺地域のおもな有用野生植物

方名（ファタレカ語）	学名
食用野生植物	
afio	*Eugenia mallaccensis*
amau	*Ficus copiosa*
asai	*Mangifera indica*
ngali	*Canarium indicum*
ofenge	*Pseuderanthemum* spp.
samo	*Dennstaedtia sameensis*
takume（kasuma）	*Diplazium proliferum*
有用植物（生活用具）	
kaufe	*Pandanus* sp.
momole	*Pandanus* sp.
kao asi（竹）	*Bambusa blumeana*
kao（竹）	*Nastus obtusus*
tara	*Pandanus* sp.
有用樹種（薪，建材用など）	
adoe（aikwasi）	*Canarium salomonense*
agariri	学名不明
baule	*Calophyllum kajewskii*
dawe（akwa）	*Pometia pinnata*
fasa, fata	*Vitex cofassus*
karefo	*Schleinitzia novo guineensis*
niniu	*Gulubia macrospadix*
o'o（arakoko）	*Gmelina moluccana*
ひも材	
kalitau（籐）	*Calamus* spp.
nini	学名不明
rara	学名不明
uke	*Derris* spp.
wako	*Scindapsus altissimus*

になっている。さらに〝中間形態〟といっても、そのありよう、つまり人間との関係はさまざまである。そうした中間形態の植物が、マライタ島の住民たちにとってはたいへん大きな意味をもっている。いくつかのカテゴリーに分けて、順番に見てみよう。

組織的に植栽される植物

ココヤシは通常栽培植物に分類される。しかし、ココヤシの野生種については研究が進んでおらず、現在のココヤシがどの野生種からどの程度栽培化されたものなのかについては不明な点が多い。杉村順夫（2001）によると、現在のココヤシは研究者によってNiu vai型と呼ばれ、「推定される野生祖先種」（Niu kafa型と呼ばれている）に比べ、種子が大きく、またその外皮が薄い品種が選ばれていったという。しかし、この選択が栽培化（ドメスティケイション）といえるほどの選択と変化だったかは、疑問の余地がある。さらに、サゴヤシは広く島嶼東南アジアからソロモン諸島まで野生種と栽培種が混在していることが知られており、これもタロイモやサツマイモなど典型的な栽培植物と比べて「栽培化」を経た植物といえるかどうか、疑問の余地がある。

ココヤシやサゴヤシは、ソロモン諸島では、組織的に大量に植えられている。3節で述べたとおり、ココヤシはコプラ用に商品作物として意識されて以降（一九五〇年以降、主要には一九七〇年代以降）、住民たちによってとくに大量に植栽されるようになった。ビンロウジュも同様である。

これらの植物は組織的に植えられるが、とくにそのあと定期的な手入れがなされるわけでもなく、収穫まで半ば放置状態である。

写真 3-6　カウフェ（パンダナス）（2007年撮影）

植えたものから移植される植物

ココヤシやサゴヤシほど組織的ではないが、やはり植えられる植物としてパンダナス（*Pandanus* spp. 和名アダン）がある。こうした植物が「植えられる」という場合、たいていは、移植であるが、移植にも大きく二種類ある。人間が植えたものから再び移植する場合と、天然に生えているものを移植する場合である。パンダナスは前者、先ほど触れたガリは後者に属する。

パンダナスは、その葉がマットなどの素材として利用価値が高いことで知られ、広く熱帯アジアおよびオセアニアに分布している。ファタレカ語では、三つの種類のパンダナスが民俗分類として認識されている。三種類それぞれが、複数の学名のパンダナスに対応している。

マライタ島でもっともポピュラーなのは

カウフェ kaufe（*Pandanus* sp.）で、おおぶりのパンダナスである。カウフェは、伝統的な傘を作る大事な生活材である。カウフェの葉を天日で干し、それを長方形のマット状に縫う。マットにも使えるし、傘としても使える。カウフェは野生にも存在しているが、たいていは植えたものであり、やはり一本一本所有が決まっている。家の周辺か集落の周辺のどこかに植えてある。あるいは、親や祖父母が植えて継承したものがどこかにある。複数の者のパンダナスが固まって植えられることはまれで、たいていはあちこちに分散している。住民によれば、野生のパンダナスは森の中に生えており、いくらか葉が長いが同じように傘を作ることができる。

ほかのパンダナスに、モモレ momole（*Pandanus* sp.）がある。モモレはカウフェほど葉が大きくないので、傘には向かない。マットやかごを編むのには向いている。もっともアノケロ村では、カウフェほどモモレは利用しないし、どこの家でも持っているわけではない。カウフェと同じく、モモレも多くは植えられたものであり、所有が決まっている。しかし、やはり一部に野生もある。

もう一つのパンダナスはタラ tara（*Pandanus* sp.）と呼ばれ、湿地や小川付近に野生として生えている。タラの利用法はモモレと同様で、マットやかごの材料になる。これはふだん目につきにくいパンダナスである。

もう一つ、パンダナスと同じ類型に入るものにカオアシ kao asi（*Bambusa blumeana*）がある。カオアシは大きな黄色い竹である。人びとが植えたカオアシの群生は、集落や畑の周辺に散在している。一見野生ともみえるが、ほとんどは植えたものであり、群生ごとに所有が決まっている。サゴヤシの葉で屋根を縫う時の芯として使うのがおもな用途である。そのほかに、いかだを組んだり、簡単なはしごとし

写真 3-7　カオアシ（竹）（*Bambusa blumeana*）挿し木ならぬ挿し竹で植える（1995 年撮影）
サゴヤシの葉を乾燥させて屋根をつくる。芯の部分はカオアシ。屋根づくりは大事な仕事
（2008 年撮影）

写真 3-8　カオアシを伐採する（2002 年撮影）

写真 3-9　カオアシの群生（2000 年撮影）

写真 3-10　植えたガリ（*Canarium indicum*）と所有者（1995 年撮影）

ても使う。

天然から移植される植物

パンダナスやカオアシが植えたものから移植されるのに対し、ガリは天然の木から移植されることが多い。

ガリ **ngali** は、カンラン科の木で、その実が食用として重要である。ガリは人間が植えたものと、自然に生えているものの両方がある。両者は外見上も実の成り方もまったく変わらない。人間が植えたものは原則として植えた人のものであり、その実を他人が勝手に採ってはならない。天然のガリの木は無所有である。無所有の場合は基本的に落ちている実を誰が拾ってもかまわない。ファタレカ語では植えたガリをガリ・ファシア **ngali fasia**、天然のガリを単にガリ **ngali** と呼んでいる。

写真 3-11　ガリの木。人が植えたため目立っているが，天然のガリは森の中に生える（2001 年撮影）

写真 3-12　ガリの実を割り，ナッツを取り出す（1996 年撮影）

ちなみに、ファタレカ語では「野生の」に当たる言葉がクワシ kwasi、「植えた」に当たる言葉がフェラ fera（フェラ fera は「家《うち》の／村の／里の」の意味。英語の home に当たる）であり、たとえば野生のバナナ（ファタレカ語でバウ bau）はバウ・クワシ bau kwasi、植えたバナナはバウ・フェラ bau fera である。しかし、ガリ ngali の場合はガリ・フェラ ngali fera とはいわず、ガリ・ファシア ngali fasia となる。

拾ってきたガリの実は一個一個石で割り、中のナッツを間食として食べる。つぶして料理に用いることもある。ガリの実は油脂分を多く含むので、他島では搾油して現金収入源にするプロジェクトがNGOによって始められている（*Link*, Solomon Islands Development Trust, 31:3, 1994）。

ガリと同じような類型に属するものとして、カオ kao（*Nastus obtusus*）と呼ばれる竹がある。先のカオアシが、植えたものから移植するのに対し、カオはおもに天然に生えているものから移植する。ガリと同様、移植されたものだけでなく、森の中には、天然に生えているカオも多い。カオを天然のものから移植した場合は、周りの木やつるを刈り取って育ちやすくするなどのケアをすることが多い(8)。用途もカオアシとは違っている。カオは、料理や飲料用の筒として使用する竹である。金属製の鍋やフライパンがなかったころ、カオはもっとも重要な生活用具の一つだった。カオを切って筒を作り、中にイモ、野菜、魚などを詰めて焼く。これがソロモン諸島での伝統的な調理法の基本である。第二次世界大戦後しばらくはカオを使った調理法の方が主流だった。複数の人たちの証言を合わせると、一九五〇～六〇年代にかけてカオと鍋の地位が逆転した。今でもかなり少なくなったとはいえ、カオを使う調理はときどき行なわれている。カオはそのほかにも用途が広く、水筒、あるいは釣竿としても使われていた。さらに枯れたカオはたいまつとして使われていたが、ランプの導入によりこの利用法は消滅した。ほかにカオと同様の例は、アサイ asai（*Mangifera indica.* マンゴーのたぐい）やアフィオ afio（*Eugenia malaccensis.* ブッシュ・アプルとも）と呼ばれるものなどがある。これらは通常自然に生えていてその実を食べるが、人間が移植して育てる場合がある。

人里近くに生える植物

住民たちは村の周辺の森林を歩く際、アマウ amau（*Ficus copiosa*）という植物を採集することがある。アマウは林縁部によく生えている天然の植物である。村人は畑から帰る途中に立ち止まり、アマウの若い葉を採る。何枚も集めて、肩にかけたバッグに入れて持ち帰る。アマウの芽の部分から採った若い葉は、ココナツ・ミルクで煮て食べる。一九九三年にアノケロ村で行なった食事調査では、食事にアマウが出現する頻度は5・9％だった。住民の重要な食料の一つであり、人びとがアマウを採集している姿は、よく見かける光景である。

アマウは芽のところから若い葉を採っても、採った芽の脇からまた新しい芽吹きがあり、成長が続く。人間が食べるために芽の部分だけを採っていれば、アマウが絶えることはない。

アマウは誰が植えたものでもない。もちろん人間が改良した品種ではない。そうした意味でアマウは野生である。しかし、アマウはどこにでも生えているわけではない。村から離れた天然林のエリアまで来ると、アマウはほとんど見られなくなる。アマウが生えているのは、人里の周辺や道の周辺のおもに林縁部に限られる。つまり、アマウは完全な「自然」ではなく、人間の手が加わった自然（二次的自

写真 3-13　アマウを採集する（2002 年撮影）

然）に生えるものである。人間が若い芽を採っても脇から新しい芽が吹き出すという性質を利用して、若い芽の付近の葉を食用として利用する。アマウの側はそれを逆に利用して、人間の手が入った二次的自然の中で、生き延びる場所（生態学的ニッチ）を確保する。

アマウと同様の類型に属する植物としては、サモ samo（*Dennstaedtia sameensis*）、タクメ takume（*Diplazium proliferum*）などがある。サモ、タクメともやはり天然林の中よりも人里近くに植生しており、人間と相互依存関係にある。

手を加えられる野生植物

天然林の中には、さまざまな有用野生植物がある。なかでも、ファサ fasa（別名ファタ fata. *Vitex cofassus*）と呼ばれる木は、まっすぐに伸びる頑丈な幹をもち、住民にとって非常に重要な木である。家を建てる時の建材としてだけでなく、カヌーや日常のさまざまな用具を作るのにも適している。商業伐採の企業がソロモン諸島で操業する場合も、このファサが真っ先に狙われる。

ファサは基本的に野生植物である。人間が植えるということはない。しかし、ファサには人間の手が加えられることがある。たとえば、アノケロ村近くの熱帯林の中のあるファサには、その樹皮に、ナイフで×印がつけられている。これは、あるアノケロ村に在住していた男性が10年以上前にナイフで印をつけたものだった。ここの土地はこの男性の土地ではないが、土地所有者の許可を得て、この木に印をつけた。印をつけることによってこの木の占有権を示すのである。そして十分に成長したところを伐採し、カヌー製造の材料にするのである。しかし、放っておくと、絞め殺しの木アバロロ abalolo（*Ficus* sp.）によって浸食され、折れ曲がったり枯れてしまったりする危険がある。絞め殺しの木とは、ほかの木の上に生育し、気根や枝葉で包んで宿主を絞め殺してしまういくつかの種類の木のことである。

そこでこの男性、死後はその息子がときどきこの木を訪れては、絞め殺しの木の根を切るという作業を繰り返してきた。このような手入れをすることによって、カヌー材としての価値を保持するのである。

天然林エリアの野生動植物

ファタレカ語でアドエ adoe（別名アイクワシ aikwasi. *Canarium salomonense*）、バウレ baule

写真 3-14　ファサの木と占有権をもつ男性。占有を示す × 印がつけられている（2002 年撮影）

（*Calophyllum kajewskii*）、ダウェ dawe（ピジンではアクワ akwa. *Pometia pinnata*）、オオ oʻo（別名アラココ arakoko. *Gmelina moluccana*）といった樹木は比較的大木を成す木で、建材として利用される。前節で述べたファサ（*Vitex cofassus*）も、手を加えられない自然のままで利用されることも多い。ファサは前にも述べたとおり建材としてのみならず、カヌー材としても重宝されている。これらの木は商業伐採の対象ともなりやすい木で、輸出されている丸太のほとんどはバウレ、ダウェ、ファサなどである。これらの建材は同時に薪としてもよく利用される。

同じく建材としておもに床材として使われる樹木に、アガリリ agariri（ヤシ科植物。学名不明）、ニニウ niniu（*Gulubia macrospadix*）などがある。

また、籐 kalitau（*Calamus* spp.）、ニニ nini（学名不明）、ララ rara（学名不明）、ウケ uke（*Derris* spp.）、ワコ wako（*Scindapsus altissimus*）はいずれもつる性植物で、おもにひも材として屋根を編んだり、家を建てたりする時に使われる。こうしたなかで籐はもっとも重要なひも材用植物であるが、アノケロ村周辺の森では近年入手が難しく、遠くの森で採取して持ち帰るか、ニニなどを代替品として採取・利用しているのが現状である。また、ウケはひも材としての用途のほかに、つるをつぶして水で絞ったものを毒漁に使うという用途がある。

薬として使用する植物も多数存在している。建材として使うオオは、その樹皮が薬になる。樹皮などの部位が薬になる、と住民が言う植物は多い。しかし同時にそうした民俗知識は近年少なくなっている。実際、今日では生薬を使う場面は決して多くなく、近代医薬品を使用する場合が多い。

以上部分的に挙げたが、野生の有用植物は数多い。それらをすべて網羅するとそれだけで大部の論文

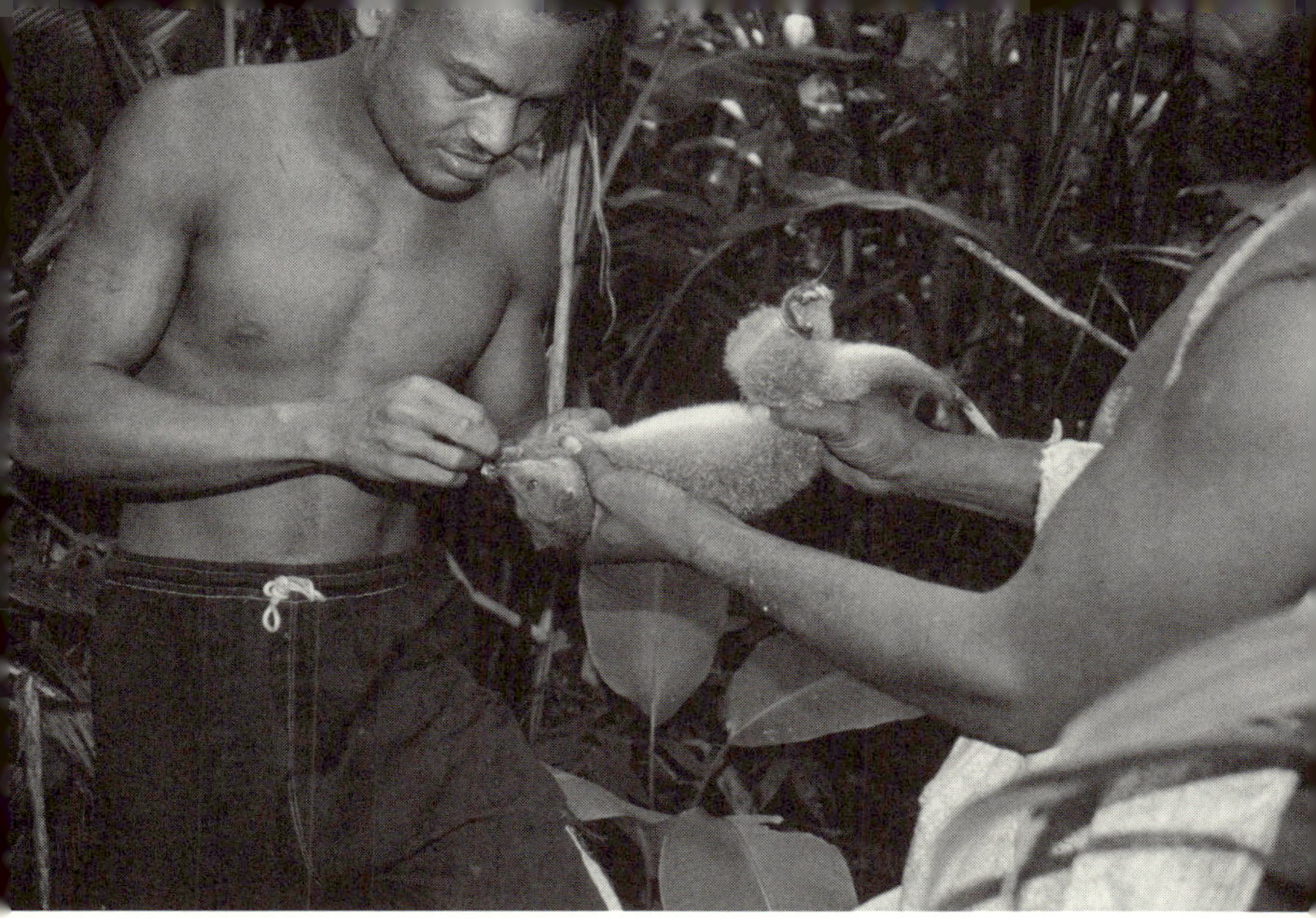

写真 3-15　森でハイイロクスクス（*Phalanger orientalis*）を捕獲する（2002 年撮影）

になりそうなほどである。ただし、今日アノケロ村の住民がよく利用するのは、薪や建材として利用する樹木、それにひも材として利用するつる性植物が中心である。

有用動物も、植物ほど多くの種類ほどではないが存在している。トカゲ、ハイイロクスクス（カドレ **kadore.** *Phalanger orientalis*）、いくつかの種類の鳥、それにツカツクリの卵である。トカゲやハイイロクスクスは、少年や若い男性が半ば「遊び」のような感覚で森の中で探して獲ってくる。

これらの有用動植物は、基本的に人間の手が加わっていない「野生」である。しかし、これらは有用なのでダメージをなるべく回避するという点で、間接的な管理をしているともいえる。そもそもハイイロクスクスはソロモン諸島にはいなかった。人類がソロモン諸島に住み着いた後の動物である。フラネリーとウィックラーは、六六七〇～一八六〇年前の間にこのハイイロクスクスが導入されたと推測している（Flannery and Wickler 1989）(9)。人間がなぜハイイロクスクスを連れてきたのか不明だが、食用として森に放したと考えることは可能だろう。家畜として連れてきた豚や鶏とともに、半野生状態で食用として利用するために、ハイイロクスクスを導入したと想像される。

川の利用

以上、陸の動植物利用について記述してきたが、川や海の利用もある。

アノケロ村は、クワラエKwarae川という河口近くで幅20メートル程度の川に沿って位置しており、川は住民の生活にとって欠かせないものとなっている。ただし、漁撈はそれほど盛んなわけではない。彼らがもともと内陸部出身であることも関係しているのだろう。

日常的に行なわれている漁撈は、川での採貝である。ファタレカ語でtutu（学名不明）と呼ばれるもっとも一般的な二枚貝を、水中眼鏡を利用して川底から採取する。

川魚の採捕は日常的にはあまり行なわれない。小ぶりの魚やウナギ、川エビなどが捕られることもあるが、それほど頻繁ではない。しかし、回数が少ないからといって、こうした活動の意味が小さいことにはならない。人類学者松井健は「マイナー・サブシステンス」という言葉を使ってこれを説明している。松井によれば、中心の生業からはずれて行なわれる漁撈や狩猟・採集は、比較的単純な技術水準にあるが、それゆえに逆に各人の高度な技法が要求される。そのため人びとにとって、かえって本来の生業よりも「身体性をとおして、自然と人間との相互のかかわり方の本来的な位相関係を深く認識させる」（松井 1998a: 169）。

写真 3-16　川に上ってくる小魚を捕る女性たち。石で魚の流れを制御して一日座って待ち，手軽な道具で魚を捕る。世にも簡単な漁法である。
小魚を捕る簡単な仕掛けをつくり，最後は網ですくう（2004 年撮影）

もっとも、毎年いくつかの種類の魚が海から川に上ってきており、その時には村人総出で漁撈活動が行なわれる。ファタレカ語でママム **mamamu**、スリカロ **sulikaro**、カウイオ **kauio**、シシリグウェ **sisirigwe** と呼ばれる魚（いずれも学名不明）を簡易な漁法で捕っている。

さらに川は遊びの場でもある。

あるとき洪水で上流から大木が流れ着いたことがあった。しばらくアノケロ村の脇にとどまっていたこの大木は、子どもたちの格好の遊び場となった。また、子どもたちが川の上流で薪材をとってきて、カヌーで運んでいる姿に出会うことがある。子どもたちは、半分遊びのような感覚で薪を運んでいる。上流にあるココヤシ園からココナツを浮かべて運んでいるのにもよく出会う。また、アノケロ村に水道が来るまでは、川は洗濯や水浴の場であった(10)。さらに洪水で木が流れてきた時には、それを捕獲し、薪として利用するということもある（写真3―18）。

ところで、クワラエ川の淵には名前がつけられている。アノケロ村から上流へ3キロほどのところにある別の集落までの間だけでも、ガリクワイラシ **Ngalikwailasi**、カフォラクワ **Kafolakwa**、オシナコ **Osinako**、ササフィ **Sasafi**、ボボイラギ **Boboilangi**、ナモアアノ **Namoaano**、サウケ **Sauke**、ナムフォケ **Namufoke**、アノボレ **Anobore**、ベリマヌ **Belimanu**、サンガイ **Sangai**、オネオネ **Oneone**、グワウル **Gwaulu**、というふうに川の各淵が名づけられている（図3―4）。これらの名前の一部は、そこにあとから成立した集落の名前にもなっている。

名前をつけるということは、人間社会が自然環境とかかわる際の重要なポイントである。人間社会は言語によって成り立っているが、名前をつけることによって社会と自然環境との間の橋渡しがなされる。

写真 3-17　子どもたちは洪水で流れついた大木を格好の遊び場にした。この大木はしばらくここに滞留していた。
カヌーで薪材を運ぶ子どもたちもいる（1995 年撮影）

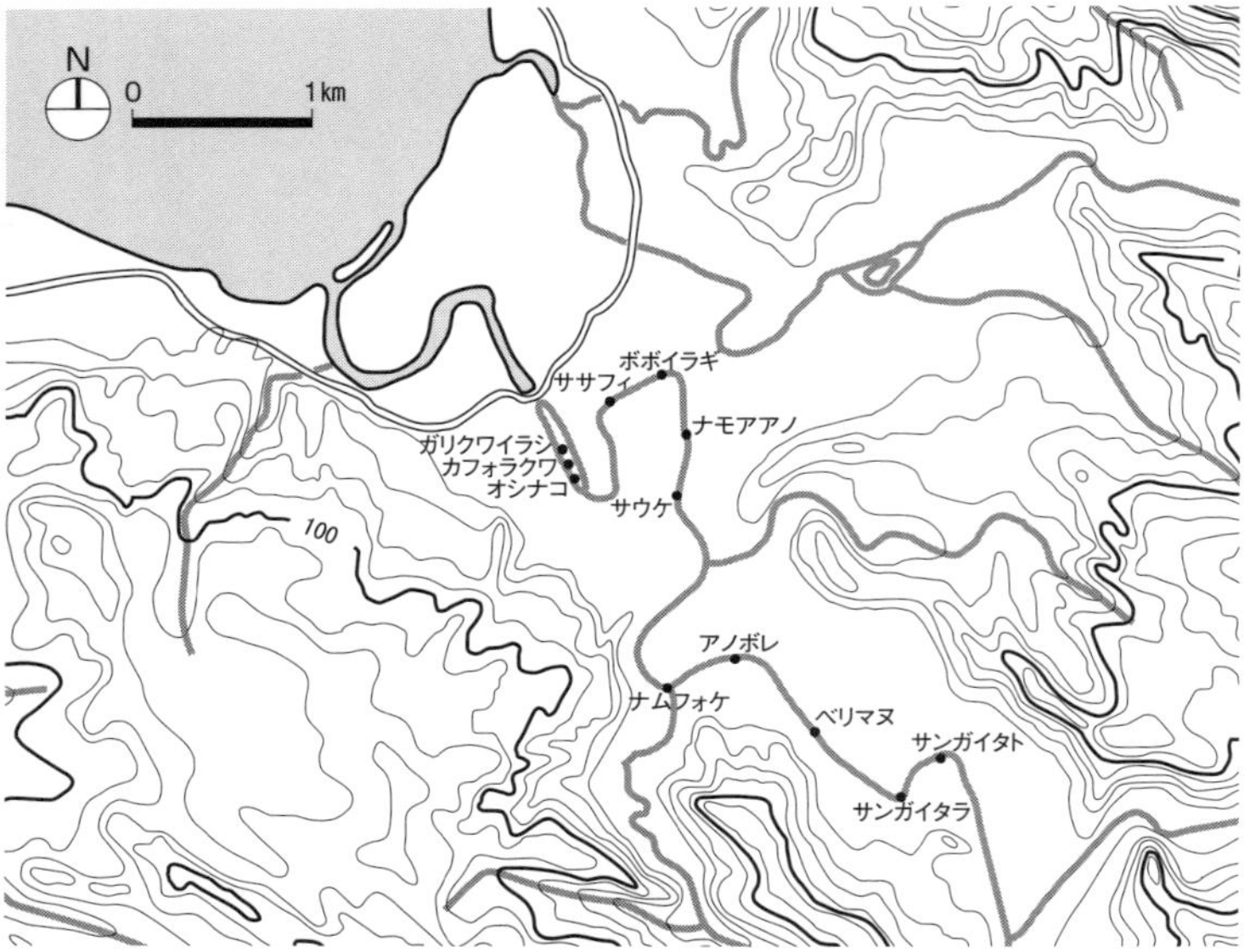

図 3-4　クワラエ川における淵の名前

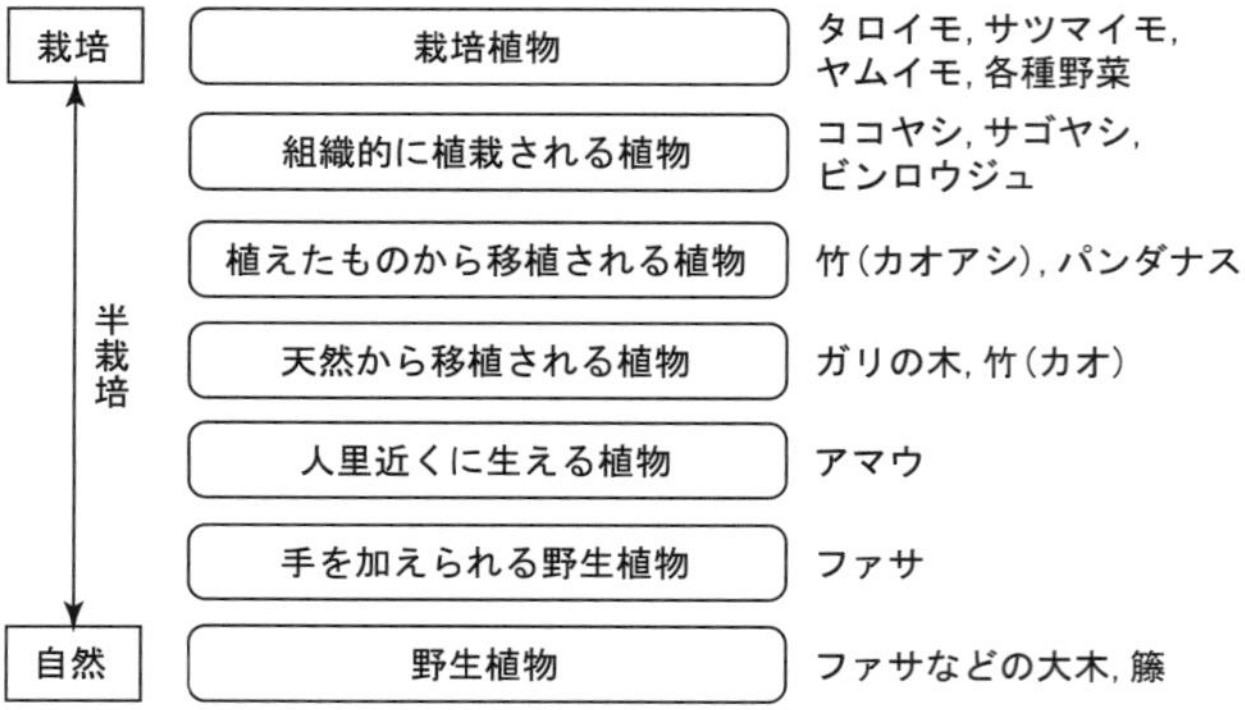

図 3-5　ソロモン諸島における多様な「自然」

名づけは自然環境とのかかわりの象徴である。

5　半栽培という関係

人間の手の加わった自然

このように、マライタ島民の生活は焼畑を含めて、自然との関係を抜きに語れない。そのことはソロモン諸島の生活を語るために必須であるばかりでなく、人間と自然の関係がそもそもどのようなものなのかについても、さまざまに示唆してくれる。

これまで見てきたように、マライタ島民の自然との関係は、栽培か野生かという二分法にはきれいに収まらない。栽培にいくらか近いが、栽培植物とはいえないもの、野生に近いが人間の手が加わっているものなど、栽培と野生の中間形態が多く存在している。それを私は、実態に即して、〈栽培植物〉―〈組織的に植栽される植物〉―〈植えたものから移植される植物〉―〈天然から移植される植物〉―〈人里近くに生える植物〉―〈手を加えられる野生植物〉―〈野生植物〉、と分類してみた。そうした中間形態のグラデーションが存在している（図3―5）。

さらに考えてみると、森の中の野生植物、たとえば住民が建材として重宝する籐なども野生ではあるが、森全体を保全することによって守っている、という見方もできる。その点で、間接的に人間の手が加わっている、と考えることができる。完全な野生というものはない。逆に、栽培作物といっても栽培プロセスのすべてを人間が管理するわけではなく、自然にまかせる部分が多い。完全な栽培もないのである。

このように野生と栽培の間のグラデーションが存在していることの意味を、もう少し掘り下げてみよう。

まず、〝人間の手の加わった自然〟の意義が示唆される。

生態学においては、少し前までは人間のかかわりは否定的にしかとらえられていなかった。人間の活動は生態系を壊すものという位置づけしか与えられていなかったのである。しかし近年の生態学、とくに保全生態学の分野では人間のかかわりを積極的にとらえるようになってきている。

自然界では、雨風、洪水、土砂崩れなど、つねに「攪乱」がある。「攪乱」を受けた部分の自然は、たとえば森ならば木が倒れて空間が出現し、光が入るようになる。光が入ることによって、これまで下に隠れて成長ができなかった種類の植物が成長するようになる。光が入って最初の段階で優位に立つ植物があると思えば、それらはやがて没落していき、別の植物が次第に成長する。さらに大器晩成型の植物がいて、最終的にはそれが優位に立つ。このプロセスを「遷移」という。

もちろん誰が勝つかはさまざまな条件や偶然が重なってくるだろうから、どのような遷移を経て最終的なかたち（「極相」という）になるかは誰もわからない。それだけ多様なかたち、つまりは多様な生態系が生まれる可能性があるということだ。もちろん「最終的なかたち」になる途中でふたたび攪乱を受けたり、しばらく経ってから攪乱を受ける可能性もある。つまり、広いエリア全体を考えると、どこかでは遷移の初期段階、どこかでは中期段階、どこかでは極相段階、と空間的なバリエーションがつねに存在している。そのことが自然界全体では生態系の多様性、すなわち生物多様性を保つことになる。

このように、ある程度の攪乱があるエリアがもっとも種の多様性が高くなることを、生態学では「中程度攪乱説 medium disturbance theory」と呼ぶ。

野生と栽培の間のグラデーション

近年の保全生態学の知見によれば、実は人間のかかわりが、このような生物多様性をもたらす「攪乱」の役割をうまく果たしていることが少なくない。

たとえば日本における「里山」、つまり集落の裏山は、そうした人のかかわりが生物多様性をもたらした典型例だと考えられるようになった。もともと日本列島の植生は、火山の噴火による野火、地震による地すべり、台風や河川の氾濫などの「攪乱」に適応して形成されたものだった（武内・鷲谷・恒川編 2001）。そこへ日本列島に住み着くようになった人間たちが、刈る、焼く、あるいは魚や野生動物を捕るなどの行為を行なうようになり、のちには水田を拓くようになった。こうした行為は一見「自然破壊」的であるが、実はそうした「攪乱」を好む日本の植生に適合した営みであった。人間が自然にかかわり、そこから生産物を得ることが、自然の生物多様性を保持する役割も担ってきた、というわけである。たとえば、水田は「世界的に見ても有数の両生類とトンボの種の豊かさを今日まで維持することに役立った」（武内・鷲谷・恒川編 2001: 13）といわれる(11)。

保全生態学の教科書として現在広く読まれている鷲谷いづみ・矢原徹一『保全生態学入門』（1996）では、二つの事例を挙げて説明している。一つは、レッドデータブック記載種のエヒメアヤメ（*Iris rosii*）である。中国地方・四国・九州に点在し、いくつかの自生地が天然記念物に指定されているが、その自生地はアカマツの疎林やススキの草原に存在する。そうしたアカマツやススキは適度な人為的干渉によって維持されてきていた。しかし、たとえばある場所ではススキの野焼きが行なわれなくなり、ササ類が繁茂し、エヒメアヤメは絶滅した。また、レッドデータ記載種の鳥であるオオセッカ（*Megalurus pryei*）は、ヨシの草原やイネ科やカヤツリグサ科の植物の草原を生息場所とするが、やはり野焼きなどの人為的管理のもとで生息状態が維持されてきたところが多い。たとえば、秋田県八郎潟のかつての自生地は、オオセッカを保護しようと野焼きをやめてしまったために、かえって生息環境を改変してしまい、オオセッカを絶滅させてしまった（鷲谷・矢原 1996: 24-25）。

島根県の三瓶山《さんべさん》では、牛の放牧が草地景観を保ってきた。内藤和明・高橋佳孝（2002）が絶滅危惧種（環境省のレッドリストでは絶滅危惧Ⅱ類）のオキナグサ（*Pulsatilla cernua*）について調査したところ、牛を放牧したエリアの方が放牧しないエリアに比べ、オキナグサの個体数が多く見られた。

ソロモン諸島における野生と栽培の間のグラデーションはまさに、人間の手が加わった自然の典型例である。さらにソロモン諸島の事例が示唆するのは、〝人間の手が加わる〟といってもそこには多様な加わり方があることである。多様な加わり方というのは、単に程度の差があるだけでない。手の加わり方、人間との関係のしかたや質に多様性があるということである。天然の植物がよく育つように手を加える、天然の植物を移植する、栽培植物ではないが人間が積極的に植え続ける、など、図３－５のような多様な質のかかわりがここにはある。

歴史的概念としての「半栽培」

民族植物学者の中尾佐助はかつて「半栽培」というカテゴリーを提唱した（中尾 1977）。中尾の関心は人類がいかにして採集生活から農耕へ移行してきたか、つまり人間がいかに植物を栽培化（ドメスティケイト）してきたかという点にあった。そして、その栽培化のプロセスの中には、長い「半栽培段階」があったのではないか、というのが中尾の主張だった。

たとえば中尾は、アマゾンの野生のパラゴムが居住地の近くに数多く生えていて、しかも変異株がいろいろ見られることに注目した。この一見野生のパラゴムは、住民たちが無意識のうちに実をたくさん成らせるパラゴムを残すなどの手を加えていて、もはや野生とはいえない状態になっている。ここから一気に栽培化の道をたどるわけではないが、中尾は人類がこうした半栽培段階をさまざまにもつことで、そのなかから栽培化する植物を見いだしていくプロセスを明らかにしようとしたのである。こうした半栽培状態にある（あった）ものとして、日本のクリ、西アフリカのパルミラヤシなどを挙げている。

中尾の研究の系譜では、たとえば阪本寧男は、大阪府吹田市に見られ、かつて食用にも今日されていたスイタクワイが、野生のように見えて実は人間側の働きかけがあったことを明らかにしている（阪本 1995）。中尾も阪本も、歴史的段階として「半栽培」を考えようとしている(12)。

松井健は、中尾佐助の「半栽培」概念と同様の歴史的概念として、「セミ・ドメスティケイション」という概念を提唱した。松井のセミ・ドメスティケイションが中尾らの半栽培と少し違うのは、植物が栽培化されるプロセスよりも、人間の社会や歴史の側をとらえようとしていることだ。松井は、北アメリカ・インディアンのワイルド・ライス（*Zizania aqualica*）、日本におけるトチやシイ、カシ類やナラ類、西南アジアにおけるナツメヤシ（*Phoenix dactylifera*）、オセアニアにおけるパンノキ（*Artocarpus altilis*）やパンダンヌスなどを挙げ、これらの例は、人間の歴史の中で長きにわたって植物との相互関係が安定して持続的であり、人間生活の大きな局面がこの相互関係に支えられるものだったとしている（松井 1989: 45）。

中尾の「半栽培」概念は、野生－栽培（あるいは、自然－人工）という二分法を打ち破るものだった。私がマライタ島で見てきたガリ、パンダナス、竹、アマウなどもとりあえず、中尾の「半栽培」概念に入れてよいだろう。「半栽培」概念は自然と人間との関係を考える私たちに、その関係の多様性を示唆してくれる。

共時的概念としての「半栽培」

しかし、中尾の「半栽培」概念や松井の「セミ・ドメスティケイション」概念はあくまで歴史的な概念だった。〝栽培化（ドメスティケイション）の道すじ〟を説明するための概念だったのである。これに対して私はソロモン諸島の事例から、共時的な概念としての「半栽培」を提示し直したい。

すなわち「栽培」の前段階としての「半栽培」ではなく、「栽培」と並行して存在する「半栽培」である。採集から栽培に長い年月をかけて移行していくそのプロセスの「半栽培」でなく、ある時点のある地域における自然との関係が、野生と栽培との間のさまざまなバリエーションをもっている、という意味での「半栽培」である。移行のプロセスとしての「半栽培」に注目するのではなく、ある時点での安定したしくみとして「半栽培」に注目したいのである。

マライタ島の事例が示しているのは、人間と自然との関係は「野生」か「栽培」かに二分できるものではなく、その間にさまざまなグラデーションがあることである。さまざまなレベルの「半栽培」は、それらがいずれ「栽培」に向かうというたぐいのものではない。「半栽培」のままで「栽培」と共存しながら、安定した人間と自然との関係を築いている。

塙狼星（2002）は、中部アフリカ、コンゴ共和国北部のジュベ村での調査の中で、「非意図的」に生育が管理されている植物を多く観察している。たとえば畑地では、植栽された植物と自生する植物が混じりあっており、植栽された植物はあまり積極的に除草されていない。畑跡地に生えてくるアブラヤシは、それ以外の植物を選択的に除草することでアブラヤシ林が形成される。塙はそこに「多様な半栽培の技法」があるとし、それが住民の生活を支えていると論じている。

同様な半栽培の事例は、杉村和彦（1987）、重田真義（1987）、小松かおり・塙狼星（2000）、西谷大（2003）などからも報告されている。

植物学者のように、半栽培状態の植物だけをとくに取り出して栽培化の歴史を推察するのではなく、現在の人の営みの中に「半栽培」をおくと、そのさまざまなレベルに改めて注目することになる。私はマライタ島の事例から、**〈栽培植物〉**－**〈組織的に植栽される植物〉**－**〈植えたものから移植される植物〉**－**〈天然から移植される植物〉**－**〈人里近くに生える植物〉**－**〈手を加えられる野生植物〉**－**〈野生植物〉**、という類型を抽出した（図3－5）。塙（2002）は、植物学者ハーラン（Harlan 1992）の分類である、栽培化された植物－生育が推奨される植物－存在が許容される植物－野生植物、という類型を援用している。西谷大（2003）は、人間によって利用される野生植物と人間が植えたものが半野生化するものにまず分け、前者をさらに(1)畑外から畑に積極的に移植される植物、(2)畑内での存在をゆるやかに許される植物、(3)畑では許されず周辺に存在する植物、に分けている。

「半栽培」を共時的な人と自然の相互作用ととらえ直すと、そのありようにはたいへん豊富なバリエーションがある。堉や西谷が示唆したように、積極的に移植する、存在を許容して放置しておく、非意図的に無視する、など実に多様である。人間と自然との関係は、野生か栽培かといった二元的なものに収斂されるものではなく、さまざまな関係が共時的に存在しており、その関係の多様性こそ私たちが注目すべきものである。

「半栽培」の三つの次元

以上、中尾佐助の「半栽培」概念を援用しながら、栽培か野生かに二分されない人と自然との関係の多様性について考えてきた。この点について、もう少しだけ理論的な考察を加えておこう(図3-6)。実はこれまで議論してきた「半栽培」には、理論上、三つの次元が考えられる。

第一に、「栽培化」(ドメスティケイション)における「半栽培」である。つまり、ドメスティケイション途上あるいは部分的にドメスティケイションが進んだかたちで安定しているような生物である。中尾が探求してきたような「半栽培」はほぼここに入れることができる。つまり、人間が生殖過程へ介入してきたものである。人間は特定の生物に対し、長い年月をかけて生殖過程への介入を加え、遺伝的特質を変えてきた。それが過度に進められて人間にとって大きな有用性を獲得したのが狭義の栽培植物や家畜だが、中尾やその後継者たちが追求してきたように、その遺伝的改変が中途に終わった状態で存在しているものも少なくない。それがこの第一の次元における「半栽培」である。

第二に、そうした栽培化とは関係なく、生育環境（生息環境、ハビタット）に人間の手を加えることにより、そこに適した様態で生育するような「半栽培」がある。ソロモン諸島で挙げた例の多くは、ここに位置づけることができる。しかし、第一の次元と第二の次元はまったく独立しているわけではなく、生息地の改変にともなって遺伝的特質が変えられることはありえる。たとえば、岩槻邦男（1997）が挙げる例を援用すると、日本に生育するいくつかのシダ植物（たとえばコスギイタチシダ *Dryopteris yakusilvicola*）は、人間の活動後、その人為的攪乱の中で生まれた新しい種である。ドメスティケイションとハビタット改変は一応独立した次元と考えられるものの、相互に関連しあっている。

第三に、多少ややこしい話になるが、人間の側の認知や技法の改変という次元がある。極端な例では、自然の側は何も変わらないのに人間の側がそれをどう見るか（認知）、どう〝構える〟か（技法）を変えることで、人間―自然の関係が変わり、人間にとっての自然が変わったことになる。もちろんこれもまた第一や第二の次元、とくに第二の次元と連関している。

たとえば、日本の竹、とくにモウソウチクはこの第二の次元と第三の次元の両方を含んでいる。モウソウチクは江戸時代に日本に導入されて以来、野生としての旺盛な繁殖力を人間がコントロールしながら利用してきた。そこでは明確に生息環境を整えてやることもあったが、多くの場合は適宜伐採してやることでしぜんと管理していることになる、という程度であった。これは、人間の側からは管理していることになるが、モウソウチクの側からすると必ずしも管理されていることにならない(13)。

これは人間の側の認知の問題である。たとえば物理的な働きかけなしに「ただ見守る」という状態も

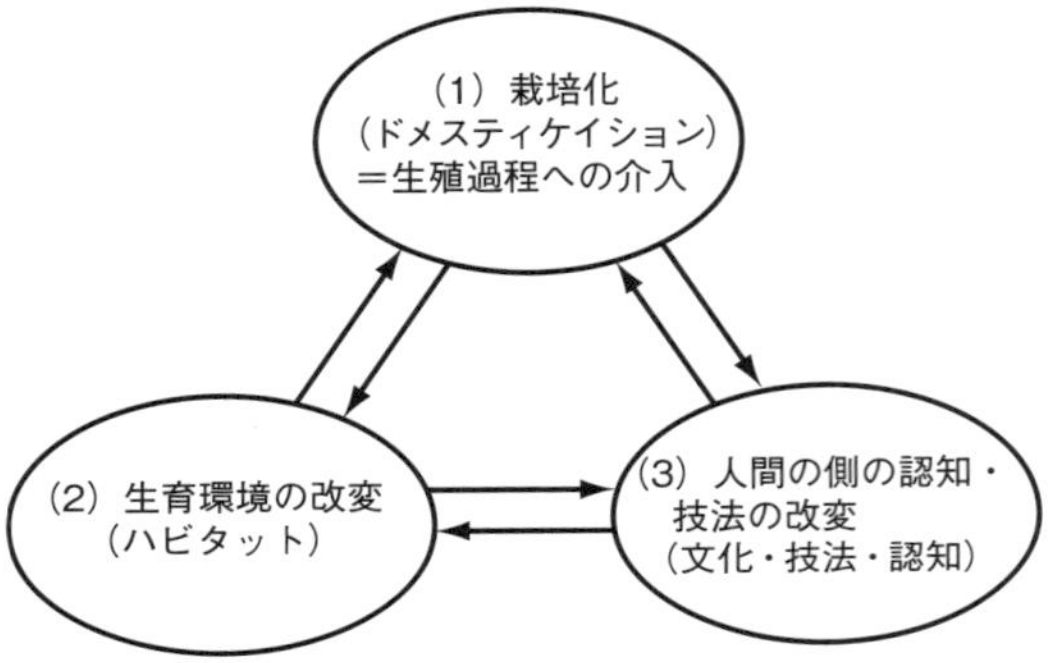

図 3-6 「半栽培」の三つの次元（平面図）

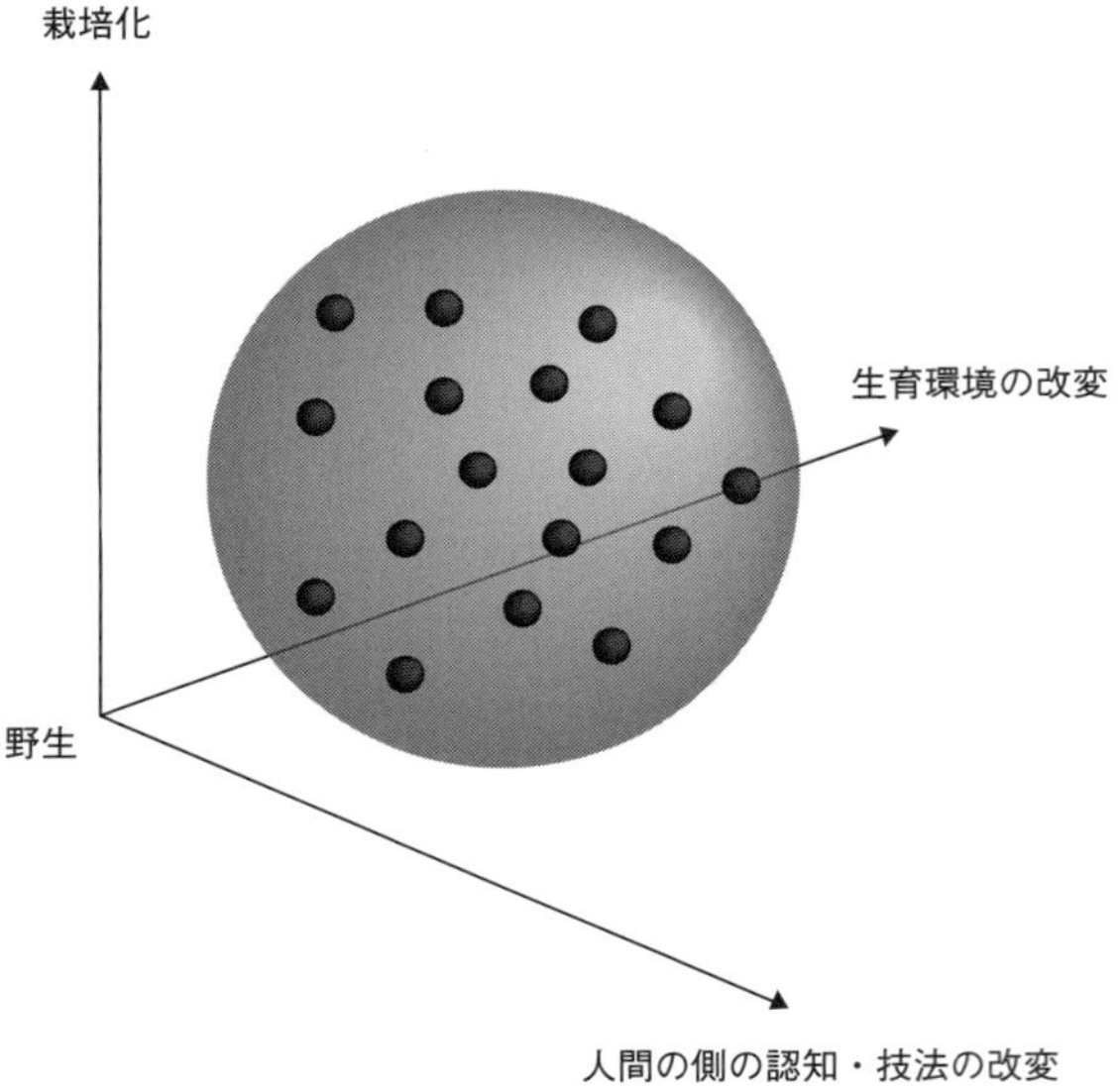

図 3-7 「半栽培」の三つの次元（立体図）

また、人間と自然との関係の重要なありようだと考えれば、半栽培の一つの次元として人間の側の認知があることがわかる。そしてこの認知にも、継続的な監視というものから、何となく気にするというものまでさまざまな「半」のバリエーションがある。

私たちがさまざまに見てきた「半栽培」は、この三つの次元それぞれの中の「半」に位置するものであり、立体的な図で仮に表してみると、図3－7の中間的な部分（図の球の部分）にあたる。世界中のさまざまな「半栽培」状態の事例を蓄積すれば、さらに詳細で一般的な類型化が可能かもしれない。その仕事はまだこれからである(14)。

資源としての「半栽培」

しかし、ここで行なっておきたいのは詳細な類型化ではない。「半栽培」のグラデーションの意義を住民の生活の中で考察することである。すでにいくらか行なった考察も含めて、以下の四点を考えたい。

第一に、多様な半栽培の存在が、人びとの生活に安定をもたらしていることである。住民が自然との間に多様な質の関係を取り結ぶことにより、ある一部の関係がリスクに陥っても、ほかの関係は生きている。極端にいえば、栽培植物が病虫害で全滅しても、ほかの半栽培植物は生き延びている。半栽培植物を利用することで、人間はなんとか生き残っていくことができる。逆に何らかの理由で自然資源がダメージを受けても、栽培植物が生き残っていれば、人間も生きていくことができる。自然環境との多様な関係をもつこと、すなわち半栽培のグラデーションを保つことが、地域社会のリスク分散になり、したがって人びとの生活に安定をもたらすのである。

第二に、このリスク分散は、人びとの生活の営みの中で〝労働の多様性〟というかたちで現れている。1節で見たように、マライタ島民たちの日々の労働は多様性に満ちている。今日は畑仕事、明日は集落で屋根葺き、明後日は森の中で採集、といったように仕事の内容はさまざまである。労働の多様性が、自然との関係の多様性に対応している。

第三に、こうした半栽培のグラデーションは、人間の側の技術・ノウハウの蓄積を背景としている。人間は歴史の積み重ねの中で、自然資源との多様なレベルの関係を構築してきたが、その関係は人間の側において、利用技術の蓄積、民俗知識の蓄積といったかたちで現れている。そしてこの関係は単に人間側からだけでなく、植物の側からの「すり寄り」も含まれている。人間と植物の「共進化」といわれるものである。

以上のようなしくみがあることで、自然は人間にとって〝使える〟もの、つまり資源になるのである。自然はただそこにあるだけでは、人びとが生活の中で利用できる資源にはならない。歴史的に関係をもち続け、関係をもつ技術を保有し続けてきたこと、そしてその関係が多様であることが、自然を人びとにとっての資源たらしめている。

しかし第四に、大事なことであるが、自然がそうして資源たりえるためにもう一つ重要なファクターがある。それは、上のような自然との多様な関係を可能にする社会的なしくみが存在することである。いくら自然との間の多様な関係を保つ技術や知識・習慣があったとしても、その自然資源へのアクセスが許されなければ、意味をなさない。しかも、そのアクセスのしくみはかなり柔軟でなければならない。というのも、多様な自然とのかかわりを各人がもとうとすると、それぞれのかかわりが同じ土地・自然の中でオーバーラップすることになるだろうからである。そのオーバーラップを保障するしくみが存在することが重要である。そこで次章では、そうした半栽培を保障する社会的なしくみ、とくに土地所有について見てみたい。

注

（1）「サブシステンス」（部門）は住民たちによる広義の経済活動・生産活動のうち、貨幣経済にかかわらない部分を指す。ただし本章では、本来サブシステンス部門とはいえないカカオおよびコプラ用のココヤシも含めて議論する。

（2）Ross（1977）; Henderson and Hancock（1988: 28）によると、これは、カビの一種である *Phytophthora colocasia* による病気、および甲虫 *Papuana* spp.（別名 taro beetle）のせいで、その後も影響は続いたという。これはメラネシア全体の傾向だといわれている。

（3）マライタ島の焼畑、とくにその休耕期間の研究についてはNakano（1992）がある。

（4）政府統計における「スモールホルダー」（小規模自作農）による生産量。これに対するもう一つのカテゴリーとして「プランテーション生産」がある。

（5）二〇〇四年ごろ、ＣＥＭＡが機能不全に陥り、それ以降コプラは完全に民間の扱いのみになった。

（6）カカオを売る業者は一定していない。たとえば、近隣の村から買いつけにくる業者に売ったり、最近では、隣村であるボボイラギ村の業者へ持っていって売ったりする。業者といっても、カカオの乾燥場をもつ近隣の村の住民がほとんどである。彼らは人びとからカカオを買い取り、それを自分の乾燥場で乾かして町の業者に売るのである。

（7）一九九八年までクワレエ小学校の前で行なわれていたが、一九九八年以降、フォアブ診療所の近くの海岸に移った。
（8）住民が利用する竹には、もう一つケケト keketo（*Schizostachyum tessellatu*）と呼ばれる竹がある。これは、カオシやカオと違って、植えたものではなく、完全な野生の竹である。用途も少し違っていて、家の壁をサゴヤシの葉で作る時に、それを固定する横棒として利用する。同じ用途には、ビンロウジュ（*Areca catechu*）の木の幹も使う。ほかに、銛などの漁具などにも使うことがある。住民によると、ケケトは以前に比べて少なくなったという。
（9）フラネリーとウィックラーは、ネズミ科の二種の動物がソロモン諸島から六六七〇年前から一八六〇年前の間に絶滅したとして、その原因に犬、豚、別種のネズミ、ハイイロクスクスの導入があると推測した（Flannery and Wickler 1989）。ハイイロクスクスは、その時期に導入されたというのである。Flannery（1995), Long（2003）も参照。
（10）アノケロ村の水道は、村の近くの丘陵にある湧水地からパイプで集落まで水を引いたものである。一九九〇年ごろから順次整備された。
（11）日本の人為を含む自然（いわゆる二次的自然）の重要性についてかなり早い段階で指摘したのは、生態学ではなく農学出身の守山弘だった。著書『自然を守るとはどういうことか』（1988）がある。生態学において強調されるようになったのは、一九九〇年代以降といってよいだろう。
（12）同様の視点による研究に、梅本信也・草薙得一（1995）、山口裕文（1976, 1991, 1997a, 1997b）、山口裕文・梅本信也（1996）、山口裕文・梅本信也・前中久行（1998）、伊藤貴庸・中山祐一郎・山口裕文（1999）、金子務・山口裕文（2001）、山口裕文・島本義也（2001）などがある。
（13）岩松文代（2009）は、モウソウチクの半栽培を北九州市のある集落で歴史的に追い、半栽培が歴史的に変化してきたことを明らかにしている。

（14）私たちは宮内泰介編『半栽培の環境社会学』（2009）で、この半栽培概念を援用しながら今後の自然管理、順応的管理のありようについて議論した。この編著には環境社会学者、生態学者、環境倫理学者、民俗学者らが執筆している。

写真 3-18

「バケツをひっくり返したような」という形容は，誇張ではない。私がアノケロ村で出会った雨は，空の底が抜けたかのような雨だった。怖い。降り続けた雨は川をあふれさせ，私たちがいつも使っている道はすっかり川の中に飲み込まれてしまった。そんななか，JM さん（60 歳）は〝出動〟した。カヌーを漕いで川の真ん中へ向かった。子どもたちも騒ぎはじめた。恐怖の声ではない。歓喜の声だ—。JM さんは流れてきた大木に追いつき，カヌーから乗り移った。そして勢いよく水が流れるなか，その流木を岸へ誘導した。JM さんの娘たちも，別の流木めがけて出動する。岸にいる私たちはやんやの喝采を送る。

流木は貴重な薪材である。JM さんの村に近い森は，薪用になるような木が少なくなり，いつもなら薪を求めて遠くの森まで歩いていかなければならない。それが今日は向こうからやってきてくれたのだ。千載一遇のチャンス，と JM さんたちは木を捕まえようとする。日本では，洪水は完全にシャットアウトすべきものとして，国家の手によってダム工事やら堤防工事やらの治水事業が行なわれてきた。一方，マライタ島の人たちは洪水を楽しんでいた。洪水を楽しみ，水害を軽減し，できればそこからちゃっかり利益も得るような，そんな川とのつきあい方をしている（2006 年撮影）

第4章

重層的コモンズ

土地・自然資源をめぐる社会的なしくみ

はじめに

前章で見たように、マライタ島住民は、「野生」か「栽培」かに単純に二分されないような、自然との多様な関係＝半栽培を保持している。そのことが彼らの生活に安定をもたらしており、生活戦略上での重要な資源になっている。

しかし、考えればすぐわかることだが、この自然との多様な関係は、その自然・土地へのアクセスの権利がなければ、成り立たない関係である。いくらその知識や技術を知っていたとしても、そこが自分にとって使えない土地であれば、その関係は資源にはなりえない。土地の所有や利用をめぐる社会的なしくみが注目されるゆえんである。

マライタ島の土地所有・利用のしくみは、単純な個人所有でも、単純な集団所有でもない。用語を先取りして使えば、そこには「重層的コモンズ」とでもいうべきしくみがあり、半栽培のかかわりを保障している。そのしくみとはいかなるものであり、そして人びとの日常生活とどうかかわっているのだろうか。

1　土地所有の歴史的経緯

土地をめぐる係争

さきほど、自然との多様な関係は、その自然・土地へのアクセスの権利がなければ、成り立たない関係である、と書いた。しかし、一見すると奇妙なことに、当該アノケロ村住民が利用している土地（居住地、焼畑、森すべて）は彼ら自身の土地ではない。これはいったいどういうことだろうか。

土地の「所有」をめぐる歴史的経緯について、まずは素描してみよう。

図4－1の土地はもともと、クワラエ川の向こうの隣村にメンバーを多く抱え、アノケロ村にはいないトライブ（氏族）kWが所有権を主張していた土地である。後で述べるように、マライタ島の伝統的な土地所有は、先祖が葬られている場所をはじめとして各トライブにとっての聖地ベウ・アブ beu abu（タブー地）を軸に成り立っているのだが、この土地はトライブkWとともに、アノケロ村にメンバーが多いトライブaBも聖地を有すると主張していた。そもそもマライタ島では、各トライブの土地の境界線ははっきりしなかったため、トライブkW、aB双方が聖地を持っていても不思議ではない。

しかし、現在頻発している土地をめぐる係争そのものが、白人との接触以前はなかったとされている。境界線がはっきりしなくてもとくに問題はなかったのである。文献でもそう論じられているが（Allan 1957: 206; Ipo 1989: 130）、同様のことは調査の中で住民たち自身からもよく聞くところである。

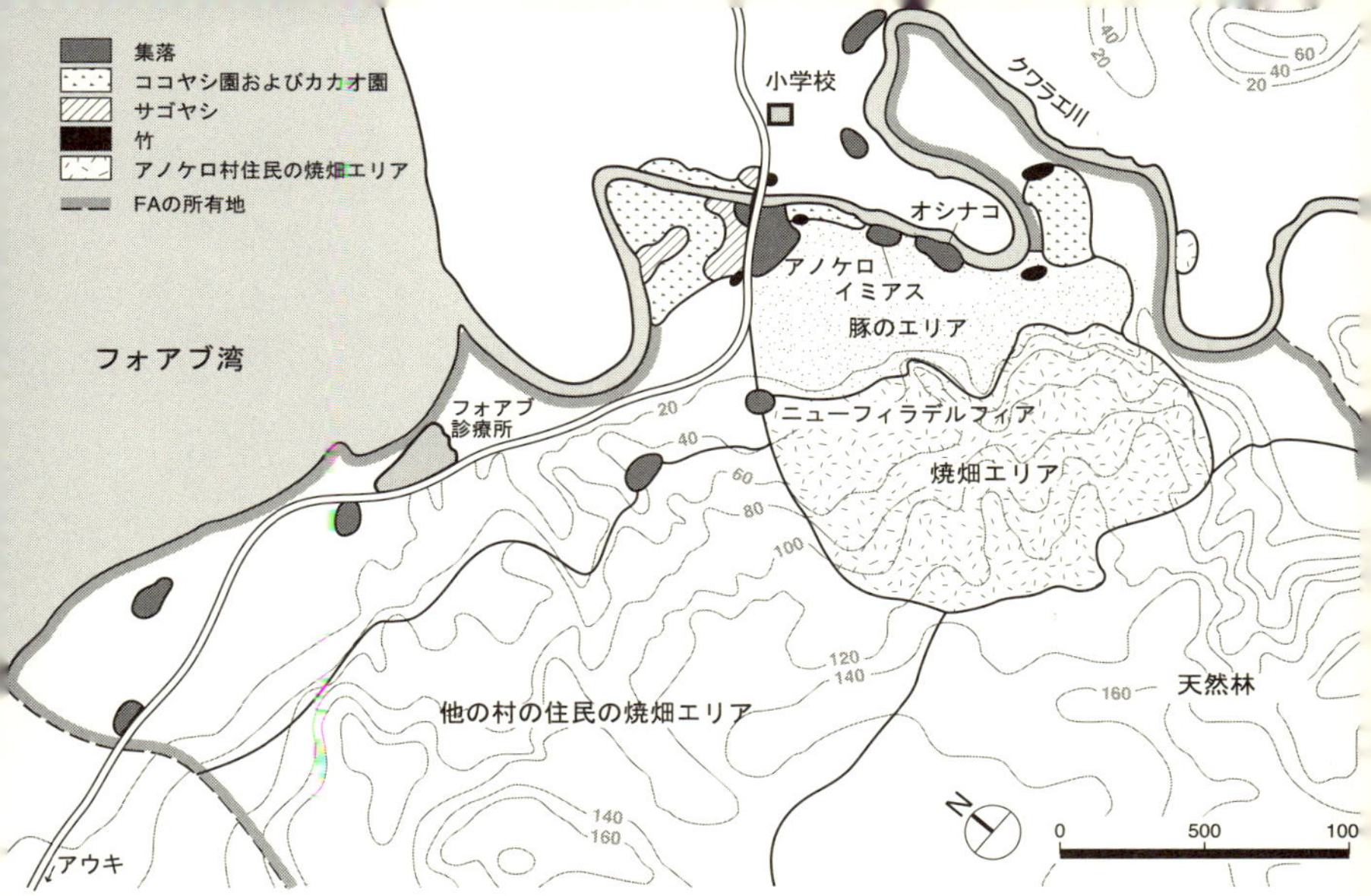

図 4-1　アノケロ村周辺地域の土地利用と FA 氏の土地所有範囲

ほかのトライブの土地に畑を作ったり植林したりすることは、以前はもっと柔軟だった。土地争いもなかった。開発（デベロプメント）がなかったからだ。（EEさん、一九九六年インタビュー）

それがいくつかの原因で土地争いが生まれ、現在ではソロモン諸島中、とくにこのマライタ島で頻発している。

土地争いの第一の背景は、プランテーションなどの経済活動である。二〇世紀前半までの土地争いは、おもにココヤシ・プランテーションを拓こうとする外国の会社と住民との間で起こったが、近年の土地争いはむしろ住民同士の方が中心になっている。商品作物の担い手が会社から住民に移り、個人が広いココヤシ園などを拓こうとした時に、住民間の土地争いが起こった。また、外国企業による熱帯林の商業伐採が進み、その伐採権料（ロイヤルティ）を獲得するために、その土地の所有が争われることも増えた。

第二の背景は、住民の海岸部への移住である。山間部で焼畑中心の生業を行なっている間は、とくに争う必要もなかったのが、海岸部に人口が集中し、しかも商品作物の比重が大きくなると、土地争いが頻発しはじめた。ＳＩさんもこう語る。

昔は境界線は重要ではなかったし、それほどはっきりしていなかった。親族関係は、父系、母系、網の目のようにあるわけだし。人口増加、経済、ココヤシ園、開発（デベロプメント）などが現在の土地争いの原因だ。なかでも森林の商業伐採がいちばん大きな原因だ。（ＳＩさん、一九九八年インタビュー）(1)

争いは双方の間で自主的に和解される場合もある一方、原住民裁判所（native court）に持ち込まれることが多くなった。原住民裁判所（のち地域裁判所 local court）は、イギリス植民地政府が、土地争いなどの民事について、住民自身の自治に任せようとして一九四二年以降各地に設置していったものである（Ipo 1989: 130）。マライタ島では一九五四年前後から設置された（*Malaita Newsletter*, April 1954, p.1）。商品作物栽培の開始とともに土地の個人所有化の考えが住民の間に芽生えはじめたのを受け、この原住民裁判所システムは「土地の個人所有を促進した」（Ipo 1989: 131）とされる。

しかし原住民裁判所システムは必ずしもうまく行かず、土地争いはますます頻発するようになった。植民地政府はこの問題の解決のために、一九六〇年代から土地確定計画（Land Settlement Scheme）という土地政策を実行し、マライタでは一九六八〜七〇年代初頭に実施された(2)。これは政府自らが調査して土地所有者を確定し、所有者しかもできるだけに個人に登記させて、農業開発などに土地を有効利用できるようにする、という目的をもっていた（Ross 1973: 158; *Malaita Newsletter*, 6 August, 1973, p.6）。土地確定計画の背景となった一九五七年のアラン委員会報告には「こうした集団所有の崩壊傾向を鑑み、政府は個人所有の登場を後押しするべきである。すでにその条件は熟している」（Allan 1957: 269）と書かれている。

裁判による所有の確定

こうした流れを背景として、アノケロ村周辺の土地をめぐっても、一九五四年、トライブｋＷの男性ＯＡと（トライブｋＷでもトライブａＢでもない）トライブｏＲの男性ＮＲが裁判で争うことになった。トライブｋＷもトライブｏＲも、アノケロ村にメンバーはいない(3)。原住民裁判所における裁判では、その土地を歴史的に所有してきた証拠、たとえばその土地にそのトライブの聖地があるか、その土地についての詳しい伝統的知識があるか、当該者がその土地のトライブの正しい継承者か、などが争われる。

裁判の結果、ＮＲが勝利し、ＮＲはこの周辺の土地を手に入れることになった。ＮＲは地域の有力者の一人で、戦前植民地政府の政庁があったトゥラギでコックとして働いていた時にキリスト教徒になり、マライタ島に戻ってから布教活動を続け、アノケロ村の前身の村を創った人物である。住民たちは、本当にこのあたりの土地がトライブｏＲの所有であったというよりも、ＮＲがその手腕によって裁判に勝利したのではないかと考えている。

ここで注目すべきなのは、アノケロ村の主要トライブであるトライブａＢも、もともとこの土地の所有権を主張していたにもかかわらず、さらにアノケロ村住民にトライブkWの者もトライブoRの者もいないにもかかわらず、彼ら自身はトライブoRのNR氏の側についたという事実である。なぜか。第一に、アノケロ村住民にとって裁判で土地所有権を取得することの意味が、当時正確にはわからなかったであろうと推測される。第二に、NRは村の基礎を築いた人物でもあり、アノケロ村住民は彼を地域のリーダーと評価していた。NR側につくことで、この土地の利用への保障を得ることができると考えたと思われる。

同じマライタ島北部で調査を行なったフレイザーは、土地係争を原住民裁判所で決着させることの不備を次のように述べている（Frazer 1973: 17）。土地についての知識——先祖についての知識など——は、日常生活上あまり必要ではなくなっており、多くの住民からは消えつつある。その一方で、土地争いに勝つためにそうした知識が必要になってきたので、勢いそれは自分たちに有利なように再解釈される、と。本来具体的な土地とのかかわりの中でもっていた土地への記憶、したがって、意味が薄れている過去の記憶が、現在の利益のために再利用されるという皮肉な、そして土地へのかかわりの実態を必ずしも反映しないかたちになった。裁判は発言力や裁判技術による部分が大きく、裁判結果は必ずしも広く納得されないままに終わることが多い。住民の多くもそう考えている。

土地確定計画は、そうした原住民裁判所の不備を補う意味もあったが、結局のところうまくいかなかった。というのも、土地確定計画は政府が任命した係官がその土地について調査し、土地所有を確定させるものだったから、当然手間暇がかかり、とうてい全土で短期間に実施できるものではなかった。実行されたのは国土の0・25％にすぎなかった。さらに、政府係官にそうした大きな権限が与えられることは、地域住民の自治と対立するものであり、住民の反発もあった（Larmour 1984: 73）。

ＮＲが所有権を取得した土地は、一九六四年、息子であるＦＡに譲渡された。そして翌年一九六五年にはまた別の、やはりこの地域のトライブの一つであるトライブａＥと地域裁判所で争うことになった。ＦＡはこれに勝利する。ＦＡはＮＲの子として一九三六年にアノケロ村近隣のＦ村に生まれ、マライタ島内の聖書訓練センターなどで教育を受けたあと、一九六〇〜九〇年に政府職員を勤めた人物である。退職後は居住地である地元の村（アノケロ村より徒歩15分）と、子どもたちのいる首都ホニアラを往復する生活をしている。

さらに一九八三年には、やはり地域のリーダーであったジャスティス・ウォルター（Justice Walter）とＦＡとの間で、同じ土地をめぐって地域裁判所で争われたが、ＦＡは再び勝利した。ジャスティス・ウォルターはトライブｊＥに属し、アノケロ村を創設した人物の息子で、長くこの地域の学校教師であった（第2章3節）。この裁判でもアノケロ村住民はＦＡ側についた。

2　重層的な土地利用

以上のような経緯により、現在アノケロ村周辺の土地は法的には、ＦＡ（が代表するトライブｏＲ）が慣習法的に所有する土地ということになっている。

にもかかわらず、住民は自ら所有しないこの土地をさまざまに利用している。自家消費用プラス・アルファ程度の経済活動ならば、所有者ＦＡにいちいち断る必要はない。とはいえ、ルールがないわけではない。以下に見るように、何を対象とするか、どのような行為かによってそれぞれルールがある。

(1) 焼畑は自由であり、焼畑の生産物はすべて生産者の所有となる。焼畑エリア内ならば、新しく焼畑を拓くとき、いちいち所有者に許可を得る必要はない。ただし、焼畑エリアを超えてたとえば後背の森(天然林)へ畑を広げることは許されない(図4—1参照)。

(2) 食用(自家用)の野生植物、野生動物の採取は自由である。

(3) 薪用の木材採取は自由である。

(4) 建材用の木を切る時は、所有者の許可が必要である。チェーンソーなどで自家用に小規模に伐採するのは許可を得る必要があるが、現在のところ問題なく許可がおりている。もっとも、許可が必要なのはダウェ(*Pometia pinnata*)やファサ(*Vitex cofassus*)などの太い木の場合で、ひも用の籐やニニ(学名不明)などを採取する場合は自由である。

(5) 有用植物(竹、サゴヤシ、ビンロウジュ、キンマ、ガリの木など)を植えるのは自由。植えた者の所有になり、その者が死ねば子どもなど財産継承者のものになる。

(6) カカオやコプラ用のココヤシ植林のために新たな土地を利用する場合には、所有者FAの許可が必要である。拓いてよい土地とだめな土地がある。現在FAは現状以上にココヤシ畑が広がることは許可しない態度である。

(7) 住民が自生植物・自生樹木を商業用に採取・伐採することはできない。たとえば、ソロモン諸島では籐家具生産用に籐が伐採されているが、FAの土地で住民が籐を採取して籐家具生産者に売ることは許されない。

写真 4-1　畑の利用はいちいち土地所有者の許可を得る必要はない（1993 年撮影）

(8)

新たに集落・居住地を拓く時は、所有者の許可が必要である。現在の集落の中に新しい家を建てる場合は問題がないが、分村などのかたちで新しい集落を拓く場合は、所有者の許可を得なければならない。

このように、大きな木を切る場合や新たにココヤシ園を拓く時は許可が必要であり、また商業用の採取・伐採などを住民が行なうことは許されないが、それ以外の経済活動、とくに自給用の生産活動ならば、いちいち所有者に利用の許可を得る必要はない。自らが所有していない土地で比較的自由に生業活動を行なっているのである。これはどういうことだろうか。

これにはいくつかのことが折り重なっている。一つは海岸部への移住・集中がある。前に述べたように、アノケロ村の住民は内陸部からの移住者たちであり、自分たちがもともと所有ないし利用していた土地から離れているのである。そして海岸部は相対的に人口過密となり、土地利用がお互いに重なり合うことが多くなった。

しかし、ここではそのことではなく、なぜ土地利用が重なり合うなかで比較的自由に〝他人の土地〟を利用できるのか、に注目したい。

3　土地・自然資源の所有・利用をめぐるバリエーション

第一次権利・第二次権利

マライタ島の土地所有権については、従来、マライタ島の言語グループの一つクワイオ Kwaio を研究した人類学者ロジャー・キージングの「第一次権利」(primary rights)「第二次権利」(secondary rights)という概念が広く使われてきた(Keesing 1965)。「第一次権利」とは、男性を起源とするトライブがもつ、土地に対する「所有」の権利であり、「第二次権利」とは、女性を起源とするトライブがもつ、土地を「利用」する権利である。

個人が所有主体であり、その個人がほぼ絶対的な権限をもつ西洋的な土地所有観念と、マライタ島の土地所有の実態は異なる。研究者はこのことをどのような概念で語ればよいか、苦労してきた。その一つの試みがキージングの「第一次権利・第二次権利」概念だったが、それでもすっきりしなかった。マライタ島の言語グループ、バイグ Baegu(ファタレカの北隣の言語グループ)を研究したハロルド・M・ロスは、キージングの分類に従いながらも、女性起源のトライブが、単に第一次権利の所有者の許可を得て利用するという以上の権利をもっていると論じた。また「第一次権利・第二次権利」以外の権利が、狩猟や水へのアクセスとして存在していることを指摘した(Ross 1973: Chap. 8)。

マライタ島民であるレオナード・マエヌウ(ファタレカの南隣の言語グループ、クワラアエ Kwara'ae に属する。両者の社会組織や文化はほぼ同じ)も、どちらかというと、「原則」を強調する議論をしているが、それでも土地への権利について、従来言われていた父系出自集団がもつ「第一次権利」(土地の処分権を含む)と「女のライン」がもつ「第二次権利」(おもに土地の利用権)の二つに加え、「第三次権利」というものを設けている。これは、水、薪、野生植物などを集めることのできる権利で、広くコミュニティ(ここではクワラアエ)全体の誰もがもつ権利としている(Maenu'u 1981)。

ロスが言うとおり、

「西洋人は、所有というと一個の所有者がいて、その所有権はシンプルで明快に定義できると考えている。しかし、民族誌研究者や植民地の行政官にとって不幸なことに、北マライタのメラネシアンたちについては、これは自明ではない。北マライタでは多くの資源は（所有というものがあったとしても）部分的に〝所有〟されているのであり、所有権というものは集合的で、あいまいで、かついくつかのケースでは厳密に限定されており、また、オーバーラップもしているのである」（Ross 1973: 154）。

私が今日マライタ島で観察するのも、やはりロスと同じ現象である。それはロスが調査した時代よりも、社会変動の中でさらに複雑化している。

部分的、集合的、あいまいであり、オーバーラップしているものを、そもそも西洋起源の「所有」という言葉で語ろうとするのに無理があるのかもしれない。マライタ島にはそもそも「所有」に当たる言葉はない。しかし私がここで考えたいのは「所有」という言葉で表せるような何ものかである。そのことについて、もう少し掘り下げて考えてみよう。

所有―利用―管理

「所有」はそもそもどこから立ち現れてくるのだろうか。根本的なところから所有を考えると、所有とは「特定の人たちの（自然）環境に関する排他的なかかわりを社会的に承認したもの」と、さしあたり考えることができるだろう。そしてこの「社会的承認」が次第に制度化され、その制度化のレベルが「高次化」してくると、「不在地主」に典型的に現れるようにもとの直接的な承認から離れていく。いずれにせよ、所有とはもともと「特定の人たちの（自然）環境に関する排他的なかかわりを社会的に承認したもの」であるとここで確認しておこう。

しかし、この確認にはすぐさま疑問が生じる。人間と（自然）環境とのかかわりはそんなに排他的なかかわりでありうるのか？　それを社会的に承認するといっても、誰もが一様に認めるということがありうるのか？

そこで「所有」を解きほぐしてみよう。私たちが「所有」という言葉で考えている中身を現実に即して解きほぐしてみると、まずは「所有」と「利用」と「管理」に分けることができる。たとえば日本の近海の場合、所有は国（「公有」）、利用は漁業者、マリンレジャー客、釣り人など、管理は国と漁業者、といった具合になる。しかし、所有—利用—管理という三分類は、先の「第一次権利・第二次権利」同様、議論の整理には便利だが、現実はそんなにはっきりしているわけではない。人間と環境とのかかわりは、もっとさまざまなものを含んでいる。ちょっと利用する、「この景観が好きだ、大事にしたい」と思う、など利用にもさまざまあるし、一言で「所有」といっても完全に排他的な所有から、かなり制限の加わった所有まである。全面的で排他的な権利・全面的なかかわりが包含されてしまう狭義の「所有」ではない、さまざまな次元のかかわりがある。そして、それに対するさまざまな次元の社会的承認がある。そこで、人間と土地・自然との関係を考えるにあたっては、所有か無かの二分法ではなく、その間のいろいろなバリエーション、つまり「半所有」とでもいうべきかかわりこそが大事だろう。

半所有

ここでいう「半所有」とは、人間と（自然）環境との多様なかかわりと、それについての多様な承認のことである。それは次の三つの次元に分けることができる。

まず、採取、植栽、栽培、手入れ、改変、保全、監視、深いかかわり・浅いかかわり、生産上のかかわり・遊びのかかわり、名前をつける、呼ぶ、祈る、マイナー・サブシステンス、嗅ぐ、触れる、そばを通る、といった「かかわりの形態における多様性」である。

そして今度は、そうしたかかわりをどのように社会的に承認するか、という「かかわりの社会的承認における多様性」がある。あるかかわりが社会的に承認されることは、今日の言葉でいえば所有権、利用権、用益権、アクセス権、管理権という権利概念で語られるものだろう。また、ここでいう「社会的承認」には「認めないぞ」という非承認も含まれる。7割が認めて3割が認めない利用権、というものも現実にはある。そこにはコンフリクトが内包された社会的承認がある。あるいは、社会的に合意しない、ルールを設定する、といったことも広い意味での社会的承認である。ルールにもかなり制度化された強固なルールもあれば、なんとなく存在しているルールらしきものもある。あるいは所有しているような、していないような関係もあるだろうし、その自然環境について「発言権」がある(4)、といった非常にゆるやかな権利のようなものもあるだろう。

そして、最後は「かかわる対象における多様性」である。同じ「所有」や「利用」といっても、かかわる対象が「土地の区画」というはっきりしたものなのか「景観」というあいまいなものなのかによって、「所有」とか「利用」の意味はかなり変わってくる。所有しているのは空間としての土地なのか、

表 4-1　所有のバリエーションにおける三つの次元

次　元	例
(1) かかわりの形態における多様性	採取，植栽，栽培，手入れ，改変，保全，監視，生産，遊び，名づけ，呼ぶ，祈る，マイナーサブシステンス，嗅ぐ，触れる
(2) かかわりの社会的承認における多様性	所有権，利用権，用益権，アクセス権，管理権，発言権，ルール，規制，規範
(3) かかわる対象における多様性	空間としての土地，具体的な土としての土地，栽培したものを含む土地，土地に生えているもの，土地に植えたもの，家畜，景観，まちの雰囲気，におい，音

具体的な土としての土地なのか、栽培したものの全部なのか、部分なのか。景観、まちの雰囲気、におい、音といった「所有」しきれないものへのかかわりは、どう考えればよいのか(5)。

このように、「半所有」(「所有」のバリエーション)は、(1)かかわりの形態における多様性、(2)かかわりの社会的承認における多様性、(3)かかわる対象における多様性、の三つの次元に分けることができる。私たちが近代法の枠組みで「所有」を考える時には、(1)の次元では、ほかのかかわりをほぼ包括的に含んだ所有権を考え、(2)の次元では法的な承認、(3)の次元では「土地」とその上にあるもの、という限定された領域のものを想定している。しかし、マライタ島で見られる「半所有」はそれとは大幅にずれている。

所有と利用の諸事例

こうした「所有」をめぐる根本的な議論は、近年とくに日本のフィールド系研究者たちが熱心に取り組んできた。それらからいくつか事例を挙げて、議論を深めてみよう。

藤村美穂(1996)は、琵琶湖北端の農村を事例に、法で所有権が確立している土地でも、「私有」には社会的な規制があり、「私有」の濃淡は、そこで行なわれる生業活動の種類と程度によって決まると論じている。藤村のこの議論は、日本の農村研究の蓄積を踏まえている。日本における農村研究は、日本の農村における「所有」が、近代的な単一の「所有」にカバーされるものではなく、個人の所有と集落の所有とが重なっている（土地所有の二重性）ことを明らかにした。守田志郎は、日本の農村の土地所有についてこう述べた。

「田は、農家のものであると同時に部落のものなのである」（守田 1978: 201）。
「農家が耕し続けているかぎり、小作地になるならないにかかわらず田畑はその農家のものであり、そして部落のものなのだと言ってよいと思う」（守田 1978: 210）。

個人所有の田んぼには、実は地域全体のしばりがかかっているということである。近代法における「所有権」とは別個に小作人が耕すことで生じる利用権が存在し、かつまたその所有権や利用権も、地域全体の規制を受けるということである。

鳥越皓之はこの議論を敷衍し、そうした二重性をもった土地（農地）所有と農村の共有地とを連続的に論じようとしている（鳥越 1997b）。鳥越は、農村における共有地は、個人の土地所有の底にある集落全体の土地所有の一形態であり、個人の土地所有がない部分を指しているのだという（図4―2）。

かかわる対象が狭い意味での土地（つまり土があって田畑や居住地になるところ）ではなく、たとえば川辺などに広がると、この議論はさらに深まる。菅豊（1994）は昭和初期の茨城県牛久市新地での事例をもとに、日本の「水辺」の土地において、低地に行くほど複合的な生業が盛んになると同時に、所

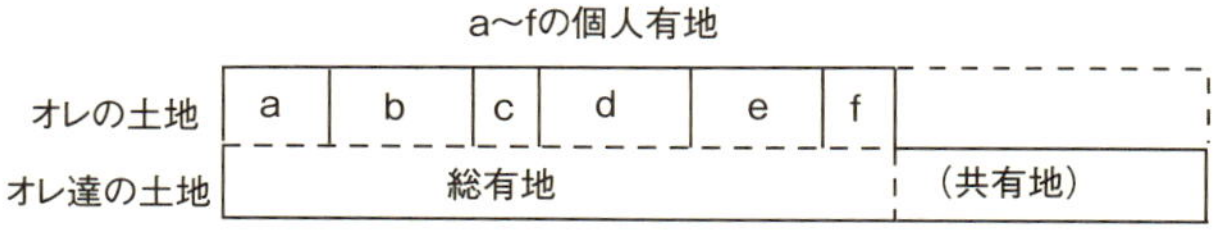

図 4-2　日本の村における個人所有地と共有地の関係　（出典）鳥越（1997b: 9）

有権があいまいになるか、あるいは所有者と利用者とのずれが出てくることを明らかにしている。

同じく菅豊（1999）は新潟県の大川の河川敷で畑（カワラバタケ）を営む女性たちの観察から、その利用に関するルールがはっきりとしたルールではなく、さりとて無原則でもなく、「不完全な使用権」とでもいうべきものによって律せられている、と論じる。河川敷は法的には国の管理下にあり、女性たちは畑の所有権をもつものではないが、たとえばある個人が作ってきた畑を他人に「譲る」時にはささやかなお礼がなされる。

林勲男（1999）はパプアニューギニアのベダムニ社会について、土地のクラン（氏族）所有という擬制が案外流動的であり、複数の氏族が同じ土地の中で生業活動や歴史の記憶を重層化させていると論じる。林は言う。

> 「土地の使用がその土地を所有するクランの成員に限られていないことが、土地権をめぐっての争いが頻発する背景にある。また個人にとって意味ある場所として、すなわち『生きられた空間』として記憶の中に取り込まれた土地が、所属するクランの所有地以外にもおよんでいることが、土地権の問題をより錯綜したものにしている」（林 1999: 286）。

槌谷智子（1999）も同じパプアニューギニアのフォイ社会を例に、土地についての利用権と所有権がもともとはっきり区別されたものではなく、かつ流動的であったこと、またそれらの権利をもつ氏族のメンバーシップそのものも流動的であったことを報告している。

田中求（2004a: 120-121）はソロモン諸島ガトカエ島での調査から、利用権のある森において利用権をもたない者が伐採する場合に「許しを得ずに伐採したケースが4割あった」と報告している。この4割は「利用権をもつ家族が村から転出していたこと、利用権をもつ家族と親戚関係にあること」などからとくに許しを得なかったと田中はしているが、これらはルールのゆるやかさ、あいまいさととらえることができる。田中の調査では、建材利用のために木を伐採する際「利用権保持者に許しを請うケースが6割」である。0％でも100％でもないのは、つまりは誰もが認めている厳密なルールではなく、流動的であいまいさをもったルールであることを示している。

石森大知（2001）はソロモン諸島ニュージョージア島の土地所有を事例に、そうした多義性・柔軟性が「互酬性」から理解できると論じている。つまり、「所有権」のしっかりしたしくみがあるわけではなく、「互酬性」つまりは歴史的な状況に応じた具体的な社会関係を軸に、土地や海への権利が柔軟に変わりうることを論じている。

曽我亨（2004）が挙げる、東アフリカの民族集団ガブラの事例はさらに示唆的である。曽我が論じているのは土地所有ではなく、家畜の所有である。ラクダを飼う牧畜民であるガブラは、ラクダをめぐって一見奇妙な所有のしくみをもっている。まず、ラクダはクラン所有であると同時に家族集団が所有している。さらに家族集団が「所有」しているラクダは多くの場合、ほかの家族集団に「信託」というかたちで貸与されている。それがさらにほかの家族集団に「信託」として貸与されることも多い。つまり所有者の手元にないことが多いのである。そうした「信託」関係をさまざまに取り結ぶことによって、多様な社会的なつながりが確保でき、危険分散にもなっている。

そして、所有者はこの「信託」貸与したラクダを「返せ」と言ってはならないという規範がある。たとえば所有者がラクダを必要としている時も、「返せ」というのはだめで、所有者が本当に必要な時にはほかの家族集団が援助というかたちで助けるのが望ましいとされる。つまりガブラの社会においては、「ラクダを信託するかぎりにおいて所有者になれる」のであり、その「所有」は、「人格的関係の中に埋め込まれているのである」（曽我 2004: 359-360）。

所有や利用をめぐる社会的なしくみ

このように、所有（権）や利用（権）をめぐる社会的なしくみについて、最近の研究は以下の四点を明らかにしている。

第一に、所有（権）や利用（権）をめぐる社会的しくみには、その土地や時代に応じてさまざまなバリエーションが存在している。第二に、所有（権）や利用（権）には重層性がある。第三に、そのしくみは、日常的な実践の中で変化する。別の言い方をすれば、そのしくみは日常的な実践の中に埋め込まれている。「所有」という言葉で表されるようなものは確かに存在するが、それはそれ自体として固定的に存在しているのではなく、日常的な実践とセットになっている(6)。第四に以上をまとめると、その所有のありようは日常的な社会関係の中に埋め込まれているのである。

4 重層的コモンズとしてのマライタ島の土地所有

総有、コモンズ

以上のような、理論的考察を踏まえた上で、もう一度マライタ島の土地所有について考えてみよう。第一に、マライタ島の土地所有の原則はトライブの総有である。つまりトライブが集団として所有する。総有と近い言葉に「共有」があるが、「共有」とは、複数の個人が共同で所有している形態であり、そこでは、一人一人が部分的な権利をもつ。場合によってはその部分的な権利を他人に譲り渡すことも可能である（日本の区分所有法に基づくマンションの所有形態がこれに当たる）。一方、「総有」はあくまで集団としての権利なので、部分的な権利を他人に譲ることはできない。その集団を離れれば自動的にその権利も放棄せざるをえない。それが「総有」である(7)。

あるいは近年の議論に沿えば、これはコモンズ（**commons**）ということになる。コモンズとは、さしあたり、「共有財産としての環境」あるいは「環境を共有するしくみ」のことである。

もともとコモンズとは、イギリスの土地利用における歴史的概念である。従来農民たちが放牧や薪炭材採取などに使っていた土地が、エンクロージャーのなかで貴族や大地主たちに囲い込まれ、使えなくなっていた。それを農民たちが運動によってアクセスの権利を認めさせた土地がコモンズである。

しかし、今日コモンズという言葉が広く使われるようになったのは、生物学者のギャレット・ハーディンが、「共有地（コモンズ）の環境は劣化する」という「コモンズの悲劇」論を提示したことに始まる（Hardin 1968＝1993）。ハーディンは、『サイエンス』に「コモンズの悲劇」（The Tradgedy of the Commons）という論文を書き、複数の牧夫が共同で所有している牧草地を仮想例として取り上げ、個々の牧夫が個別に利益を増やそうとしたとき、全体として牧草地の環境劣化をもたらし、やがて牧草が枯渇する、というモデルを提示した。

それまで人間一般・対・自然という図式で語られていた環境問題が、実は社会のしくみによってもたらされるというモデルを提示した点で、ハーディンの議論はたいへん魅力的だった。しかし、本当に共有地が環境劣化につながる制度なのかという点について、多くの研究者が疑問を抱いた。世界中で共有地や共有資源の事例研究を行なわれた結果、住民自らルールをつくり、資源を持続的に管理する共有資源のモデルが提示され、ハーディンのモデルは当たらないと指摘された（McCay and Acheson eds. 1988; Ostrom 1990; Keohane and Ostrom eds. 1994; Burger et al. eds. 2001 など）。

同じ頃日本でも、経済学者玉野井芳郎がコモンズに注目した。理論経済学者であった玉野井芳郎は、晩年移り住んだ沖縄で、地先の海の利用が住民にとって大きな意味をもつことに気づいた。リーフの内側にあるイノー（礁湖）を地元の人たちが多様に利用している様子に接し、そこから「コモンズとしての海」というとらえ方を提示した（玉野井 1995）。そうした思いは、多辺田政弘や熊本一規らに引き継がれ、多辺田は狭義の経済に包摂されない地域の「共同の力」として「コモンズ」をとらえた（多辺田 1990）。彼らの議論に影響を及ぼしたのは、経済を社会に埋め戻すというカール・ポランニーの視点だった。

そうした流れを受けて、環境社会学・環境経済学・森林政策学などの分野で、地域住民が主体となって森林・川・海などを持続的に管理するというモデルが「コモンズ」という言葉を軸に議論されるようになる。さらに、都市計画などの分野では自然資源に限らずに「コモンズ」が議論されるようになる(8)。

マライタ島における土地がトライブの総有であるというのは、このコモンズの議論にまずは符合するものである。

トライブの所有規範

第二に、この「総有」が「所有(権)」なのかというと、いくらか留保が必要になってくる。マライタ島の住民にとっての土地総有は、繰り返し述べているように、近代法上の「所有」概念とは異なる。近代法上の「所有」は、たとえば日本の民法で規定されているように「自由にその所有物の使用、収益及び処分をする権利」(民法第二〇六条)である。つまり、対象(ここでは土地)に対する侵さざるべき絶対的な権限を有しているのが近代法の所有権である。マライタ島の「土地所有」は、そうした近代法上の「所有」とはずいぶん違う。そもそも、「土地所有」に当たる言葉はなく、たとえばトライブYの所有する土地は、ファタレカ語の場合、〝ano Y〟あるいは単に「Y」と言うのみである(ano は土、土地の意)。今日「所有(権)」について語られる場合、マライタ島では、ピジンの「オネム onem」(「所有する」の意。英語の own から来ている)が使われる。

ロスがバイグについて議論しているように(Ross 1973: 159)、マライタ島の土地所有の「根本は、聖なる森、つまり先祖が葬られている森、あるいは(それよりは重要度が低いが)昔の集落があって誰かの木がまだ生えているところである。（中略）所有権や利用権は、こうした中心から離れれば離れるだけ薄れていくが、本当の境界線は存在しない」。各トライブが、自分たちの先祖と土地をめぐる起源伝承と歴史を有しており、それが土地を領有することとわかちがたく結びついている。そのためトライブにとって土地は譲渡不可能な絶対的な存在であり、あくまでトライブの個別のメンバーではなくトライブ全体が「所有」するものである。その意味で、ここでの「所有」は、出自の場所、出身地、あるいは、オリジンの場所、といった意味合いが強い「所有」である。今日でもトライブの土地は、多くのマライタ島民にとって自分たちがケアしなければならない土地として存在している。多くのマライタ島民がそうした土地から離れているのだが、それでもその土地をケアしなければならない、という規範は強く働いている。

アノケロ村に家をもつＪＢさん（1972-）は二〇〇二年に仕事のためホニアラに移住し、町の生活とアノケロ村での生活を交互に繰り返したあと、二六歳の時にマライタ島の内陸部にある自分のトライブの土地に家を建てた。内陸部のその土地にはほとんど誰も住んでいないが、「自分たちの土地を守らなければならない」という意志が働いたのである。ＪＢさん自身は別の内陸部の村の生まれで、トライブの土地にはそれまで一度も住んだことがなかった。ＪＢさんは、その土地に住むつもりで家も建て定住を試みたが、妻（アノケロ村生まれ）が内陸部の生活に慣れず、また、医療、学校、買い物の点でも不安があったため、妻が妊娠したのを機にアノケロ村に戻ってきた。ＪＢさんが一時的にでも自分のトライブの土地に移住しようとしたように、自分たちのトライブの土地をケアしなければならない、という規範は住民に強く働いている。

女のライン

第三に、マライタ島における土地所有は、トライブが全体として所有している、というだけでは済まない実態がある。

たとえば、その一つが彼らが「女のラインのトライブ」と呼ぶものによる土地所有・土地利用である。これは先に述べたようにキージングが第二次権利と呼んだものにかかわるものである。あるトライブの女性が別のトライブの男性と結婚したあと、女性の出身トライブからその女性とその夫に土地が分け与えられることがある。これはマライタ島ではよくあったことだが、現在の言葉でいうところの所有権そのものの譲渡なのか、土地利用権の付与なのか、それほどはっきりしない。さらに、これもよくあることであるが、その夫婦の子孫は女性側のトライブを名乗ることがある。そうした場合、「元のトライブ」から「あいつらは〈女のライン〉だから、本当のトライブではなく、この土地への権利もない」とクレイムされることがある。

このように、マライタ島における土地所有は、必ずしも明確な一対一対応（一つのトライブと一つの土地の対応）になっているわけではなく、さらに近年その境界線をめぐって争いごとが増えていることを見てもわかるように、それほどはっきりしているわけではない。「所有」はまさに、日常の実践、日常の社会関係の中に埋め込まれているのである。

重層的な所有と利用

第四に、近代法において土地所有権とその土地の利用権は、ほぼイコールである。所有権をもつ者が利用権をもち、また、所有者の許可、あるいは所有者との契約のもとに他人が利用権をもつことができる。しかし、ここでもマライタ島の所有は少し様相が異なる。土地の利用、土地に生えているものの利用は、土地所有とイコールではないのである。

まず、その土地の所有者ではない住民が焼畑耕作、植物採取などを比較的自由に行なっている。アノケロ村の住民の土地利用がまさにそれに当たる。すでに何度も述べたように、アノケロ村の住民が現在畑や植物採取などに利用している土地は、すべてＦＡの所有する土地である。

もちろんすべてが自由というわけでなく、ルールがある。２節で述べたように、自家用のものであれば大方は利用自由である。しかし、大きな木を切る時や新たなココヤシ畑を拓く場合は所有者の許可が必要であり、商業用の伐採や採取は許されない。

利用してよいか悪いかは、土地所有者と利用者との関係だけでなく、利用者同士の関係も絡んでくる。たとえば、ガリ ngali（*Canarium indicum*）（第３章３節参照）の木を植えることは、自由に行なわれる。そして、誰かが植えたガリは植えた者（ないしその子孫）のものとなり、成長したガリの実を採取することは、原則としてその木の所有者にのみ許される。こうした移植・植栽の場合、目印となる植物（たとえばアラアラ ala'ala〔クロトンノキ *Codiaem variegatum*〕が使われる）をそばに植えておき、所有をアピールすることが多い（写真４−２参照）。

また、第３章３節で取り上げた、人が手を加える天然林もこの例に入る。ある男性が、自然に生えているファサ fasa（*Vitex cofassus*）をカヌー用に育てるために、絞め殺しの木（アバロロ）を伐るなどの手入れを施している例である。この男性の父親は土地所有者であるＦＡに許可を得て、このファサの木に手を入れると同時に、この木の幹にナイフで×印をつけた。この木が自分のものと示すためである。男性が亡くなった後は、その息子がこの木を継承している。土地はＦＡのものであるが、この木は息子の所有物となっており、他人は手を出せない。もちろんこの所有は、所有者のＦＡに許可を得ていることと同時に、積極的に手を入れているという〝かかわりの蓄積〟が背景にある。そのことによって、この木がこの男性および息子のものであるという社会的な承認が形成されるのである。

以上、マライタ島の土地所有について、第一にトライブの総有が原則になっていること、しかし第二にその総有は近代法的な「所有」ではないこと、第三に「女のラインのトライブ」の権利に代表されるようにその権利は折り重なっており、かつあいまいさを含むこと、第四に所有と利用が折り重なっていることを示した。

これらをまとめて、マライタ島における所有のあり方を「重層的コモンズ」と呼んでおこう。

5　資源としての重層的コモンズ――半栽培のバリエーションとの対応

重層的コモンズの諸事例

このような重層的コモンズの事例は、世界中から集められるだろう。近代法的な「所有」が貫徹すると思われている先進国の内部でも、さまざまなかたちで存在するはずだ。たとえば、日本社会のいくらか〝近代的〟な場所においても見られる。法律上の所有者ははっきりしているが、地域の子どもたちが遊び場として使っている空き地。市民に親しまれている大学の構内。漁業者とマリンレジャー客がせめ

写真 4-2　ココヤシの所有を示すクロトンノキ（1995 年撮影）

ぎ合う沿岸海域。私有地の一部を誰もが歩けるように設置されたフットパス。私有林を行政が買い上げ、その上でＮＰＯが管理している森。挙げていけばきりがない。

私たちが自然環境、あるいは広く環境と何らかの関係を取り結ぼうとするとき、完全に排他的な関係は実はまれだということだ。マライタ島の事例は重層的コモンズのありようを具体的に示しており、さらにそれが生活実践、とくに自然との多様な関係（半栽培）という生活実践と密接に結びついている例である。

それでは、マライタ島におけるそのような重層的コモンズの存在は、人びとの生活にとってどのような意味をもっているのであろうか。

自然を安定した資源にするしくみ

人びとにとって、この土地・自然の所有や利用のしくみそのものが資源である。それは次の二点である。

第一に、曽我亨が東アフリカのガブラ社会における「所有」と「信託」の事例で示したように、重層的な所有（権）・利用（権）の関係は、それが重層的であるほど多様な社会関係である（曽我 2004）。各家族や個人が他者との関係なしに排他的な所有を貫徹している社会では、それぞれの家族・個人が所有や利用のしくみを通して結びつき、依存し合うことがない。それに対して、マライタ島のように所有（権）・利用（権）のしくみが重層的である場合、それだけ複合的な人間関係が取り結ばれているのであり、それが各個人・家族にとってはリスクを分散して生活の保障になりうる。

第二に、第3章では「半栽培」という言葉を用いて、マライタ島における住民と自然との多様な関係を描いた。その多様な関係が住民の生活に安定をもたらしている、と述べた。しかし、その多様な関係を保つために土地や自然資源へのアクセス可能性が確保されなければならない。実のところ、これまで述べてきた「重層的コモンズ」=「土地・自然資源の所有・利用のさまざまなバリエーション」は、この半栽培と深い関係にある。

人間と自然の間の半栽培的で多様なかかわりは、近代法的な排他的所有になじまない。第3章で見たように、住民は周辺の土地のあちらこちらでそこの生態に合わせて有用植物を植えたり、あちらこちらの野生有用植物を利用したりしている。こうした重層的な土地利用、モザイク状の土地利用をするには、一定区画を各個人、世帯が囲い込むよりも、集団で全体に利用権をもつコモンズの方が合理的である。完全な野生も完全な栽培も存在しないことが、完全なオープン・アクセスも完全な所有もないことと対応している。そしてその半栽培のありようが多様であることと、所有・利用のさまざまなバリエーションが対応しているのである。図4−3に見るように、第4章で見た半栽培のバリエーションは重層的コモンズを特徴づけるいくつかのレベルの所有や利用のありようと結びついている。もっとも、図4−3の組合せの対応は必ずしも一対一ではない。つまり半栽培のバリエーションと重層的コモンズの諸レベルは、一対一にきれいに対応しているわけではなく、むしろ入り交じって対応し合っている。

この表を単純化して描くと図4−4のようになる。つまり、栽培（栽培植物、家畜）（domestication）と野生（wilderness）との間にさまざまな半栽培があり、排他的所有とオープン・アクセスとの間にさまざまなレベルを含む重層的コモンズがある。その半栽培と重層的コモンズが対応関係にある。重層的コモンズのしくみが存在することで、多様な半栽培的かかわりが保障される。そのことが人びとの生活の資源になっている。

このように、複合的な相互関係の網の目が保障になり、それによって可能になる自然との間の多様なかかわりがさらに保障になる。そうした意味で、重層的コモンズは住民にとって重要な資源たりえているのである。

重層的コモンズと社会変動

しかし、この重層的コモンズは、つねに住民にとって安定的な資源とは限らない。

たとえばアノケロ村周辺の土地について、一九九五年、所有者のFA氏が自分の所有する土地で建材として大きな木を切る場合には1本当たり200ドルを払わなければならない、と宣言したことがある。これはその後で撤回されるのであるが、アノケロ村の人びとに動揺をもたらした。そうしたなかで、アノケロ村住民のあるトライブの住民たちの中には、生活の安定のために集落周辺の土地をFAから買い取ろうという案も出た（十分なお金がないため具体化には至らなかった）。別の複数の家族は、実際に一部の土地をFAから購入した。一つの家族は現在の居住地の周りの土地を、もう一つの家族はクワラエ川沿いの土地を購入した。後者の土地には購入前にほかの人が植えたココヤシなどがあり、現在のところ購入した家族が手を加えることはできない（とその家族自身が認識している）。これは「所有」が重層的に存在することの証拠でもあるが、「いずれは取り除きたい」とこの家族の男性は言っている。

このような現象は、人びとの生活に安定をもたらしていたはずの重層的コモンズが、時代の変化の中

図 4-3　半栽培のバリエーションと重層的コモンズの次元

半栽培のバリエーション	社会的しくみのバリエーション ＝所有や利用の権利が重層的
栽培植物 （タロイモ，サツマイモ，各種野菜）	畑の作物は畑を拓いた者（またはその家族）の所有
組織的に植栽される植物 （ココヤシ，サゴヤシ，ビンロウジュ）	植栽した植物は植栽した者（またはその家族，子孫）の所有 誰が植えたかという情報を地域で共有
植栽したものから移植される植物 （竹（カオアシ），パンダナス）	植栽は商業目的でなければ比較的自由 （所有親族グループ以外も自由）
天然林から移植される植物 （ガリ，竹（カオ））	商業的な採集・伐採は所有親族グループの成員に限られる
人里近くに生える植物（アマウ）	「野生植物」採集は自由 （所有親族グループ以外も自由）
手を加えられる野生植物（ファサ）	植物の利用は比較的自由（所有親族グループ以外も自由，柔軟な利用権）
野生植物（ファサ，籐など）	土地は親族グループが全体として所有（総有）

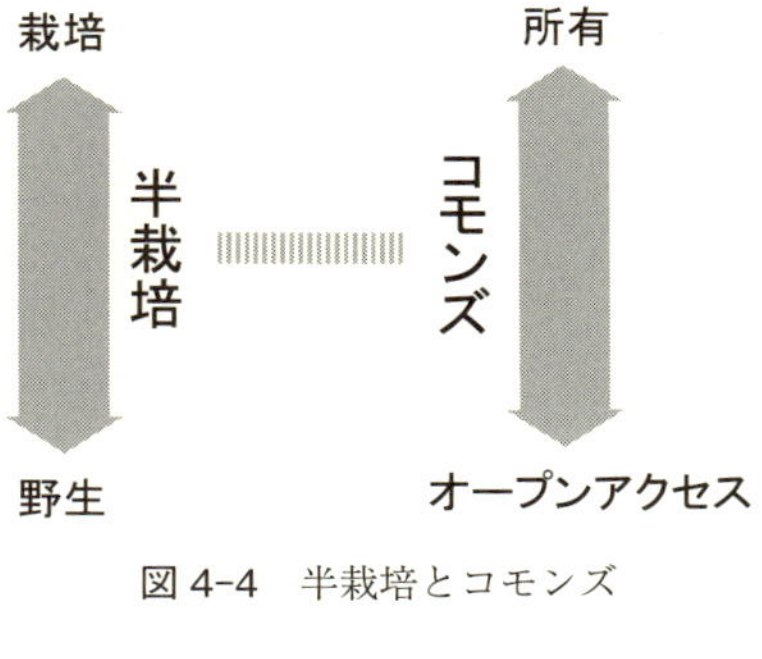

図 4-4　半栽培とコモンズ

で形態を崩しつつある表れと見ることもできる。しかし一方で、こうした現象はもともとの所有・利用の重層性に起因しているともいえる。

マライタ島社会において、コモンズの重層性は生活実践の中で安定的な資源として、変化しながら持続してきたといえる。生活実践はつねにあいまいさを残すものであり、だからこそ重層性を資源にすることができた。しかし、あいまいさを排除したかたちで何か行為しようとするアクターが現れたとき、その重層性は桎梏になったり、コンフリクトをもたらしたりする。重層性は不安定要素とされるのである。開発にともなう土地争いや民族紛争といった社会変動は、重層性を不安定要素に転じてしまう契機となっている（第7章2節を参照）。

注

（1）インタビューの当時は地元小学校の校長。前職は国の教育省職員で、二〇〇六年の総選挙で国会議員に当選した。第7章写真7―4参照。

（2）土地確定計画については、Larmour（1984）がもっともよくまとまっている。そのほか、ソロモン諸島の土地政策については、Scheffler（1971）; Larmour ed.（1979）; Ipo（1989）などを参照。

（3）この時の裁判は、植民地政府に任命された地区長（ヘッドマン）が裁定するものだった。

（4）藤村美穂（2006）は、阿蘇の草原をめぐる社会的関係を題材に、土地への「発言力」について考察している。

（5）音の「所有」については、箕浦一哉（2006）が論じている。

(6) 棚橋訓が言うとおり、「人と土地との関係をめぐる意味や歴史の記憶は、何か制度的な文化技法に従って一貫して刻み込まれるというよりも、ある一筆の土地に意味を賦与して記憶を刻み込もうとする当事者の経験と思惑の個別性に応じて千変万化するような、日々の戦術に基づいて紡ぎ出されていく」(棚橋 1999: 55-56) のである。

(7)「総有」という言葉をめぐって日本ではいくらか混乱がある。菅豊 (2004) が整理しているので参照されたい。ここで私が使っているのは日本の農村研究で用いられてきた「総有」概念である。

(8) 環境社会学会の学会誌である『環境社会学研究』でも、コモンズ関係の論文は多く、その第3、4、6、7、8、12、13、14、16号にそれぞれ関連論文が掲載されている。それ以外にも、生態人類学・森林政策学・経済学などの分野でもコモンズ論は広がりを見せており、たとえば、秋道智彌編 (1999)、秋道智彌 (2004)、室田武・三俣学 (2004)、秋道智彌編 (2007)、三俣学・室田武・森元早苗編 (2008)、室田武編 (2009)、三俣学・井上真・菅豊編 (2010) などがある。宮内泰介 (2001b) も参照。さらに私たちはコモンズ研究を発展させ、環境をめぐるレジティマシー (正統性／正当性) の研究を行った (宮内編 2006)。環境をめぐるレジティマシーとは、誰が、どんな価値で、どんなルールで、環境にかかわり、そしてそれが誰によってどう認知・承認されるか、というその様態を指している。そのレジティマシーの動態に注目することが、今後のコモンズや環境をめぐる合意形成において重要なポイントになってくる、というのが宮内編 (2006) の主張だった。

写真 4-3

アノケロ村は川に隣接している。住民にとってこの川は，多様な役割をもっている。移動する場，運ぶ場，洗う場，漁撈の場，そして遊ぶ場でもある。洗う場としての川は水道設備の普及により少し後退したが，それでもまだ多くの村で洗濯や食器洗いに使われている。

川べりに座っていると，いろいろな人に出会う。カヌーいっぱいの薪を上流の森から運んできた人たち。コプラ用のココナツをたくさん川に浮かべて運んでいる人たち。川縁の道を歩いているのは，学校帰りの子どもたち，これから町に出る人たち，病院に行く人たち。

川べりに座っていてわかることは，人びとの生活が本当に多様な営みによって成り立っていること。その営みの集積はか弱いようでいて，力強い。力強いようでいて，か弱い。放っておくと無視されてしまいそうなそうした営みを，どのように表に出すことができるかが，政策や学問の役割かもしれない（右上1995 年，右下 2007 年，上 2004 年撮影）

第5章

出稼ぎと移住の社会史

生活戦略としての移住

はじめに

前章まで、ソロモン諸島マライタ島のローカルな歴史から地域住民と自然環境との多様な関係（半栽培のバリエーション）を分析し、さらに、重層的コモンズという所有・利用のしくみを見てきた。半栽培と重層的コモンズは相互に関連し合いながら、住民にとって重要な資源となっている。それらがアノケロ村の生活の基盤になっていると同時に、第2章で見たように、この数十年の歴史のなかで新たな資源が生まれた。そうしたもろもろの資源のなかで、人びとはどの資源を利用し、どれとどれを組み合わせながら生活を成り立たせてきたのだろうか。

第5章以下では、「移住」という事象に焦点を当てながら、人びとの生活の組み立て方について見てみたい。「移住」は、人びとが生活を組み立てる時の重要な戦略の一つである。なぜ移住したのか、なぜ移住しなかったのか、どう移住したのかを見ることで、人びとがどのような生活戦略をとってきたのかが見えてくる。

移住形態は歴史的に変化してきている。したがってまず第5章では、移住の歴史をひもときたい。それに引き続き第6章以降では、一九九八年末に突如始まった民族紛争が人びとの生活戦略にどのような影響を及ぼしたか、またその影響の中で人びとはどのように生活を組み立て直したかを見てみたい。そこから人びとの生活戦略がクリアになってくるはずである。

本章以下で扱う移住の多くは、労働移住である。そのなかには単独で短期間働きに出る形態、つまり出稼ぎを多く含むが、それだけではない。そうした移住について本章では時代と形態に従って、(1)戦前の出稼ぎ、(2)大戦直後の「労働部隊」、(3)未婚男性の単身出稼ぎ、(4)既婚男性の単身出稼ぎ、(5)家族での移住、(6)町での労働、(7)未婚女性の出稼ぎ・移住、の七つの類型に分け、それぞれについて記述・分析する。また、以上に入らないが特徴的な類型として、(8)出稼ぎに出ないという選択、(9)〝教会の仕事〟という二つの類型についても考察する。

なお、本章以下では人びとの語りを比較的多く入れた。人びとを客体ではなく主体として描き、また分析からこぼれ落ちる部分を含むことで社会史としてのふくらみをもたせたいという意図がある。

1　男性の出稼ぎ・移住

ブラックバーディング

ソロモン諸島民の労働移住は、いわゆるブラックバーディングに始まる。ムンロによると、ソロモン諸島からは、一八七一〜一九〇四年にかけて1万8217人がオーストラリア・クイーンズランドへ、一八八〇〜一九一一年に8228人がフィジーへ労働移住した（Munro 1990）。いずれもサトウキビ・プランテーションでの労働である。

現在のアノケロ村住民でこのブラックバーディングを経験した者はもちろんいないが、男性のＪＲさん（1923-2005）は子どものころ、その話を大人たちから聞いている。

白人がやってきて、村人を盗んだんだ。白人は2隻の船で、鉄砲を携えてやってきた。鉄砲を撃ったので、その音で村人たちは海岸に下りてきて、そこで捕まえられた。3年間フィジーやクイーンズランドで働いてきたが、フィジーからの帰還者はフィジー語をしゃべり、クイーンズランドからの帰還者は片言の英語をしゃべっていた。クイーンズランドからの帰還者は、箱一杯の衣類を持って帰ってきた。（JRさん、一九九五年インタビュー）

ブラックバーディングは一九一一年に終わったが、その頃ソロモン諸島内にココヤシ・プランテーションが多く生まれ、今度はそうした国内プランテーションへの出稼ぎが始まった。ソロモン諸島においてココヤシ・プランテーションが本格的に始まるのは二〇世紀初頭であり、これは世界的なココナッツ・オイル需要の伸びに対応していた。イギリスの多国籍企業リーバース社やバーンズ・フィルプ社をはじめ、大小の企業・個人が、土地を購入したり、政府から借り上げたりするかたちでココヤシ・プランテーションを拡げていった。第二次世界大戦段階で大小合わせて百以上のココヤシ・プランテーションがあり（Bennett 1987: 233, Table 8）、3千〜4千人の労働者が働いていた（Bennett 1987: 176, Table 4）。そのうち、約7割はマライタ島からの労働者だった（Bennett 1987: 168）。

JRさんは、戦前そうしたプランテーションへの出稼ぎを経験した一人である。

JRさんが出稼ぎに出たのは一九三七〜三九年までの2年間、ガダルカナル島のママラ Mamara プランテーションである（図1−6参照）。当時コオンゴリ村（図2−1参照）在住だったJRさんは労働力徴集船に乗ってプランテーションへ渡った。船には白人が一人、そのほかはソロモン諸島民だった。

人びとがプランテーションで働くようになった原因はいくつかある。インタビューを総合すると、一つは衣料品やタバコなどの消費物資を買うためである。とくに衣料品を買うという意識が強かった。もう一つは税金である。マライタ島では一九二〇年代に人頭税がかけられ、住民にとっては重い負担となっていた(1)。アノケロ村周辺では当時グワナタフGwanatafu村(図1―8参照)に納税所があり、人びとはそこで税金を払った。JRさんによると、12歳以上の人は人頭税を払う必要があったが、プランテーションに渡る前はタロイモを売るなどして現金を得るしかなかった。市場はなかったから、買いたい人が来た時に直接売ったという。税金を払わないとアウキの刑務所行きだった。ほかの村には実際に刑務所に入った人もいたという。また、税金を払わないとプランテーションへ働きに出ることもできなかった。JRさんは税金が5シリングの時は払えなかったが、1シリングに下がったので納税してプランテーションへ行くことができた、と言う。

プランテーションでの仕事はきつかった、とJRさんは語る。

昔はわれわれに対する白人の扱いはよくなかったよ。マスター〔雇い主〕のキロック氏は、非常に力が強く、厳しかった。働かないとぶたれたね。そんな扱いに自分たちはいつも不満を言い合っていたが。

実際の仕事はコプラづくりで、月曜から火曜までは朝6時から夕方5時まで、土曜日は6時から2時まで〔働いて〕、日曜は休日だった。賃金は1ヵ月6ポンドだった。ママラのプランテーションでは、マライタ島、ガダルカナル島、マキラMakira島、ゲラNgellaなどから数十人の労働者が集まっていた。プランテーションでの食事は米が中心で、紅茶やビスケットなども食べたよ。二年間働いて、持って帰ることができたのは6ポンド、そのうち3ポンドは帰りにトゥラギ Tulagi の華人の店で衣類などを買った。衣類は当時一着1シリングだった。そして残り3ポンドを村まで持って帰ったんだ。帰ってきた時には、もう白人のもとで働く必要がなくなった、とホッとしたね。（〔 〕は筆者による注。以下同じ）（JRさん、一九九五年インタビュー）

JRさんは一九三九年に帰村したが、同年から一九四一年にかけて再びプランテーションで働いた。今度はラッセル Russel 諸島のヤンディーナ Yandina である。その労働を終えて帰村した直後に日本軍の侵攻があった。

JRさんとほぼ同世代の男性JAさん（1924- ）は当時コオンゴリ村在住で、JRさんと同じ一九三九〜四一年にヤンディーナで働いた。JAさんの仕事はコプラづくりではなく、マスターの「ハウス・ボーイ」として料理、洗濯、掃除などだったが、「きつかった」と言う。

JRさん、JAさんの例からわかるとおり、戦前の出稼ぎは独身男性の単身出稼ぎがほとんどであった。

労働部隊への参加

戦争直後の特異な労働移住の形態として、ソロモン諸島労働部隊（SILC：Solomon Islands Labour Corps）への参加がある。ソロモン諸島労働部隊とは、一九四三年半ばから米軍によって組織されたソロモン諸島民の労働組織であった（Bennett 1987: 291）(2)。

JRさんはこの労働部隊にも参加している。


一九四三年から、5ヵ月間ガダルカナル島のテナル Tenaru、7ヵ月同島ガリビウ Ngalibiu で米兵といっしょに働いたよ。アウキに船が来て、マライタ人を雇ったんだ。仕事は米兵とともにマラリア蚊を薬で駆除することなどだった。月2ポンドの賃金が出たが、当時はプランテーションでの賃金が月1ポンドだったので、高い賃金だった。

川の中でたくさんの日本兵や米兵が死んでいて臭かったが、プランテーションでの仕事よりはましだったね。とくにいろいろな肉やコーンビーフが食べられたのがよかった。肉以外にも米、ビスケット、砂糖が支給された。

米兵とはそんなには話さなかった。とくに黒人の英語はスラングでわからなかった。白人のはいくらかわかりやすかったが、白人と話すと黒人たちに「同じ色の肌なのに」と嫉妬された。（JRさん、一九九五年インタビュー）

前項で取り上げたJRさんも、またほかにKKさん（c.1925-）もともにこの労働部隊に参加しているが、一方FFさん（c.1910s-）やELさん（c.1930-）は参加していない。FFさんは「お前は村で女子どもといっしょに残れ、と言われたから」、ELさんは「参加したかったが父親が反対して参加しなかった」、というのが、それぞれの不参加の理由である。労働部隊はプランテーションとはまた違う、新たな経験であった(3)。

未婚男性の単身出稼ぎ

結婚前男性による単身出稼ぎという形態は、戦前から現在に至るまで出稼ぎのもっとも一般的な類型である。JRさん、JAさんの戦前の出稼ぎもこの類型だった。

SSさん(1942-1999)は戦後の一人で、未婚時代の一九五六年から1年間サンタイザベル島のハエヴォHaevoプランテーションで働いた。

> 最初の6ヵ月、〔ココナツの〕くりぬき作業ばかりやったよ。あとの6ヵ月はコプラ乾燥の作業。賃金は月4ポンドだった。ドルで言うと8ドル。
>
> 食事は基本的に米で、プランテーション内に拓いた自分の小さな畑で獲れるサツマイモ、それに魚など。タロイモや野菜は作らなかったので食べられなかった。
>
> プランテーションには毎月末トゥラギから華人の船が商売に来て、そこで衣類やタバコを買ったな。服は4~5シリング、ズボンが10シリング、タバコは大きいやつが7~8シリングだった。
>
> (SSさん、一九九六年インタビュー)

SSさんは一九五七年に村へ戻ってきて、翌一九五八年に結婚した。結婚後は出稼ぎには出ていない。先に挙げたJRさんも結婚してからは村を離れていない(JAさんは、第5章2節で取り上げる息子の

PAさんと一九七〇年代以降家族で出稼ぎに出ている)。

SAさん(1942-)もこの類型に含まれる。SAさんは独身時代の一九六二年首都ホニアラへ出稼ぎに出た。

ホニアラでは最初、西洋人のためのコックをするよう勧められたが、怖くて断ったよ。そのあとドイツ人ティシュラー氏のもとで大工として働いた。1年間働き、ホニアラのたくさんの建物や家を建てたんだ。

そのあと、ガダルカナル島のバランディ Mberande にあるココヤシ・プランテーションで1年間働いた。グループで働いていたんだ。10人くらいのグループで働き、朝から夕方まで一日中コプラづくり、グループで1日30袋くらいのコプラをつくった。賃金は1袋当たり2ポンド。非常にきつい仕事だったがね。

そのあといったんアノケロ村に戻り、そして一九六四年から再びプランテーションで働いたよ。今度はラッセル諸島のヤンディーナのココヤシ・プランテーション。仕事の中身はバランディの時とほぼ同じだったね。(SAさん、一九九五年インタビュー)

SAさんは一九六五年にアノケロ村に戻り、同年継父に勧められてクワイオ Kwaio(マライタの言語グループの一つ)の女性と結婚し、以降再び出稼ぎに出ることはなかった。

独身男性の出稼ぎ先としては、戦前から戦後にかけて、ココヤシ・プランテーションがほとんどであった。しかし、時代が下るにつれ、その選択肢は増えてくる。一九七三年、日本の大洋漁業（現マルハ）とソロモン諸島政府の合弁会社ソロモン・タイヨーが設立され、若い男性たちの雇用の場を創出した(4)。ソロモン・タイヨーは最初トゥラギにあったが、一九七六年からウェスタン州ノロ Noro に新しく基地を構え、順次そこを本拠地にしていった。トゥラギ、ノロへ多くのマライタ男性たちが働きに出ることになる。

PKさんは一九五八年ボボイラギ村生まれで、このソロモン・タイヨーで一九七七〜八二年、20歳から6年間働いた。

20代の時は政府の住宅局で働いていたんだけど。飲酒運転をして解雇になった。親戚がソロモン・タイヨーで働いていたから、自分も職を得ることができた。トーキョー丸8号には沖縄人が6人とソロモン人が12人乗っていたよ。〔働き手は〕ソロモンのいろいろな島から来ていた。夜の間に餌をとり、翌日漁へ出かける、そしてその夜餌をとり、次の日漁へ。その繰り返しだった。基本給が月に200ドル〔約5千円〕で、歩合給を足して400ドルになることもあったね〔これはソロモン諸島のほぼ平均的な労働者の収入に当たる〕。沖縄人とソロモン人はよくけんかしたな。日本人はやさしかったが、沖縄人は怒りっぽかったね。しかしいい友達でもあったよ。結局、ある沖縄人とけんかしてしまい――彼は私の親戚といつもけんかしていたからね――1年8ヵ月でソロモン・タイヨーをやめてしまった。それ以降出稼ぎには出ていない。村の生活の方がいいよ。（PKさん、一九九九年インタビュー）

なぜ結婚前の男性による単身の出稼ぎが多いのか。あるいは、なぜ男性たちは結婚すると村に戻る傾向があるのか。グワアドエ Gwa'adoe 村のNTさんは「そういうものだ」と語る。

NTさん（c.1960-）も一九七七年からソロモン・タイヨーの船で働いた。月給80～100ドルの給料をもらっていたが、一九八三年村に戻って結婚した。「これはソロモン人のやり方で、外で働いてまた戻ってくるというのがここでは普通なのだ」。

出稼ぎは未婚の男性がおもに行なうもので、一定期間の出稼ぎのあと村に戻って結婚し、村に定住する、という規範がある（あった）といえるだろう(5)。

既婚男性の単身出稼ぎ

「結婚したら村に戻ってくる」あるいは「村に戻ってきて結婚する」という規範が住民自身によって語られ、実際にもそのパターンが一般的であるものの、結婚後の男性が単身で出稼ぎに出る例も、意外に少なくない。

たとえば、FFさんは戦争中の一九四二年（推定）に結婚したが、その後一九五五、五七年に出稼ぎに行った。五五年の出稼ぎはギゾ Gizo のプランテーションだった。

大きな船がフォアブ〔アノケロ村に近い、英国国教会経営の病院の所在地〕にやってきて、その船に乗っていた一人の男が村々を回って人を集めたんだ(6)。ステーション〔プランテーションの基地のことを住民は通常ステーションと呼んでいる〕のあったギゾまで4日かかった。ギゾのステーションでは朝の7時から4時まで働いた。お昼は1時間休憩があった。このステーションはマライタ島からの人間ばかりだったね。毎日コプラをつくり、それを船に運んだ。コプラの袋を船に運ぶのはきついしごとだった。しかし賃金は月3ポンドとよくなかった。ステーションでの食事は、牛肉の缶詰、米、ビスケット、紅茶だった。サツマイモやタロイモはなかったな。

仕事が終わると会社が作った大きな家で寝たよ。家の中にたくさんの部屋があり、一つの部屋に10人が寝ていた。

ギゾには商店はなかったので、得た賃金で服、ブッシュ・ナイフ、タバコ、〔タバコの〕パイプなどをホニアラの中華街で買った。（FFさん、一九九八年インタビュー）

FFさんはこのあと一九五七年に1年間ガダルカナル島のレレ Rere とバランディの二ヵ所のプランテーションでそれぞれ半年ずつ働いているが、五五年のギゾの時もこの時も、いずれも妻は村に残している。

JMさん（1945-）も同様である。

村にあった小学校を出たあと、オネブス Onebusu の聖書学校に1年通い、そのあとスウ Su'u の中学校（Senior School）に2年通い、またオネブスに戻ったよ。一九六九〜七〇年にかけてはSS

ECの宣教者として村々を回ったんだ。

そのあと、一九七〇年から3年間、ホニアラにある、ニュージーランド人の建設会社で大工として働いた。この間の一九七二年、ホニアラのメンダナ・ホテルで現在の女房と知り合った。女房はクワラアエ Kwara'ae〔ファタレカの隣の言語グループで、同じ北マライタ諸語の一つ〕で、当時ホニアラで親戚と一緒に暮らしていたんだ。一九七二年二月のある水曜日にアノケロ村に戻って結婚式を挙げ、その週の金曜日に一人で飛行機に乗ってホニアラに戻った。女房の方はそのままアノケロ村に残り、自分は6ヵ月後村に戻った。

一九七三〜七四年にまた別の建設会社で大工として、一九七四年八月〜七八年には中央政府の森林省で働いた。森林省ではやはり大工として、ニュージョージア島、コロンバンガラ Kolombangara 島といった森林省のプロジェクト（植林プロジェクトなど）があるところで働いたんだ。この時の給料は月給で78ドル。

森林省で働いていた一九七六年、旅費を送って妻を呼び寄せ、初めて一緒に暮らしはじめたよ。一九七八年にはホニアラに戻り、翌一九七九年には政府の仕事を退き、民間の工事請負人（コントラクター）(7)として働いた。そのあと一九八〇年には政府の住宅局でマネージャーとして働いた。仕事で体が疲れ、病気になったら村へ帰ろうと思っていた。一九八四年、マラリアや風邪で4度も中央病院に行くはめになり、潮時と考えて村に帰ったんだ。それ以降はずっと村にいる。

村を空けていた間のココヤシなどは、父の兄弟であるJRさんが面倒を見てくれていた。（JMさん、一九九六年インタビュー）

なぜ妻をおいて再び単身出稼ぎに出たのかとたずねると、ＪＭさんは「わからない。頭がおかしかったんだろう」と、いくらか後悔しているふうである。私としてはこう解釈してみた。当時村の中では、家族で出稼ぎに出る（移住する）という形態は一般的ではなく、単身出稼ぎ、とくに独身男性による単身出稼ぎが規範であった。しかし、結婚後も外で働きたいという意向があった場合、妻を連れていくよりも、妻を村に残して単身で出稼ぎに出るのが、当時の規範ではより正当性があった。

2　家族の出稼ぎ・移住

ＳＩＰＬへの出稼ぎ

アノケロ村で家族での出稼ぎ・移住が一般的になるのは、一九七〇年代である。これにはＳＩＰＬという出稼ぎ先の条件が密接に結びついている。

ＳＩＰＬ（**Solomon Islands Plantation Ltd.** ソロモン諸島プランテーション会社）は、コモンウェルス開発公社（**Commonwealth Development Corporation**）とソロモン諸島政府との合弁会社によるアブラヤシ・プランテーション会社である。ガダルカナル島で一九七一年にアブラヤシの植えつけが始まり、一九七六年から収穫と搾油が始まった。ＳＩＰＬは、当初３３３５ヘクタールの面積、のち３万３７３ヘクタールの広大な面積を誇り、一九九九年民族紛争で閉鎖に追い込まれるまで国内唯一のアブラヤシ・プランテーションであった。毎年１～２万トンのパームオイルと数千トンのパーム核オイルを輸出し、総輸出額の10％前後を占めていた（Douglas and Douglas 1989:503; Solomon Islands Statistics Office 1987; 1995c）。

この国家プロジェクトによるプランテーションは、広大な生活空間を創出した。住居、学校、医療などを整えたプランテーションだったため、人びとは家族とともにそこに移住し生活することが容易だった。プランテーション側としては、そうやって安定した労働力を確保する必要があった。

ＰＡさん（1959-）は小学校七年生修了後の一九七五年、父母とともにＳＩＰＬへ出稼ぎに出た。すでに親戚がそこで働いていたのがきっかけだった。典型的な連鎖移住（チェーン・マイグレーション）である。

> 最初の2年間は受粉の仕事だったね。一九七八年からはＳＩＰＬの建設部門に移った。村に戻ってから家の建築技術が身につくと考え、この部門を選んだ。ここでプランテーション内の労働者住宅、経営者住宅、工場などの建設に携わった。
> 朝7時から夕方4時まで（1時間の昼休み）の8時間労働で、週5日制だった。給料はあまりよくなかったね。最後の段階（退職前）で日給10・68ドルだった。
> 自分は労働組合の建設部門代表だった。ＳＩＰＬの労働組合は強かったよ。各部門に代表がいて賃上げや生活環境向上などを要求した。たとえば最初住宅には電気がなかったが、要求してつけさせたんだ。（ＰＡさん、一九九五年インタビュー）

写真 5-1　アブラヤシ・プランテーション（SIPL）の搾油工場（1996 年撮影）

家族での移住

ＳＩＰＬに出稼ぎに行っている間の一九七八年、ＰＡさんは、バイグ Baegu（北マライタ諸語の一つ）の女性と結婚する。そして一緒にＳＩＰＬに住むことになる。

子どもがいない間は妻もＳＩＰＬで働くことがあったが、子どもができてからは短期で働く以外家の仕事に従事した。
子ども４人のうち、末の子ども以外はみんなこのＳＩＰＬ時代に生まれている。ＳＩＰＬは６つの区画に分かれており、それぞれに学校や診療所がある。子どもたちはその学校に通った。さまざまな島から労働者が集まっていたので、学校での会話はピジン。ＳＩＰＬで生まれた３人の子どもはみなファタレカ語よりピジンの方が得意だね。（ＰＡさん、一九九五年インタビュー）

一九九一年、ＰＡさんは妻や子どもと一緒にアノケロ村に帰村する。なぜ戻ったのかについてＰＡさんはこう語る。

疲れたよ。引き留められたが、子どもたちが自分たちの土地のことを知らなければならないと考え、帰村したんだ。ＳＩＰＬで働いたのは建築の技術を覚えるためだったし、いずれ戻るつもりだった。

たくさん働いても大きな金にはならない。村に帰りたかった。アノケロ村から数家族ＳＩＰＬへ出稼ぎに出ていたが、みんなすでに村に戻っている。みんな同じ気持ちだと思うよ。（ＰＡさん、一九九五年インタビュー）

3　ライフスタイルとしての出稼ぎ・移住

町での労働とリリウ層

一九八〇年代以降の出稼ぎ・移住を特徴づけるものは、首都ホニアラへの出稼ぎ・移住である。そして、それは町での〝ぶらぶら歩き〟（リリウ、liliu）層の創出と密接に関連している。

村からホニアラへ来て、仕事を探しながら（あるいは仕事を探さないで）町を〝ぶらぶら〟している人びとの一群がいる。おもに独身の青年男子である。リリウという言葉は、マライタ諸語でぶらぶら歩きや散歩のことをいう。ピジンのウォカバウト（wokabaot）あるいはハンガラウン（hangaraon）もほぼ同じ意味で使う。こうした人びとをリリウ層と呼んでみよう。

フレイザーはリリウ層が生まれる背景として、次のようなことを挙げている（Frazer 1985: 189）。一九六〇年代までの出稼ぎは、労働者募集船によるものが多かったが、それが一九六〇年代後半に終了し、代わってホニアラ－マライタ間の定期船が就航するようになった。そこで住民は自分で自由に職探しに行けるようになり、多くの独身男性がホニアラに出ることになった。そして仕事が見つからないうちはぶらぶら歩きを続けるというわけである。

こうした層を含めて、ホニアラの人口は急増した。国勢調査によると、一九七六年に1万4942人だったホニアラの人口は、一九八一年に2万824人、一九八六年には3万413人に膨れ上がった（Solomon Islands Statistics Office 1995b: 23）。短期滞在者を入れると、この数はさらに大幅に増えると思われる。

EEさん（1962-）はその典型である。EEさんは地元の小学校に四年生まで行ったあと、同じマライタ島内のフォテ Fote の小学校SSECで全寮制のもと五、六年生を過ごした。そのあと同じフォテの聖書学校で2年間学んだ。

生まれて初めてホニアラに行ったのは一九七五年だった。アウキへは父親とよく一緒に行っていたが、ホニアラにはそれまで行ったことがなかった。

一九七九年にフォテの聖書学校を終えた後、一九八〇年代前半は、よくホニアラに行っては戻ってきていたんだ。ある時は1週間、ある時は1ヵ月というように。ホニアラ近郊の親戚の家に居候していた。また兄が当時ＳＩＰＬで働いていたので、そこにも居候したよ。職を探したが見つからなかった。

ホニアラは今ほど大きなビルもなく、車も多くなかった。また、今ほど多くの若者がいたわけでもなかったね。（ＥＥさん、一九九五年インタビュー）

フレイザーが指摘するように、「ぶらぶら歩きをする者にとって、とくに青年男性にとって失業状態はたいして問題ではなく、むしろ挑戦であり、さまざまな個人の戦略と結びついている。ぶらぶら歩きは一つのライフスタイルになっているのである」（Frazer 1985: 193）(8)。ぶらぶら歩きを許す背景の一つには、ホニアラ在住の者は親戚が村から訪れて来たらそれを世話しなければならないという社会的通念がある。これは多くのホニアラ在住者にとって相当な負担になっているが、それを断ることはできないという規範が強く働いている。町でぶらぶらしながら仕事を探しても、滅多に見つかるものではない。ある仕事といえば、商店（たいていは華人経営）の店員、工場労働者、建設労働者などである。

ＥＥさんはその後一九八四年から、親戚のすすめでソロモン諸島発展基金というＮＧＯで働くようになった。このＮＧＯはホニアラのオフィスにスタッフを抱えている以外は、各地に在村のスタッフをおくかたちをとっており、ＥＥさんも在村スタッフになった。

ＪＢさん（1972-）は運よく華人経営の店で仕事を手に入れた。

ＪＢさんはアノケロ村近くの集落で生まれ、言語グループはクワラアエである。2、3歳の頃親とと

写真 5-2　ホニアラの中心地。訪れるたびに車の量が増えている。ただし民族紛争中は車の量も少なくなった（2004 年撮影）

写真 5-3　ホニアラの町には車も多いが，ほとんどの人たちは歩いている（2000 年撮影）

もにガダルカナル島に移住してＳＩＰＬのプランテーション内で育った。幼稚園から小学校まで、ＳＩＰＬが設立した学校に通った。

学校ではピジンが使われていたね。最初自分はラングース〔各言語グループの言語をピジンでラングース langus と呼んでいる。ＪＢさんのラングースはクワラアエ語〕しかしゃべれなかったのでつらかったよ。最初は黙っていた。北マライタのクワラアエ、ファタレカ、バイグ、トアンバイタもいたが、学校のなかではラングース禁止だった。学校でラングースをしゃべったら先生に木で叩かれた。だから早くピジンを習得できたんだ。学校の外ではラングースをしゃべっていた。（ＪＢさん、一九九六年インタビュー）

後年親の方は村に移住した。クワラアエの父親にとって、ファタレカが中心のアノケロ村は母村ではない。しかし父親はＳＩＰＬに来る前にアノケロ村に移住しており、ＳＩＰＬをやめてからもアノケロ村に戻っている。

一方、ＪＢさんは父親についてマライタ島に帰ることはせず、一九八九年にホニアラに出ている。そこでやはりぶらぶらしながら、仕事を探したのである。

ビルの外側にケン・タン〔三つの商店をもつ華人の経営者〕の店の求人広告が出ていた。だけど、直接ケン・タンに頼むのは怖かったので、家に帰って手紙を書いたんだ。そしてそれを封筒に入れて郵便で投函した。

家に手紙が来ていて親からかなと思って見ると、ケン・タンだった。「朝9時に来なさい」と書いてあって、すごくうれしかった。言われたとおり朝9時に行って、あいさつをして、一とおり面接をして、それから働くことになったんだ。ケン・タンの店の一つで、最初は売り子として、そのあとレジ係として働いた。売り子の時の給料は2週間で150ドル、レジ係になってからは240ドルだった。

ケン・タンの家に住み込むことになって、毎日中華料理を食べたよ。ケン・タンの妻はマライタ島のクワラアエの女性だった。

2年6ヵ月働いて、給料が上がらなかったから、ケン・タンに賃上げを要求したんだ。だけどケン・タンは「賃金は上がっているのだが、NPF（National Provident Fund：国民共済基金）に払っているから手取りは上がらない」と言うので怒ってケン・タンを殴り、逃げ出した。あとで「帰ってこい」と言われたがいやで、戻らなかった。（JBさん、一九九六年インタビュー）

ケン・タンの店を飛び出したあと、JBさんは、精米工場で6ヵ月働き、一九九二年、1ヵ月だけアノケロ村に戻ったあと、再びホニアラの別の華人の店で働きはじめた。しかし3ヵ月後、母親が病気と聞いて村に戻る。翌一九九三年、母親の病気が快復したので、再びホニアラの精米工場で働いた。2年間働き、給料は320ドル（2週間）プラス残業代（100ドルなど）だった。精米工場で働いている時は親戚の家に居候していたが、一九九五年に村に戻ってきた。

「ホニアラで働くことは結局他人を利する（benefitim）、あるいは他人を発展させる（developem）にすぎないから」（括弧内はＪＢさんのピジンによる言葉）、というのが「なぜ村に戻ってきたのか」という私の問いに対する答えだった。

未婚女性の出稼ぎ・移住

出稼ぎは基本的に男性の〝役割〟と見なされている。しかし、家族による移住の場合は女性も一緒に移住し、場合によっては賃労働に就く（第５章２節のＰＡさんの妻）。

さらに、未婚女性による出稼ぎもないわけではない。ただしプランテーションへの出稼ぎはほとんどなく、お手伝いさんとして働いたり、町の商店で働く場合が多い。３節で見たリリウ層に近い形態だと考えられる(9)。

ＢＭさん（1943-）はアウキ近くのガリガガラ Ngaligagara 村で生まれた。言語グループはクワイオ。この村はアノケロ村と同じく、マアシナルールの時に大きくなった村である。マアシナルールが終わると、ＢＭさんの一家は内陸の村に移住する。しかし、そののち再び海岸のファラウという村に移住する。「市場で物を売るのに便利だから」というのがＢＭさんの家族が移住を決めた理由だった。

ＢＭさんは一九七一年単身ホニアラに出て、いとこの女性の所に居候することになる。彼女の子どもの面倒を見るお手伝いさん（ピジンで「ハウス・ゲレ haus gele」）の役割を担った。同じ年、ＢＭさんはホニアラのメンダナ・ホテルで今の夫のＪＭさんに出会い、そのまま同棲生活に入ってしまう。

ＳＴさん（c.1970s-）も、ＢＭさんより30年後に似たコースをたどった。ＳＴさんのお父さんのＣＴ

さんはアノケロ村生まれだが、以前マキラ島とホニアラを結ぶ定期船の船長をしていたため、STさんはマキラ島で生まれた。5歳の頃アノケロ村に戻って小学校六年まで通い、そのあとはしばらく家で親の仕事の手伝いをしていた。

しかし一九九三年にホニアラに出た。長兄がSIPLで働いていたのでそこに居候し、ホニアラのある家でお手伝いさんをした。料理、掃除、洗濯、庭の手入れがおもな仕事だった。数ヵ月後、あるパプアニューギニア人（ブーゲンビル紛争〔第6章1節参照〕による難民）とホニアラで出会い、結婚した。しばらくは夫の職場であったゲスト・ハウスで一緒に働いていたが、子どもができ、村に戻った。夫はその後単身でまたホニアラに働きに出た。のちにSTさんは離婚した。

未婚女性の単身出稼ぎは男性に比べれば数は少ないものの、すでにライフスタイルの一つになっているといってもよい。

4　出稼ぎに出ないという選択

これまで出稼ぎ・移住の事例を紹介してきたが、出稼ぎに出ない人びともいる。いったん出稼ぎを経験した人でも、その後長く出稼ぎに出ないケースも少なくない。前に取り上げたSAさんは20歳の頃合計2年間ココヤシ・プランテーションで働いたが、その後現在に至るまで出稼ぎに出ていない。ずっと村の生活である。

SAさんは一九六五年に結婚した後、一九六六年にココヤシ園を拓いてコプラづくりに励むようになった。カカオも一九七五年ごろ栽培を始めたが、村の中では早期である。カカオの栽培は政府の農業指導員が来て説明するのを見て始めたという。毎月コプラをつくり、毎週カカオを収穫し、毎週金曜日には町の市場で野菜を売る。それらの収入は村人の平均収入を大きく上回っている。

こんなに稼げるのだから、町で働く必要なんかないね。町に働きに出ていないのに、もう自転車も買ったし、ミシンもチェーンソーも買ったよ。この自転車で町まで行くこともある。ホニアラやプランテーションで働いて老人になって村に帰ってきたらどうなる？　お金は町で使い果たしてきて、村には自分の財産はない。ココヤシもカカオも畑もない。それではだめでしょう。（SAさん、一九九五年インタビュー）

第5章1節で見たように、結婚すると村にとどまるという規範があり、実際にそうする傾向がある（あった）のだが、SAさんは規範や傾向のためというより、むしろ積極的に村に残る選択を行なっているといえる。また、運よく地元に賃労働の口があった場合も、出稼ぎに出ないという選択肢をとることになる。

地元での賃労働の口はあまり多くないが、一九六〇年代には公共事業として道路工事があった。また、フォアブにある診療所が以前もっと大きかったとき、アノケロ村の住民も何人かコックなどに雇われていた。また、高学歴の者は地元の小学校の先生という選択肢もある。

〝教会の仕事〟

村の人びとのライフヒストリーを聞いていると、〝教会の仕事〟というカテゴリーがあり、それが意外に重要な位置を占めていることに気づいた。

ＫＫさん（c.1925-2003）は、一九四九～五九年の11年間ココヤシ・プランテーション会社の船の機関士として働いていた。そのあと一九六二年から4年間フォアブ診療所の医師宅でハウス・ボーイとして働き、その後11年間村の教会の牧師として働いた。当時教会での仕事は無報酬だった。

現在アノケロ村の教会の牧師をつとめるＢＡさん（1943-）は、一九五八年から断続的に出稼ぎに出ていたが、一九八二年に帰村したあとは村で生活している。一九九〇年代半ばから自分の畑の仕事をしながら、牧師の仕事をしている。報酬は現在月40ドル。もう出稼ぎに出ないのかという私の質問に対するＢＡさんの答えは、「教会の仕事があるので出稼ぎには出られない。神に仕える身だから」というものだった(10)。

第5章1節で取り上げたＪＭさんは、一九八四年に村に戻ったのち、一九八五年から3年間アノケロ村を含む西クワラアエ地域全体の上級牧師として働いた。村々を回り、村の牧師や住民に教示する役割だった。引退後も地域の教会のアドバイザーの地位にいる。ＪＭさんもＢＡさんと同じく「教会の仕事があるので〔再び〕出稼ぎには出られない」と言う。

5　出稼ぎと移住の社会学

ライフコースにおける出稼ぎ

ここまで、アノケロ村の人びとが一九三〇年代から現在まで出稼ぎや移住を行なってきた事例を見てきた。図5－1はこれまで取り上げた人びとを中心に、ライフコースにおける出稼ぎの位置を図式化したものである。

この図からわかることは何だろうか。アノケロ村では一九三〇年代から現在に至るまで一貫して、多くの男性が独身時代に単身出稼ぎを行なっている。結婚してからは出稼ぎに出ないというパターンとともに、妻や家族をおいて出稼ぎに出る例も散見される。また一九七〇年代以降、ＳＩＰＬへの出稼ぎを中心に家族の出稼ぎも目立つ。一方、この図からは独身時代の単身出稼ぎや結婚後の一時の出稼ぎのあと、長く出稼ぎに出ていないというパターンも多いことがうかがえる（上の年代の人ほどその傾向が強い）。

つまり住民たちの出稼ぎは多様性があるものの、大方ライフステージによる特徴がはっきりしている。

構造から見た出稼ぎと移住

以上のような特徴は、彼らのライフコースからのみ説明できるものではない。住民たちの出稼ぎ・移住の背後に近代世界システムの存在を見てとることができる。

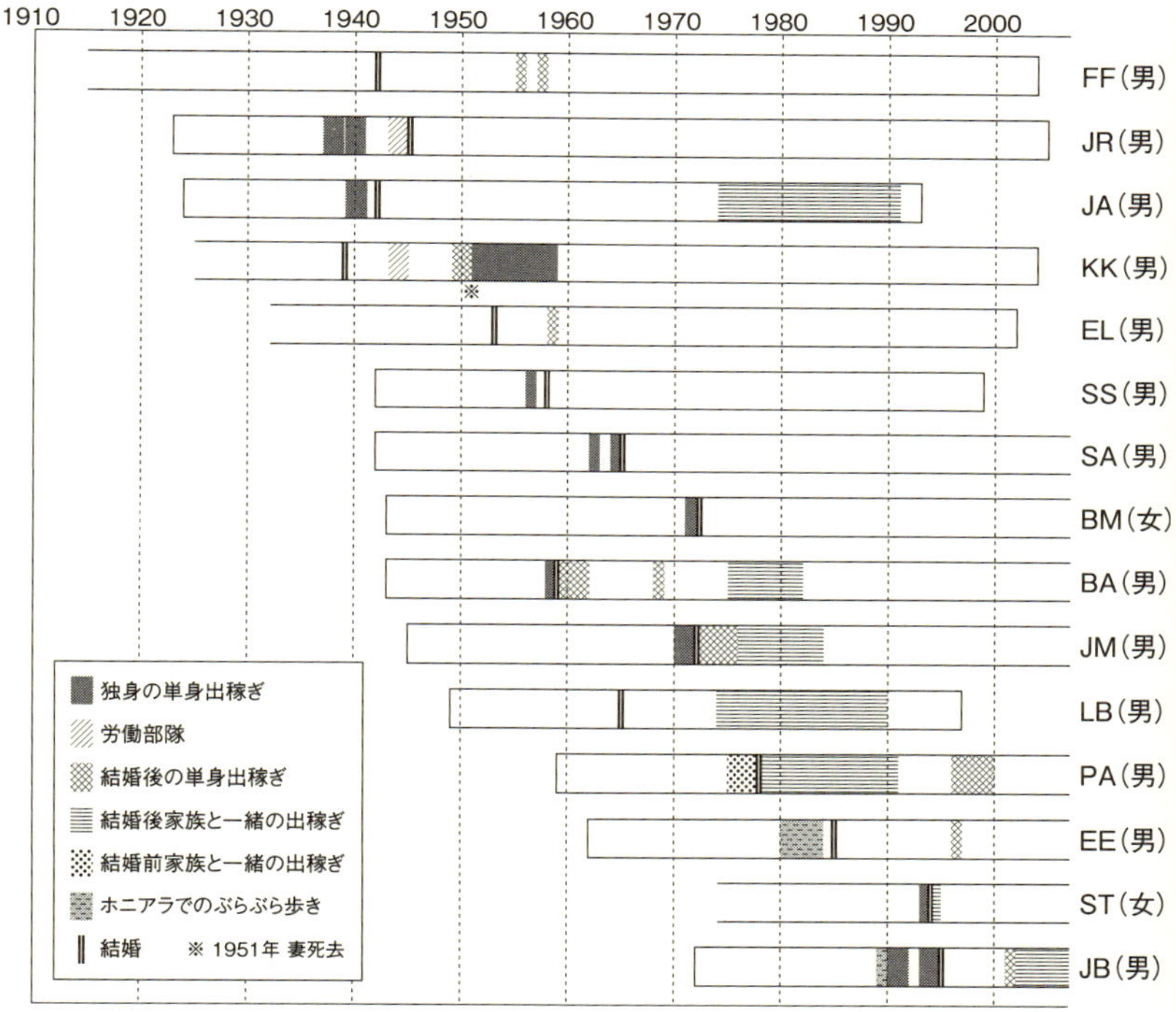

図 5-1　アノケロ村住民のライスコースと出稼ぎ

世界システムの再編成過程のなかで、一九世紀末から二〇世紀にかけてオーストラリアのクイーンズランドとフィジーでは大量のサトウキビ・プランテーション労働者が必要とされ、メラネシアから調達された。

ココヤシ・プランテーションは、すでにスリランカやフィリピンなどで一九世紀から存在した（スリランカでは当初はココナツ繊維用のプランテーションだった）。一九世紀末から米国で石けんおよびマーガリン産業が伸長したことを背景に、熱帯各地とくに列強の植民地にコプラ用のココヤシ・プランテーションが広がった。ソロモン諸島もその一つだった。そしてそこに大量の労働力が必要とされ、ソロモン諸島内部から調達されたのである。衣料品やタバコなどの消費物資が華人商人たちを媒介に流入したことと、植民地政府が税金を現金で納めさせるシステムをとったことは、ソロモン諸島民にプランテーションへの出稼ぎを促し、プランテーション経営側に労働力調達を容易にした。

その多くが当初単身の男性がほとんどだったこと、また6ヵ月〜2年の短期の環流型移民だったこともまた、世界システムの構造から説明ができる。

かつてメイヤスー（Meillassoux 1975=1977）が論じたように、環流型移民によって資本の側は出稼ぎ期間だけ、しかも出稼ぎ労働者自身の労働力の（短期の）再生産に必要な賃金だけ払っていればよく、その家族の再生産や将来への必要な投資は、出稼ぎ労働者が所属する共同体に押しつけるのである。村に帰れば食うには困らないという状況、つまり村にさまざまなストック（蓄積）が存在していて、そこへのアクセスが保障されている状況では、単身出稼ぎである限り、その家族を養う分までの賃金は必要なく、ぎりぎりの低賃金でも労働力の再生産ができるのである。逆にいうと、低賃金であるがゆえに出稼ぎ労働者側は歴史的ストックを再び利用するために村に戻らざるをえない。

こうして環流型移民が再生産される。環流型移民は、プランテーション経営者にとって大量の安い労働力を調達するうまいシステムだったのである。

生活戦略から見た出稼ぎと移住

世界の構造から出稼ぎや移住を考えるとこのようになる。しかし、構造からのみ出稼ぎや移住を考えると、住民の主体的な選択という側面が無視されてしまう。いかなる社会行動も、構造によって選ばされている側面と、自ら選んでいる側面との二面性がある。構造に注目すると同時に、住民がいかなる生活戦略のなかで出稼ぎや移住を選んでいるのか、あるいは選んでいないのか、に注目する必要がある。

住民の生活戦略という視点から見た場合、出稼ぎや移住について以下の四点が指摘できる。

第一に、出稼ぎに出る理由は、貨幣経済へのアクセスである。村に残ってもコプラやカカオの生産、農作物の市場販売などによって貨幣経済部門にコミットすることは可能だが、出稼ぎに出る方が得られる現金収入の上で有利である。戦前は税金を払い消費物資を購入する目的が大きかったが、戦後は消費物資中心、そして最近は子どもの学費などが加わっている。ただ、貨幣経済への参加という側面がストレートに出稼ぎを促しているわけでもなく、リリウ層に見たように出稼ぎと移住がある種のライフスタイルとして定着している面も見逃せない。

第二に、出稼ぎが短期にせよ長期にせよ結局人びとが村に戻ってくる理由の一つは、村における歴史的ストックの存在である。村には歴史的に蓄積してきた栽培—半栽培—野生の種々の自然資源がある。また、それらを共同で使う権利（重層的コモンズ）も存在している。そうしたストックがあるから結局戻ってくるし、また妻や子を残してそれらを維持・利用させることで出稼ぎのコストを大幅に下げている。人びとは、村の生活と出稼ぎを組み合わせる戦略、サブシステンス部門と貨幣経済部門の組み合わせとでもいうべき戦略をとっているのである(11)。このいわば「二重戦略」がマライタ島民の生活戦略の大きな特徴となっている（二重戦略については第7章3節でもう一度詳しく論じる）。

第三に、このことは裏を返せば、出稼ぎ先における歴史的ストックの不在である。ＪＢさんが言った

「ホニアラで働くことは、結局他人を利するにすぎない」という言葉はほかの住民からもよく聞かれる。あるいは「村では自分が主人になれる」という言葉も聞かれる。出稼ぎ先での土地や貨幣経済部門において主役にはなれないので、そこでストックを蓄積することはできない。また、出稼ぎはたいていパーマネントな雇用ではなく、非常に不安定である。それに対して村の歴史的ストックは比較的安定しており、頼るに足る。公務員のようなパーマネントな雇用を得られたとしても、老後を含めた将来まで安定が保障されるわけではないので、定年退職後あるいは定年前にやはり村に戻ってくることが多い。

第四に、以上述べた点は世帯によって微妙に異なっており、各世帯はそれぞれの条件に従ってそれぞれの戦略を立てている。子どもの学費などで貨幣経済部門へのコミットメントが強く求められる場合は出稼ぎを選択するが、その場合にもどのくらい必要か、あるいは比較的安定した雇用が得られたかどうかなどによって単身、家族移住、あるいは短期、長期が選択される。基本的には村の歴史的ストックと出稼ぎ先での経済活動との間のバランスで、各世帯がさまざまな生活戦略の諸類型の間を揺れ動いているといえる。

さて、こうした各世帯の戦略が一九九八年末に突然勃発した「民族紛争」により大幅な立て直しを迫られることになる。「民族紛争」という「有事」をどのように人びとは生きたのだろうか。「有事」だからこそ、彼らの生活戦略のあり方もクリアに見えてくるに違いない。

そこで次章では、この民族紛争のなかで人びとがどうふるまったか、どのような生活戦略を立てたかを見てみよう。そこから人びとの生活の組み立て方について考察してみよう。

注

(1) マライタ島に人頭税を課したマライタ地区行政官W・R・ベルが一九二七年住民によって殺された事件（第2章1節参照）は、今日でも多くのマライタ島住民に語りつがれている。

(2) ソロモン諸島民の労働部隊体験については、White, Gegeo, Akin and Watson-Gegeo eds.（1988）を参照。

(3) この労働部隊での経験が、そのすぐあとのマアシナルールにつながっている、という解釈がされる場合が多いが、アノケロ村でのインタビューでは、そこまでの因果関係が語られることはなかった。

(4) ソロモン・タイヨーについては、宮内泰介・雀部真理（2004）、若林良和（2000）を参照。缶詰工場は多くの若年女性労働者を雇用することになるが、そのほとんどは工場近隣の女性たちで、マライタ島からの出稼ぎ女性はほとんどいなかった。

(5) フレイザーは、同じ北マライタの言語グループであるトアンバイタについて同様の傾向があることを論じている（Frazer 1985: 188）。

(6) 住民のインタビューではほかに、船から大砲を撃って労働者募集を知らせる方法などがあった。

(7) 政府や民間の建設事業を総額で請け負い、多くの場合、友人、親戚、同郷者を労働者に雇って事業を行なう者。

(8) 松田素二は、ケニアにおける首都ナイロビへの出稼ぎ民についていくつかの説を検討したあと「ではなぜ人は村を出て町へと向かうのだろうか。その答えはまだ出せない。今言えることは、若い男たちが都市に出稼ぎに出かけることは、今日の当り前のライフスタイルとして定着しており、彼らはそれに特別な意味を与える語りを用意していないということだけである」と述べている（松田 1996: 66）。これはソロモン諸島のリリウ層についても当てはまる。

（9）オセアニアにおける女性の出稼ぎは Connell（1984）も参照。
（10）アノケロ村のキリスト教会ＳＳＥＣでは、牧師は選挙によって選出される。
（11）リチャード・カーテンはパプアニューギニアの出稼ぎ移民を研究するなかで、ほぼ同じことを論じている。「出稼ぎは小農世帯の生存に欠かせない要素となった。出稼ぎによって小農世帯は村落経済と都市・プランテーション経済に二股をかけている。女性や年配の家長は家に残るか、家に戻ってきて生産を維持し、一方、村での生産部門に不可欠ではないメンバーは村を離れて賃金を稼ぎ、そうしてお金をもって家に帰るのである」（Curtain 1981: 203）。

人（うち2人は若い女性）。現在70名ほどの受講者がいる。授業開始の前に「識字の歌」というのをみんなで合唱する。「識字は私たちを助ける／識字は私たちを強くする／識字は私たちを支える／たとえ学校に行っていなくても／たとえ読み書きができなくても／識字で私たちの技能は発展する／識字があって初めて発展がある」（一部省略）

そしてレベル別に4つの教室に分かれて授業が始まる。机も椅子もない。教室になっているのは教会の簡易なゲストハウスで，そこにみんな地べたに座ってノートと鉛筆のみで勉強する。日本語の五十音に当たるような表を作ってそれをみんなで「a-e-i-o-u，ka-ke-ki-ko-ku」と読んでいったり，「ka」のつく言葉をいくつか挙げてみましょう，などと練習したり，素朴だがそれなりに工夫された授業になっている。読み書きだけでなく，簡単な算数も教えている。STさんも決して教え慣れているとはいえないものの，一生懸命にやっている。教え方云々より，こうやって女性たちが集まって，勉強し，自信をつけていくことの方が大事なのではないか。幸い夫たちの理解もあるらしい。「識字の歌」がそのとおりになることを願っている（2007年撮影）

写真 5-4

STさんは自分の正確な生年を知らない。1970年代半ば生まれと推定される。STさんは小学校を出たあと村にいたが，20代の頃に町へ出てお手伝いさんとして働いた。結婚して子どもが生まれると村に戻ってきた。数年前に夫と別れ，今は畑で働きながら子どもと暮らす日々だ。

そのSTさんが昨年から識字学校を始めた，と聞いて私は少し驚いた。村の中で特別学歴が高い女性でもないし，人前で積極的に話すようなタイプでもない。STさんは2003年近くの村でNGOが開いた識字教育のワークショップに参加し，それをきっかけに識字学校を開いた。

周辺の10あまりの村々から女性たちが集まってくる。年配の女性だけでなく，若い女性も多い。女性たちに混じって男性も若干名いる。彼ら／彼女らは程度の差はあるものの，非識字である。集まってきた女性たちのなかには私の知り合いも何人かいて，私は彼女たちが非識字であることをうかつにも知らなかった。マライタ島の識字率は60.6％。男性71.5％，女性50.5％（Solomon Islands Government 2000）。もともと文字を書く文化ではなかった。しかもソロモン諸島には100ほどの言語がある。現在ソロモン諸島で「識字」とは，英語や共通語のピジンで読み書きができるかどうかを指す。

村の識字学校は，週2回の午前に開かれている。先生はSTさんを含めて4

第6章

民族紛争と住民の生活戦略

避難民たちを中心に

1　オセアニアにおける紛争

「紛争」は現代世界を特徴づける憂鬱なできごとの一つである。近年世界のメディアを騒がせたものに限っても、イラク戦争、パレスチナ問題、インドネシアのアチェ独立運動、チェチェン紛争、スーダンのダルフール紛争などがある。

UNHCR（国連難民高等弁務官事務所）によると、現在紛争等により生じた「難民」（refugee）は1520万人、「国内避難民」（displaced people）は2710万人に上る（1）。

紛争とは、政治闘争、民族問題、国際問題、資源問題などがさまざまに絡む問題を、武力そのほかの暴力的な手段によって解決しようとする事態であると、とりあえず規定できるだろう。しかし、場合によっては武力そのものが目的化して、何が解決なのか不明確になることも少なくない。また、武力や暴力をともなう紛争とともなわない紛争（緊張）の境界も難しい。また、紛争の背景には共通性がある一方、その地域固有の複雑な背景を有する場合も多い。

「紛争」をとおしてその地域が抱える問題が見えてくる。オセアニアもまたしかりである。オセアニアにおける紛争は世界的にはあまり知られていない。人口規模が小さいこと、多数の死者や難民が出る紛争は少ないことなどから、国際社会の注目を浴びることは少ない。しかし〝楽園〟イメージの強いオセアニアも、紛争と無縁ではない。

フィジーの紛争

たとえば、フィジーは一九八七年に二度、二〇〇〇年、二〇〇六年に一度ずつ、合計4度ものクーデターを経験した(2)。

フィジーでは、一八七九年以降、サトウキビ農園の契約労働者として継続的にインド人が移民してきた。その結果、インド人は先住フィジー人に迫る人口規模にまで膨れ上がった。二〇〇七年現在フィジー系住民が54%、インド系住民が41%、その他が6%という人口構成になっている。ごく図式的にいうと、フィジー系住民は土地を所有し、インド系住民は経済を掌握する構図ができ上がっている。

一九七〇年イギリスから独立する際に、植民地時代の制度に倣ってフィジー系住民の議席とインド系住民の議席が同数ずつ割り当てられ、そのほかの民族の議席も少数ながら割り当てられた。そのなかで独立以来政権を握ってきたのはフィジー系政治家ラトゥ・マラ（Ratu Sir Kamisese Mara）だった。一九八七年の総選挙でラトゥ・マラ率いる同盟党が敗れ、労働党／国民連邦党連合が勝利した。労働党は両民族の政党だが、国民連邦党はインド系住民中心の政党だった。労働党／国民連邦党連合は、フィジー系のティモシ・ババンドラ（Timoci Bavadra）を首相に据えたが、閣僚の約半数がインド系だったので一部のフィジー系住民の反発を買った。それまで保護されていたフィジー系住民の土地に対する権利が脅かされるのではないかとの不安が広がり、各地でフィジー系住民によって「タウケイ運動」と呼ばれる先住民運動が起こった。そうした政治不安のなか、フィジー陸軍中佐シティヴェニ・ランブカ（Sitiveni Rabuka）が同年五月、国会議事堂を襲いクーデターを敢行した。

このクーデター後に制定された一九九〇年の新憲法では、フィジー系住民の議席とインド系住民の議席に差がつけられた。またフィジー系住民の大首長会議が大統領を任命し、その大統領がフィジー系議員から首相を任命することになり、フィジー系住民優位の政治システムが宣言された。しかし、こうした憲法は国際的非難を呼び、海外からの投資も減少していった。そのため一九九七年にさらに新憲法を制定し、国会で一定数の議席を占めるすべての政党の入閣（複数政党内閣）によって、両民族がつねに政権に参加することが明記された。

この新憲法は一九八七年以降の民族対立や政治不安を克服すべく生まれたもので、国内外の支持を受けた。しかし、一九九九年の総選挙で初のインド系首相が誕生するに及んでそれも怪しくなり、二〇〇〇年五月にフィジー系とヨーロッパ系の血を引くジョージ・スペイト（George Speight）によるクーデターが起こった。クーデター後急遽樹立された軍事政権は一九九七年憲法の破棄を宣言し、その後政権を委譲された文民政権は新しい憲法制定を唱った。翌二〇〇一年に総選挙が行なわれ、労働党が排除されてフィジー系の政権が成立した。一方、裁判所の4度の判決（二〇〇〇年一一月高等裁判所、〇一年三月控訴裁判所、〇二年四月高等裁判所、〇三年七月最高裁判所）により、一九九七年憲法の破棄や新政権の組閣が無効であるとされた。しかし、軍司令官のヴォレンゲ・バイニマラマ（Voreqe Bainimarama）が二〇〇〇年のクーデターの事後処理をめぐる政府の政策に異議を唱えて二〇〇六年にクーデターを起こし、政権に就いた。

フィジーは再び不安定な政治状況にあり、二〇一一年現在軍事政権のままである。

パプアニューギニアの紛争

パプアニューギニアのブーゲンビル Bougainville 島ではもっと深刻な事態が起こった(3)。ブーゲンビル島ではオーストラリア系のブーゲンビル銅会社（ＢＣＬ：Bougainville Copper Limited）が、一九七二年よりパングナ Panguna 銅山で操業していたが、それが地元の環境破壊・土地破壊をもたらしたこと、それにもかかわらず補償も経済的恩恵も不十分であったことなどから、地元の不満が募っていた。一九八八年四月、地元の元ＢＣＬ労働者フランシス・オナ（Francis Ona）率いる青年グループは中央政府に百億キナ（当時のレートで約一兆円）の補償金を要求し、続く同年一一月にＢＣＬの施設を襲撃した。

当初オナの要求のなかには「分離独立」は含まれていなかったが、オナたちの破壊活動が進むなかで、「ブーゲンビル島民」対「島外者・政府」という対立図式が浮かび上がり、オナへの支持が広がった。そのなかで、オナ自身も「分離独立」を掲げるようになり、ブーゲンビル革命軍（ＢＲＡ：Bougainville Revolutionary Army）を名乗るようになる。そこに元政府軍兵士たちも加わり、多くの若者が参加した。一方、政府は軍隊を導入して鎮圧に乗り出す。一九九〇年四月、革命軍側はブーゲンビル暫定政府（ＢＩＧ：Bougainville Interim Government）を樹立し、翌五月には一方的に独立を宣言する。

戦いは泥沼化し、双方に多くの死者を出すとともに、多くの住民の難民化を招いた。政府がブーゲンビル島を封鎖したため、医療物資の搬入がストップし、多くの病人・子どもが亡くなった。また政府軍・革命軍双方による人権蹂躙が横行し、次第にオナへの支持も低下していった。オナや革命軍の支持層には偏りがあり、支持する地域、支持しない地域の差が浮き彫りになってきた。紛争のなかで、地域間や村々の争いもまた顕在化してきた。一九九二年には南ブーゲンビルで、元ＢＲＡ兵士たちがＢＲＡを脱退して地元首長たちの側について民兵を組織した。彼らはのちにブーゲンビル抵抗軍（ＢＲＦ：Bougainville Resistance Forces）を名乗る。

その後、和平への道が開けたかと思えばまた衝突が始まるといった繰り返しが続いたが、一九九八年一月、ニュージーランドで和平合意（Lincoln Agreement on Peace, Security and Development on Bougainville）が結ばれ、これによって長く続いた紛争状態に終止符が打たれた。しかし、ブーゲンビルの独立や自治の問題についてはその後の交渉に任されることになった。長い話し合いの結果、最終的に二〇〇一年八月、ブーゲンビル島のアラワでブーゲンビル和平合意（Bougainville Peace Agreement）が結ばれた。ブーゲンビルに大幅な自治権を与えること、そして、ブーゲンビルの独立を問う住民投票を一〇～一五年後の間に行なうことが合意された（４）。

紛争のしくみ

このように、オセアニアにおける紛争は単なる「民族紛争」というよりも近現代の歴史的背景を有している。逆にいえば、紛争がそうした社会的な問題を浮き彫りにしている。

ソロモン諸島でも一九九八年末より数年間にわたって「民族紛争」が起こった。この紛争は人びとの生活に大きな影響を及ぼした。本書の主人公であるマライタ島民たちは紛争の当事者として、多大な影響を受けた。

実は紛争の原因そのものが、人びとの生活戦略と無縁ではない。紛争はなぜ起こり、どのような経過をたどったのか。また、紛争によって影響を受け、生活の立て直しを余儀なくされた人びとが多く存在する。そうした人びとに焦点を当て、人びとの生活戦略が紛争という「有事」のなかでどのように変化したのかを見てみたい。そのことによって、人びとの生活の組み立て方そのものをいっそう浮き彫りにしたいと思う。

2　ソロモン諸島における紛争の歴史

植民地の歴史と紛争

ソロモン諸島の紛争の歴史を彩る最初のできごとは、植民地政府と住民の間の紛争である。一九二一年に人頭税が課せられたことを背景に、一九二七年ガダルカナル島内で政府によって任命されていた警察官4名が殺された。同じ背景のもと、同年マライタ島では地区行政官だったウィリアム・R・ベルが、マライタの一言語グループであるクワイオの男性たちに殺される事件が起こった。いずれの事件も犯人は処刑された。

一九四四年からマライタ島を中心に、反植民地支配の自治運動であるマアシナルールが起こる（第2章2節参照）。第二次世界大戦が終結すると、占領軍によって多くの男性島民たちがソロモン諸島労働部隊（SILC）に徴用された。前に述べたとおり、ソロモン諸島労働部隊とは占領後米軍によって組織されたソロモン諸島民の労働組織であり、ガダルカナル島で道路建設、建物建設、薬品散布などに従事した。人びとが村に帰ってきた頃に起きたのがマアシナルールである。マアシナルールはいろいろな側面があるが、イギリスの植民地支配に対抗して自分たちの自治を築くことが中心だった。占領期の米軍から学んだ民主主義の考え方に影響されたともされている。マライタ島南部の人間たちが呼びかけたこの運動は、またたく間にマライタ全島や近隣の島々に広がった。

マアシナルールでは、「同胞（マアシナ）がみんな一緒に暮らし、一緒に働く」という理念が謳われ、内陸部に住む者に海岸部の村に降りてくるよう呼びかけられた。そしてそれに従って多くの人びとが応えたため、海岸部には大きな集落が形成された。やがて植民地政府との対立がはっきりして、そうして集まった大きな村々のまわりに防衛用として塀や塔が建てられることになった。

植民地政府はこのマアシナルールを弾圧する。一九四八～四九年にかけてイギリスはマライタ島各地でマアシナルールを弾圧し、多数の村人たちを船に詰め込み、ホニアラの刑務所に入れた。

こうしてマアシナルールは終結する。海岸部に降りてきた人びとの一部はまた内陸部に戻ったが、一部はそのまま海岸部に残った。現在のマライタ島海岸部の少なくない割合の集落が、マアシナルールによって形成された村である。紛争は地域社会の編成に大きな影響を残したまま終息した(5)。

マアシナルールの弾圧以降、政府・対・住民の争いは後方に退いていく。その一方で表に現れてきたのが住民同士の争いである。

マライタ島・パヴヴ島の土地争い

住民同士の争いの大きな部分は土地をめぐる争いである。とくに最大の人口を抱えるマライタ島ではここ四〇年ほど土地争いが絶えない。

第4章1節で詳しく見たように、アノケロ村周辺の土地もすでに一九五〇年代から争いの対象となっており、現在に至るまで何度も裁判沙汰になっている。土地の所有を主張する個人や親族グループ（トライブ）同士が裁判で争ってきた。裁判のたびに登場人物は入れ変わったが、最終的にこの地域で影響力のある人物およびそのトライブが所有することになった。しかし、それを不満に思っている人たちは今なお根強く存在する。

ソロモン諸島の土地所有は、そのほとんどがトライブによる慣習法的土地所有である。土地は個人に分割されておらず、トライブが全体として所有するかたちをとっている。さらに近代法的な「所有」とは若干異なり、所有イコール全面的な排他的権利を意味しない。あるトライブが所有している土地に、ほかのトライブが集落を形成したり畑に利用したりすることは大きな問題ではない。そのため「昔は土地争いなどなかった。開発（development）がやってきて、土地争いが増えた」と人びとは言う。

住民たちの正しい理解のとおり、土地争いは開発や森林伐採と深く関係している。

第1章でも触れたが、パヴヴ島では一九九〇年代、森林伐採をめぐって住民と政府が激しく対立した。パヴヴ島はもともと地域住民の慣習法的土地所有下にあったが、二〇世紀初頭にココヤシ・プランテーションのイギリス系多国籍企業が進出し、ほとんどタダ当然で土地が買収された。住民たちは土地を取り戻すべく政府に働きかけていたが、一九七八年にソロモン諸島がイギリスからの独立を果たした後も土地は住民たちの手には戻らなかった。そして一九九二年、政府がマレーシア系森林伐採会社マービング・ブラザーズ社にパヴヴ島の森林伐採許可を出したことに住民たちは猛反発した。一九九三年に会社が機材を持ち込もうとすると、住民たちはこれを燃やすと脅して会社の上陸を阻止した。

図6-1　森林伐採の汚職構造を訴えるNGOのニューズレター
（出典）*Link*, No. 36, Solomon Islands Development Trust, 1995

一九九五年、政府は警察隊（Police Field Force）をパヴヴ島に派遣し、伐採を阻止しようとする住民たちを弾圧した。住民の反対を押し切って会社は伐採を開始した。同年には伐採反対のリーダーであった人物が何者かによって殺害されるという事件さえ起きた。

事態の背景には、政治家と企業の間の汚職問題がある。図6―1はそれを皮肉った地元NGOの雑誌表紙である。マレーシアの伐採企業がソロモン諸島政府にお金を渡し、見返りに政府は木をマレーシア企業に渡そうとしている（絵では料理に模している）。それを遮ろうとするパヴヴ島民が政府の警察によって制止されている、という戯画である。

第4章で見たように、ソロモン諸島において土地は従来生活利用の場として存在して、お互いの所有グループ同士で融通を利かせ合うことがかえって安定した生活を保障していた。しかし、「開発」のなかで土地は商業伐採、金銭、開発の資源といった価値に置き換えられ、「土地所有」は排他的なものに変貌し、その結果土地をめぐる紛争が頻発した。

マライタ島民によるガダルカナル島の土地購入

ガダルカナル島では、事態はもう少し複雑な様相を呈していた。一九八〇年代より他島民、多くはマライタ島民による土地購入が進んでいたのである。

ガダルカナル島のホニアラに首都がおかれたのは、第二次世界大戦後である。戦前のイギリス植民地政府の政庁はトゥラギ島にあった。第二次大戦で米軍を中心とする連合軍と日本軍がガダルカナル島で壮絶な戦いを繰り広げたあと、植民地支配に戻ったイギリスは、米軍が残したガダルカナル島の軍事施設をそのまま使用して、新しい首都ホニアラを建設した。

そうしてさまざまな事業や商売がホニアラに一極集中して発展するようになり、それをめざして多くの他島民がホニアラになだれ込むようになった。とくに、最大の人口を抱えるマライタ島からは多くの住民が短期・長期の移住を行なってきた。一九六〇年代後半、マライタ島の州都であるアウキとホニアラを結ぶ定期船が就航した。ホニアラへ出るのが容易になり、ホニアラへの移住はさらに進んだ。

政府統計によると、ホニアラの人口は、一九七〇年に1万2006人だったのが、一九七六年に1万4942人、一九八六年には3万413人、一九九九年には4万9107人に膨れ上がった（表6－1）。このうち、ガダルカナル島民は8％程度にすぎず、マライタ島民（マライタ出身者およびマライ

表 6-1　ホニアラの人口推移

年	ソロモン諸島全人口（人）	ホニアラ人口（人）	ホニアラ人口割合（%）
1970	160,998	12,006	7.5
1976	196,823	14,942	7.6
1986	285,176	30,413	10.7
1999	409,042	49,107	12.0

（資料）Solomon Islands Government（2000: B1.01）

タ出身者の子ども）は45%にも上る（Solomon Islands Government 2000）。

ホニアラに移り住んだマライタ島民をはじめとする他島民は、ホニアラの周辺に広がる丘陵地（行政区域としてはホニアラ内）に、それぞれ小さな集落を形成した。これらの土地は一時占有地（ＴＯＬ：Temporary Occupied Land）と呼ばれ、政府の土地を一時的に借りて住むかたちをとっている。年間一定の賃料を政府に支払うことになっているが、実際には払っていない者も多い。人びとはここに住み、ある者は公務員として働き、またある者は商店で、ある者は工場で働き、そして少なくない数の者が職もなくぶらぶらしている。小さな畑を拓き、ある程度自給できるような生活を送っている。

さらに、一九八〇年代後半からはホニアラだけでなく、その周辺へ居住地域を広げる他島民、やはり多くはマライタ島民が増えてきた。そこは政府の土地ではなく、ガダルカナル島民の土地である。

それにはこういう事情がある。マライタ島民はまずホニアラ内に住んだが、そこは畑を拓くにも土地に限りがあり、やはり都会生活の常として金銭に頼るしかない。しかし職は絶対的に不足しており、ホニアラに住む家族や親族のなかで定職に就ける者はごく一部にすぎない。そこで彼らはもう少し広い畑を拓くことができて、ある程度自給生活をしながら現金も獲得できるような土地を探した。それがホニアラ近郊だった。ここはガダルカナル島民の慣習法的土地所有におかれている土地であるが、ここを借り受けたり購入したりして利用できれば、貨幣経済、サブシステンス経済両方の利点が一挙に獲得できる。そういうわけで、ガダルカナルでマライタ島民たちの土地購入が進んだ。

たとえば、BEさん（1942-）は兄弟でホニアラ近郊の土地を購入し、ホニアラに住み続けた。ホニアラに住む利便性と、ホニアラ近郊の土地を購入して事業を始める利便性を兄弟全体で実現しようとしたのである。実はマライタ島民のガダルカナル島の土地購入は、先に見たマライタ島内部での土地争いに促された面がある。マライタ島内部で安定した土地が得られないこと、貨幣経済部門の強いホニアラ近郊に土地を確保したいという願望が、こうした土地購入を促したのである。

このようにして一九九〇年代にガダルカナル島の慣習地を購入するマライタ島民が急増した。しかし、このことがガダルカナル島に社会不安をもたらした。多くのガダルカナル島民がトライブ全体に相談することなく他島民に土地を売り渡し、それがトライブ内のいざこざを引き起こしたのだ。ガダルカナル島出身の政治学者タルシシウス・タラ・カブタウラカが観察するように、

「とくに若い世代は、土地の売却を生まれ持った権利の売却と見なしてこれに怒った。トライブの多くの人びと、とくに女性や若者たちがこうした土地売却の利益を受けることはまれだったのだ」（Kabutaulaka 2002: 7）。

この反発が、一九九九年以降の「民族紛争」の直接の原因となる。

写真 6-1　ホニアラ全景（2008 年撮影）

写真 6-2　ホニアラ周辺の丘陵地（1992 年撮影）

「民族紛争」の推移

一部のガダルカナル島民による武装グループ形成は一九九六年から準備されたといわれているが（Kabutaulaka 2001）、それが人びとの注目を浴びるのは一九九八年末である。一九九八年一一月、ガダルカナル島北西部に住むマライタ島民の家々が何者かに襲われる事件が起こり、武装したガダルカナル島民のしわざだという噂が広まる。このグループは当初ガダルカナル革命軍（ＧＲＡ：Guadalcanal Revolutionary Army）と呼ばれていたが、次第にその姿を現すにつれてイサタンブ自由戦士（ＩＦＦ：Isatabu Freedom Fighters）、のちにイサタンブ自由運動（ＩＦＭ：Isatabu Freedom Movement）と彼らが自称するグループ名が知られるようになった。

イサタンブ自由運動（以下、ＩＦＭ）は一九九九年に入ると、ガダルカナル島に住む他島民、とくにマライタ島民を次々に武力で追い出すという暴挙に出る。

そうした経験をしたアノケロ村の女性ＡＭさん（1958-）は語る。

一九八〇年から夫とホニアラに住んでいましたが、一九八九年にホニアラ近郊の土地に住みはじめました。そして夫の兄と共同でそのあたりの土地を購入し、そこで畑や養豚・養鶏を営みました。このあたりはマライタ島やほかの島からの移住者たちが多く住んでいたエリアで、自分たちで小学校も建設しました。

一九九九年三月、脅威が近づいていることが察知されたんです。男たちは毎晩警備につき、女や子どもたちは家の中でじっとしていました。六月、ＩＦＭが現れて銃をかざして「何も持たずに出

LOCAL FEATURE

CHEERLESS.....The future appears bleak for these settlers as they head home last night to the place they left about 16 years ago.

Victims of ethnic tension head back to their home after weeks in Honiara

図 6-2　ホニアラから故郷の島に戻る避難民たち
（出典）*Solomon Star*, April 20, 1999

て行け」と私たちを脅迫しました。私たちはすぐに逃げました。家の中の家具も飼っていた鶏も豚も、すべて置いていかざるをえませんでした。（AMさん、二〇〇〇年インタビュー）

マライタ島民が住む地域で相次いでそうした事件が起きた。ソロモン諸島最大の産業であったアブラヤシ・プランテーション（SIPL：ソロモン諸島プランテーション会社。4節で詳述）のエリアも、マライタ人労働者を多く抱えていたためにIFMに襲われ、一部の労働者が殺された。ほとんどの労働者とその家族は避難し、プランテーションそのものも閉鎖に追い込まれた。

一九九九年六月までに死者は50人、避難民は2万人に上ったといわれる（Kabutaulaka 2001）。

政府もただ手をこまねいていたわけではなかった。一九九九年五月に、ガダルカナル州知事とマライタ州知事との間で和解の儀式が行なわれた。伝統に則

Solomon Star

No.1630 Thursday 8 June, 2000 $2.00

TRANSOCEAN
Marine Paints

Heavy fighting at Alligator Creek

図6-3　激化する戦闘の様子を伝える新聞　（出典）*Solomon Star*, June 8, 2000

って儀式を行い、事態を沈静化しようとしたのだが、紛争は収まらず、同年六月一五日には非常事態宣言が発令された。そして同年六月末には平和協定が結ばれＩＦＭもこれに調印したが、効果は上がらなかった。同年八月にはさらに和平合意が成立するが、それでも紛争は続いた。

ＩＦＭメンバーの多くが警察によって殺害される事態に及んで、次第にガダルカナル島民の間にＩＦＭ支持が広がった（Kabutaulaka 2001）。一方、マライタ島民側も水面下で武装化を準備した。二〇〇〇年一月、マライタ島の州都アウキで警察の兵器庫が襲われる事件が起こり、マライタ側の武装勢力マライタ・イーグル・フォース（ＭＥＦ：Malaita Eagle Force）がその姿を表に現した。警察内のマライタ人勢力と手を結んだＭＥＦは武力でＩＦＭに勝り、のちにホニアラの町を勢力下に収めた。ＩＦＭからホニアラ在住のマライタ島民を守るというのが名目だった。ＩＦＭとＭＥＦの泥沼の戦いが続き、多くの命が失われた。両武装勢力とも百人以上の死者を出したといわれる(6)。二〇〇〇年六月五日、MEFは警察内のマライタ人勢力とともにクーデターを起こし、当時のウルファアル首相を解任、新しい首相を擁立した。

そうしたなかで停戦への動きも一進一退を繰り返していたが、ようやく同年一〇月一五日、オーストラリアのタウンズビル Townsville で、オーストラリア政府の仲介のもと、和平合意が成立した。このタウンズビル和平合意では、両武装勢力にかかわった者たちへの恩赦を認め、両勢力の武装解除が合意された。また、紛争によって失われた個人の資産・雇用について、政府が援助することも合意され、さらに他島民によるガダルカナル島の土地取得についても審査委員会が設置されることになった。そして武装解除監視のため、平和監視会議（Peace Monitoring Council）とそれを補佐する国際平和監視団（IPMT：International Peace Monitoring Team）の設置が約束された。これに加えて各州により多くの権限を委譲するための憲法改正も謳われた(7)。

タウンズビル和平合意後、もっとも力が注がれたのが武装解除だった。当初、武装解除は順調に進んでいるようにみえた。国際平和監視団の活動も、オーストラリアなどから派遣されたメンバーによって二〇〇〇年一一月から開始された。しかし、武装解除は途中から遅々として進まなくなり、〇二年半ばに国際平和監視団が撤退した時にまだ三分の一もの武器が回収されていなかった。とくにIFM幹部の一人だったハロルド・ケケ（Harold Keke）がタウンズビル和平合意を拒否して、武装解除しないままガダルカナル島で活動を続けたことが社会不安を強めていた。ケケの武装グループは〇二年にガダルカナル島のウェザーコースト Weather Coast 地域を勢力下に入れ、50人に上る住民が殺されたといわれる。

○三年六月にはケケが数百人の住民を人質にとって政府との対決姿勢を強め、一方で１５００人の住民がウェザーコースト地域を逃れて避難してきた。

事態が悪化するなかで、オーストラリアはソロモン諸島への軍事的介入を決意する。その背景には、9・11「同時テロ」後のオーストラリアの外交・安全保障政策の変化もあるといわれている（Kabutaulaka 2005）。ソロモン諸島政府および周辺諸国の承認を得たオーストラリアは、二〇〇三年七月二四日、「ヘルペム・フレン（Helpem Fren：ピジンで「友人を助ける」の意）作戦」展開のために軍をソロモン諸島に上陸させた。オーストラリアはニュージーランド、フィジー、パプアニューギニアなどほかの南太平洋諸国とともに「ソロモン諸島地域支援団」（ＲＡＭＳＩ《ラムシ》：Regional Assistance to Solomon Islands）を結成した。そして同年八月一三日、ケケとそのグループを投降させることに成功した。地元紙『ソロモンスター』（*Solomon Star*）は「恐怖は終わった」（End of Terror）という大きな見出しを掲げた。ケケの逮捕をピークとして紛争は収まり、ＲＡＭＳＩは武装解除を進め、成果を上げた。武装解除が一段落すると、ＲＡＭＳＩはソロモン諸島の政治の安定、経済の復興へ向けた政策を打ち出し、統治を続けた(8)。

3　紛争と社会変動——四つの「失敗」

「民族紛争」の背景

ソロモン諸島におけるこの紛争は、ソロモン諸島国内外で「エスニック・テンション」（ethnic

tension. 民族間の緊張）と呼ばれている。政府、メディア、そして民衆も、エスニック・テンションという言葉を使っている。民衆レベルでは、略して単に「テンション」と呼ぶことも多い。

カブタウラカによると、この言葉を最初に使用したのは一九九八年一一月当時のイギリス人警察長官フランク・ショートという。内外のメディアもこの言葉を使うようになり、それ以降「エスニック・テンション」が一般化した（Kabutaulaka 2000）。テンション（緊張）という言葉は実のところその後激化した暴力を指すには不適切であるが、ソロモン諸島では暴力や混乱のすべてを含む言葉として使われている。

しかし、ここで問いたいのは「エスニック」（民族の）の方である。この紛争は果たして「民族」紛争なのだろうか。内外のメディアはこれを「ガダルカナル人とマライタ人の民族紛争」と表現した。しかしこれを「民族」同士の紛争と見るには、いくつもの留保が必要になる。もともとばらばらだった地域が植民地によって一つの国になった。だから紛争を起こしやすいという議論は、ソロモン諸島国内でもよくなされている。しかし、この紛争の背景説明として妥当だろうか？

第一に、「マライタ人」「ガダルカナル人」という枠組みの妥当性である。マライタ島の中には12の言語があり、ガダルカナル島の中には18の言語がある。そのなかには共通した文化もあるが、相違もある。それぞれがかつて一つの政治的なまとまりをもったことはない。

マライタでもガダルカナルでも、それぞれの個人はまず家族に属し、次にトライブに属する。そしてその次に帰属する枠組みが言語グループであり、その後に「マライタ」「ガダルカナル」という枠組みが来る。この同心円状の枠組みのどのレベルが強まるかは、社会的な状況によって異なる。トライブ同士の争いの時には、当然トライブの枠組みが表に現れる。「マライタ」という枠組みが強く現れるのは、とくにマライタ島民たちが島外に出た時である。戦前であればプランテーションへの出稼ぎの時にマライタ島出身者は連帯意識をもったという。ホニアラでは、マライタの若者がつるんで他島民といざこざを起こす、ということもあった。

「マライタ」アイデンティティは、現在確かに存在する。しかしそれはいつでもどこでも存在するものではなく、状況に応じて強く現れたり現れなかったりするたぐいのものである。

人びとの帰属意識はそれだけにとどまらない。ほかのさまざまな社会制度への帰属もまた存在している。学校、集落（いくつかの言語グループが混住することは珍しくない）、キリスト教の教派など、そこにはいくつもの社会制度が存在している。

世界のほかの地域と同様、ソロモン諸島においてもそうした多層的な枠組みの中のどれかが突出して強い枠組みとして働くことは、通常の生活のなかでは起こらない。しかし社会的な状況、とくに「紛争」状況において強い枠組みが現れる。今回それが「マライタ人」「ガダルカナル人」だった。

しかし、今回の紛争のなかで人びとがその枠組みに全面的に同乗したかというと、そうでもない。ガダルカナル島民とマライタ島民との間の結婚は少なくないし、マライタ島の男性がガダルカナル島民の妻の村で生活する、といった例も少なくない。その逆もしかりである。そうした人びとは「ガダルカナルの人びととマライタの人びとは共存してきた」と語る。ガダルカナル島民の村で生活していたあるマライタ島民は、紛争の経過のなかで自分がマライタ島民としてＩＦＭの標的になりうると意識せざるをえず、避難したと言う者もいる。

また、「民族紛争」というものの、必ずしも二つの「民族」同士が争うというかたちではなかった。IFMはMEFの登場前、警察と戦っていたし、その要求も政府に対するものだった。MEFも政府に対してクーデターをしかけたし、その要求はやはり政府に対するものだった。IFMに襲われたガダルカナル島民もまた少なくない。ガダルカナル島民＝IFM・対・マライタ島民＝MEFという図式ではないのである。

四つの失敗

この紛争は世界のほかの「民族紛争」と同様、単なる「民族」同士の紛争ではない。さまざまな社会的・政治的背景がそこにはある。複雑に絡み合ったその背景を、ここでは四つの「失敗」というかたちで説明してみよう。

第一の背景は土地政策の失敗である。

2節で触れたように、土地をめぐるいざこざは近年のソロモン諸島の社会的緊張のおもな原因になっている。その図式は居住者同士、トライブ同士、ガダルカナル島民とマライタ島からの移住者、マライタ島からの移住者に土地を売却したガダルカナル島民とそれに反発するガダルカナル島民、住民と政府・企業（たとえばパヴヴ島の例）、といったさまざまなバリエーションがある。そして、それらは相互に連関している。たとえばマライタ島内の激しい土地争いが、マライタ島民がガダルカナル島で土地を購入しようとする原因の一つになり、それがガダルカナル島内でのいざこざを生み出している。

そうした土地をめぐる社会的緊張に対し、政府がまったく無策であったわけではない。独立前の植民地政府は、トライブによる慣習法的土地所有がソロモン諸島の発展を妨げており、また慣習法的土地所有は崩れつつあるとの認識から、個人による登記を促す土地確定計画（Land Settlement Scheme）を一九六〇年代から進めた（Allan, 1967; Larmour, 1984）。しかし、登記を進める政治的な資源に欠け、ほとんど実行に移されなかった。また、慣習法的土地所有は崩れつつあるとの認識も間違っていた（第4章参照）。一九九四年に慣習法的土地登記法（Customary Land Records Act）が改正され、土地登記事務所（Land Record Office）を立ち上げて慣習法的所有の土地を明確に登記していくことが謳われた(9)。

しかしそれらはさして効果を生まず、土地をめぐる緊張や紛争は続いた。とくにマライタ島民がガダルカナル島の土地を購入して居住することについて、以前よりガダルカナル島民より規制要求があったにもかかわらず、政府の無策が続いた。

第二の背景は、市場の失敗、経済政策の失敗である。

土地問題はつまるところ、土地という資源の奪い合いである。それはほかにさしたる資源が見いだせなかった経済政策と表裏一体の関係にある。もちろん、ソロモン諸島には漁業資源や森林資源、鉱山資源などがある。漁業資源はその多くが、日本の大洋漁業（現マルハ）との合弁会社であるソロモン・タイヨーに握られ、森林資源はおもにマレーシア系の伐採企業、ほぼ唯一の鉱山であるゴールドリッジ金鉱山はオーストラリア企業が操業していた。これらの経済活動は、雇用を生みはしたがその利益は外国へ、あるいは一部が税金として政府に入るのみで、人びとは利益が十分に配分されていないと感じている。さらに商業部門も華人等が握っている部分が大きいと人びとは感じている。住民同士の間でも、たとえばガダルカナル島でのマライタ島民の土地購入によって利益を得た者、得ない者の格差、ホニアラで成功した者、しない者の格差などの問題が生じている。こうした状況へのフラストレーションは、今回の紛争の遠因になっている。とくに若年層失業者の多さは、ＩＦＭやＭＥＦへ多くの人的資源を提供することになった。

第三の背景は、政府の失敗である。土地政策の失敗、経済政策の失敗もそのなかに入るが、政府がさまざまな分野で構造的に無策にならざるをえない状況がある。税収が少なく、財政そのものが外国からの援助に頼っていること、財政支出が正しい発展のために使われず、政治家による利益誘導やばらまきに使われていること、そして政治家と企業の間の汚職。そうした状況と政府の無策に、人びとの不満は募っていた。たとえば、政治家の汚職でいえば、農村地区発展基金（ＲＣＤＦ：Rural Constituency Develpment Fund）という資金が地域開発として中央政府から支出されるのだが、このお金は直接各選挙区の国会議員の口座に振り込まれている。そのため、地域開発のために正しく使われず、国会議員の恣意あるいは私的な用途に使われていると批判を受けてきた(10)。紛争の間もその非難の矛先の多くは政府に向かったが、紛争で財政的に困窮になればなるほど、政府の統治能力やサービスは低下していった。

第四の背景は、地方分権の失敗である。政府の失敗のなかで、各地方はそれぞれ不均衡に発展が進められていると感じていた。そのため各地方、具体的には州（province）に現在以上の権限を与えることが以前から論議されていた。ホニアラに集中しすぎた経済を分散させる（decentralization）という試みは、すでに一九八〇年代から計画されており、とくにウェスタン州のノロ地区の開発を進めるという計画がなされ、日本を含む外国から多額の援助を導入した。しかし結局のところ、そこに入ったのはソロモン・タイヨー一社のみであり、経済の地方分散は達成されずじまいだった。

政治的な権限分散は、ステイト（state）・システム導入というかたちで主張されてきた。中央政府に権限が集中し、州の権限は小さい現在の州制度から、各地方がより権限をもつステイト制度にしようという議論である(11)。この議論は以前から持ち上がっては消えていたが、民族紛争の間も政治的解決の一つのキーポイントとなり、紛争時になされたいくつかの和平合意のなかでも検討が謳われた。タウンズビル和平合意では「自治権委譲（devolution）ないし憲法改正によってマライタ州およびガダルカナル州はより多くの自治が与えられ」、そのために「憲法改正会議をひらく」と謳われた。憲法改正へ向けた会議は現在もなお続けられている。

地方分権が社会的緊張をなくす方向になるのか、私自身は疑問がないでもない。しかし、多くのソロモン諸島民とくに政治的なリーダーたちは、ホニアラへの経済・政治の一極集中が社会的緊張の背景だと理解しているのである。

4　避難と移住の諸類型

「避難民」たち

ソロモン諸島における一九九八年以降の民族紛争の経緯や背景が以上であるとして、それと人びとの生活はどう関係しただろうか？　ここではそのことを、民族紛争によって避難を余儀なくされた人びとに焦点を当てて考察したい。彼らが具体的にどのような事態に会い、そのなかでどのような避難・移住を行なったのか、そしてその後どのような生活をしているのか、をこれから見ていくことにする。

住民の避難・移住に着目するのには、いくつか理由がある。

第一に、紛争が人びとにもたらした影響は広がりをもつが、そのなかでもっとも直接的に影響が現れているのが、人びとの避難・移住である。逆にいうと、人びとの避難・移住を詳しく見ることで、今回の紛争が人びとに何をもたらしたのかを見ることができる。紛争の解決が生活の回復であるとすると、彼らの生活がいかなるものであり、今回の紛争が彼らの生活にとってどのような意味をもったのか、そして紛争を経たいまどのような方向がありうるのかを考えることが、紛争の解決を考える上で重要になってくる。

第二に、その避難・移住は余儀なくされた側面とともに、人びとの生活戦略の一環としてなされている側面をもっている。今回の紛争のなかで、彼らの生活戦略がどのような背景でなされ、どのような戦略の練り直しがなされたのか、を見ることによって、単に〝受動的に被害に遭った〟のではなく、紛争のなかで人びとが生活を組み立て直す姿を明らかにすることができる。第三に、このことは紛争時に限らない、彼らの生活の組み立て方を明らかにする点でも意義がある。紛争という「有事」にこそ、生活戦略がクリアに見えるのである。

「民族紛争」は多くの「避難民」たちを生み出した。ソロモン諸島国内では政府、メディア、人びとのすべてのレベルで、「避難民」について英語の displaced people という言葉が使われており、ここでもそれを採用して「避難民」という日本語を使うことにする。国際社会では戦争や内戦、政治的混乱によって居住地を追われた人びとのうち、国外に脱出せざるを得なかった人びとを「難民」(refugee)、国内で避難した人びとを「国内避難民」（displaced people または internally displaced persons）と呼ぶのが通例である。ソロモン諸島内での displaced people という言葉も、この約束に則って使われている。

しかし、ソロモン諸島における今回の「民族紛争」においてどこまでを「避難民」とするかは難しい問題である。武装勢力の襲撃や脅迫に遭い、命からがら逃げた人びとがいる一方、直接の襲撃には遭っておらず、自主的に「避難」した人びともいる。

一九九九年一一月にソロモン諸島で13年ぶりに行なわれた国勢調査（Solomon Islands Government 2000）は、ちょうど「民族紛争」のさなかに行なわれた。一九九九年一一月というのは、一九九九年六月の最初の紛争のピークから少し小康状態になった時期であり、二〇〇〇年一月にＭＥＦが正式に登場する少し前の時期でもある。この時期に行なわれた国勢調査であったため、避難民についての調査も行なわれた。それは「あなたは民族紛争によって避難しましたか？」と問うものであった(12)。つまり、〝自己申告〟の避難民の数がそこには現れている。

それによると、避難民の総数は3万5309人であり、そのうち、ホニアラを含むガダルカナルから避難してマライタで調査当時居住している者が1万2676人である。さらにそのうち、ホニアラからの者が4888人、ホニアラ以外のガダルカナルからの者が7788人である（表6－2）(13)。注目すべきは、ホニアラ以外のガダルカナルからガダルカナル内へ避難している者が1万2381人に及ぶことである。国勢調査はまだＭＥＦが登場する以前なので、これはＩＦＭの武力行使による避難であるが、多数のガダルカナル人が避難を余儀なくされた実態を表している。

ここでは、避難民たちの実態から今回の民族紛争と住民の生活との関連を探るという目的のため、避

表6-2　避難民たちの移動状況（1999年国勢調査）

避難前の居住地	避難後の居住地				
	マライタ	ガダルカナル（ホニアラ以外）	ホニアラ	その他の島	合計（人）
ガダルカナル（ホニアラ以外）	7,788	12,381	2,687	1,741	24,597
ホニアラ	4,888	425	3,652	1,747	10,712
合計（人）	12,676	12,806	6,339	3,488	35,309

（資料）Solomon Islands Government（2000: table B2.12）より作成

難民の範囲を広めにとり、今回の紛争の影響で居住地を移動させた人びと全般を指すことにする。それは国勢調査における〝自己申告〟の避難民や、ソロモン諸島国内で人びとが使用する「避難民」の言葉の範囲とだいたい一致するものと思われる。

アノケロ村、ボボイラギ村、グワアドエ村の三つの集落で、避難民たちの実態を調査するための網羅的なインタビュー調査を二〇〇〇年三月および二〇〇一年八月に行ない、さらに追加調査を二〇〇二年八月に行なった。この地域出身で避難後ホニアラに戻った人、また、避難せずにホニアラにとどまった人についても、ホニアラにて若干名のインタビューを行なった。網羅的な調査ではあるが、調査するなかでわかってきた避難のさまざまなパターンに鑑み、なるべくパターンに偏りのないように調査対象者を選んでいった。

アノケロ村とグワアドエ村はファタレカ語を話す言語グループが中心であり、ボボイラギはバイグ語を話す言語グループが中心である。グワアドエは比較的古い村だが、アノケロは戦前から戦後にかけてできた村、ボボイラギは一九六二年にできた村である。アノケロ、ボボイラギとも、内陸部の小さな集落から移住してきた人たちが集まって形成した集落である。

さらにこの三つの集落とも、民族紛争以降、避難民が多く〝帰って〟きた集落である。国勢調査によると、マライタはほぼ全体的にまんべんなく避難民が〝帰って〟きているが、とくに北部はもともとの人口が多いこともあり、多くの避難民が〝帰って〟きている（ただし、のちに論じるように、必ずしも自分の出身地に帰ってきているわけではない）。国勢調査によると、一九九九年一一月の調査時点でマライタ人口12万2620人のうち、10・3％に当たる1万2676人が避難民だった。同国勢調査では上記の三つの集落を含むエリアの避難民の比率は13・5％と、若干ながら多い(14)。

三つの類型

避難民たちへのインタビュー調査は、出身、ガダルカナル島での居住・職の形態、避難の様子、避難後の生活など多岐にわたった。その結果をまとめたものが表6－3である。

表にも見られるように、一口に「避難民」といっても、その形態はさまざまである。命からがらに逃れてきた人びともいる一方で、直接の脅威はなかったが安全のために避難したという人びともいる。命からがらか安全な移住かは、おもにその人のガダルカナル内の居住地によって決まってくる。ガダルカナルのどこに住んでいたかはどのような避難を余儀なくされたかだけでなく、もとはマライタから移住してきたのか、ガダルカナルでどのような生活を送っていたか、などの点で類型化のメルクマールになる。

この点に注目すると、三つの類型に分けることができる。第一にガダルカナルに土地を購入した人びとであり、表6－3のBE、AM、PA、RS、EM、AHがそれに当たる。第二にはガダルカナルのアブラヤシ・プランテーション（ＳＩＰＬ）で働いていた者たちであり、ＬＬ、ＪＦ、ＧＷ、ＭＡ、ＨＳがそれに当たる。第三にホニアラの「タウン」(15)内に居住していた者たちであり、ＺＯ、ＪＫ、ＢＢ、ＩＩ、ＳＯ、ＫＡ、ＳＲ、ＲＲ、ＰＡ、ＪＩ、ＴＳ、ＡＢがそれに当たる（ＰＡは第一および第三の類型の両方に属している）。

以下ではそれぞれの類型から代表的な事例を紹介しながら、人びとの避難の実態と生活戦略について見てみたい。

土地購入者たちとその避難

避難民たちのなかで、もっとも悲惨な避難の形態をとらざるをえなかったが、タウンの外に土地を購入して居住していた人びとである。

2節で紹介したＡＭさん（1958-）は、一九七八年マライタ人の夫と結婚し、一九八〇年以降ホニアラに居住していた。夫が畜産開発局（Livestock Development Authority）の肉店で職を得たからである。その後、一九八九年にホニアラから北西へ20キロほど行った内陸部の土地（海岸を走るメインロードまで歩いて1～2時間）へ移住した。夫の兄弟と共同でその周辺の土地2ヘクタールほどを1万1千ドル（当時のレートで66万円）で購入し、畑作や養鶏・養豚を営んだ。そのあたりは夫の兄弟たちも含め、ガダルカナル島民から土地を購入した移住者たちが多く、村を形成していた。

一九九九年三月、民族紛争が始まると夫の友人のガダルカナル島民が「出て行った方がよい」と忠告してくれたが、しばらくそのままそこに居住していた。恐怖におののく日々が続いた。同年六月ＩＦＭ

（2000年3月，2001年8月調査）

IFMとの遭遇	マライタ避難時期（1999年）	家族のマライタ避難時期（1999年）	マライタの避難先		子ども（一部）		避難後再びホニアラへ移住（4）	和平合意（2000年10月）後，ホニアラへ移住	名前
			夫の出身地	妻の出身地	学校のため残る	仕事のため残る			
間接	×	10-11月	○	○			×	○	ZO
間接			○				×	×	BB
間接	8月		○	×		○	×	×	BE
直接	11月		○	×	×	○	×	×	JK
間接	6月		×	×	○	○	×	○	LL
	8月	8月	△（隣村）	○		○	×	×	II
直接	12月	12月	×	○	×	×	×	×	SO
	8月	8月	○	×	×	○	△	×	KA
間接	8月	5月	×	○	○		×	×	GW
間接	8月	5月	×	○			×	×	JF
直接	12月	夫はホニアラに残る	×	○			○		AM
直接	7月	7月	○	○			×	×	SR
直接	7月		○	×	×	×	×	○	RR
間接	10月	家族はもともと村に	○	×	○		×	×	PA
間接	×	9月	○（家族）	○（家族）	×	×			JI
直接	12月	12月	○	×	○		○		RS
間接	12月		○	×	×	×	×	×	TS
間接	5月	5月	○	×			×	×	MA
直接	6月，8月	夫は8月	×	○	×		△	○	AB
間接	12月	×	○	×			○		HS
直接	6月		×	○			×（夫は○）	○	EM
直接			×	×			×	×	AH

（注1）一　不明　空欄　該当なし　など
（注2）出身地：I＝アノケロ村周辺地域，II＝北西マライタ（アノケロ村周辺地域を除く），III＝北東マライタ，IV＝それ以外
（注3）「ガダルカナル」はホニアラ以外のガダルカナル島地域．SIPLはガダルカナルのアブラヤシ・プランテーション
（注4）△は，ホニアラと村を行き来

表 6-3　アノケロ村周辺三村の避難民の実態

名前	生年	性別	出身地(2)	結婚年	配偶者の出身地(3)	ガダルカナルの生活			ガダルカナルの土地購入	
						居住期間	仕事	場所(3)	購入	時期
ZO	1939	男	IV	―	I	1965-73, 1976, 1990-2000	左官業	ホニアラ	×	
BB	1941	男	I	―	―	?-1999	政府海洋局	ホニアラ	×	
BE	1942	男	III, I	1962	―	1981-86, 1991, 1994-99	教会	ホニアラ	○（兄弟）	1992
JK	第二次大戦前	男	I	1960年代後半？	III	1965-84, 1990-99	さまざま，最後の2年籐家具工場	ホニアラ	×	
LL	c.1940s	男	III	―	―	1999	小学校教師	SIPL	×	
II	1945	男	I	1968	―	1974, 1980-99	教会，公務員，畑作	ガダルカナル，ホニアラ	×	
SO	1948	男	IV	1967	I	1995-99	畑作	ホニアラ	×	
KA	c.1950	男	I	1975	III	1970s-99	タクシー・バス・トラックビジネス	ホニアラ	×	
GW	1955	男	II	―	I	1982-99	SIPL	SIPL	×	
JF	c.1957	男	III	1986	I	1982-86, 1987-99	森林伐採会社，SIPL	ホニアラ，SIPL	×	
AM	1958	女	I	1978	―	1980-99	（夫は政府畜産開発局の肉店）畑作，養鶏，養豚	ホニアラ，ガダルカナル	○	―
SR	1958	男	I	1979	I	1975-99	森林伐採会社，菓子工場，建設，籐家具工場	ホニアラ	×	
RR	1959	女	IV	1974	I	1959-74, 1985-99	（夫は刑務所勤務）	ホニアラ	×	
PA	1959	男	I	1978	II	1975-91, 以降断続的 -99	SIPL（1975-91），建設請負	ホニアラ，ガダルカナル	○	―
JI	c.1960	男	I	―	I	1995- 現在（以前8年間）	たばこ工場	ホニアラ	×	
RS	1963	女	II	1981	I	1981?-99	夫の兄弟と共同経営の養鶏など（夫は以前ビスケット工場勤務）	ホニアラ	○（夫の兄弟）	1992
TS	1964	男	I	―	I	1988-99	森林伐採会社，車の修理（自営）	ホニアラ	×	
MA	1965	男	I	1983	II	1980-83, 1991-99	SIPL	SIPL	×	
AB	c.1967	女	I	1985	III	1984-99	畑作（夫は水道局勤務）	ホニアラ	×	
HS	1968	男	I	1994	IV	1980- 現在	SIPL（幹部候補）	SIPL	○（父）	1992
EM	1970	女	I	1985	II	1988-99	（夫は水産物貿易会社勤務）	ガダルカナル	○（夫の父）	―
AH	1973	男	IV	―	―	1973-99	森林伐採会社，農業研究所	ガダルカナル	○	1982

が現れて銃で脅され、村の人びとはみなその日あるいは翌日に村を離れた。家財や家畜を残したままの避難だった。

AMさんの家族はホニアラの親戚の家にしばらく泊めてもらうことになった。夫は町で少し仕事ができたし、赤十字の支援もあった。一二月、夫はホニアラに残り、AMさん家族は赤十字のチャーター船でマライタ島へ(16)。夫の出身地にはもう夫の兄弟も家族もいないので、AMさんの出身地の村へ移住した。

AMさんの夫のように、ガダルカナル島のホニアラ郊外の土地を購入したマライタ人は少なくない。調査した20名ほどの避難民のうち、6名がそうした人びとだった（うち2人は同じ家族に属する）。ガダルカナル島の土地を購入するとはどういうことなのだろうか。マライタ島からホニアラに出てきた人たちの多くは、就業が目的だった。公務員、建設労働、商店店員などの職を求めて、ホニアラに出てきたはずだった。あるいは職を得られなくても、職を得るチャンスをうかがいながら町でぶらぶらすることが目的のはずだった。しかしガダルカナルの土地を購入することはホニアラの町から離れることを意味する。なぜ彼らはそうした移住戦略をとったのか？ あるいは、ホニアラの町を離れるのなら、なぜマライタの村へ戻らなかったのか？

2節でも取り上げた男性BEさんの例をもう少し詳しく見ることから、そのことを考えよう。

BEさん（1942-）はマライタ島内陸部で生まれ、一九四三年以降のマアシナルールでボボイラギ村に移住してきた(17)。しかしマアシナルール終結後、家族や同じ集落出身のいくつかの家族と一緒にいったん内陸部に戻り、そのあとまた海岸部へ移住している。

写真 6-3　ホニアラに移住した人たちは町の周辺にこのような村を形成して住んでいる（1999 年撮影）

ＢＥさんは一九八一年からホニアラの教会ＳＳＥＣ（南洋福音伝道会）で牧師としての仕事を5年間続け、そのあといったん村に戻り、一九九四年以降再びホニアラ近郊で教会関係の仕事に就いた。一九九八年以降はホニアラ内に戻り、無職の生活を続けた。

こうした移住歴の一方で、ＢＥさんは一九九二年兄弟たちと一緒にガダルカナルの土地を購入した。ホニアラの北西10数キロメートルの海岸近くにある土地である。ガダルカナル人の土地所有者に1万5千ドル（当時のレートで65万円）支払った。ＢＥさんたちは一九九七年からその土地で養豚事業を始めた。その事業を担ったのはＢＥさんたちの末弟だった（二〇〇〇年一月に病気で急死）。末弟は妻のＲＳさん（1963-）とこの土地で養豚事業を始めたが、一九九九年の民族紛争のなかで土地を追われた。ＲＳさんによると、一九九九年六月ガダルカナルの武装勢力ＩＦＭがやってきて、ＢＥさんたちが土地を購入した相手のガダルカナル人がまず殺され、その3日後ＩＦＭと政府の警察隊の戦闘が始まった。ＲＳさんたちはＩＦＭに直接脅され、この土地を離れてＢＥさんたちの住むホニアラに避難した。

ＢＥさんたち兄弟がガダルカナルで町に住む者と購入した郊外の土地へ移る者に分かれたのには理由がある。ガダルカナルの村へ移り住むのは、マライタ島の村にとどまるのとはいくつか相違がある。

第一に、〝ホニアラの経済活動との連携〟が見られる場合が多い。ＢＥさんの兄弟の例では、一部が町に住み一部が村に住んで連携し合うかたちをとっている。また、ＢＥさんの末弟が担った養豚はホニアラというマーケットを狙ったものだった。ソロモン諸島のなかでホニアラに匹敵するマーケットはほかにないが、しかし狙いはそれだけではない。ホニアラでの雇用を家族の一部が獲得し、別の家族メンバーはガダルカナルの村に居住する、という生活パターンもある。この場合、家族や兄弟でホニアラとガダルカナルの村両方に居を構える、あるいはホニアラで働く者が週末村まで戻る、などのかたちがある。ホニアラのタウン内に住むよりも遠くなるとはいえ、マライタに比べればホニアラまでの距離は圧倒的に近く、ホニアラの町がもつ消費物資や消費文化へのアクセスは格段によい。

第二に、貨幣経済との強力な連携である。土地を購入したほかの人の例を見てみると、男性ＡＨさん(1973-)は幼少の頃からガダルカナルの村に居住している。マライタ人であるＡＨさんの家族は、一九八二年にホニアラから東へ20キロの土地を購入した。同年から5回にわたって合計約2万ドルを土地所有者に支払った(最後の支払いは一九九六年)。ここは近くにマレーシア系の森林伐採会社があり、製材工場もある。ＡＨさんたちの村では多くの人びとがこの会社で働いていた。その一方で、焼畑を行ない〝村の生活〟も営んでいたのである。サブシステンス経済と雇用労働の両者をうまく組み合わせられる場所としてこのガダルカナルの土地を選び、安定を求めてその土地を購入したわけである。

こういう相違から彼らは村に移住する時にマライタに戻らず、ガダルカナルの土地を購入して住む選択を行なったのである。しかしここで注目すべきは、彼らが町や貨幣経済とのつながりを強く意識しつつも、村に移住することを選択した事実である。これにはいくつかの説明ができる。

第一に、ソロモン諸島におけるサブシステンス部門の分厚さである。ガダルカナルの土地に移住するにせよ、マライタ島に戻るにせよ、そうした人びとに「なぜ村に移住したのか／戻ったのか」を問うと、答えは必ず「町の生活はお金がかかるから」というものである。村で焼畑や野生植物利用などの生活をする限り、必要になる現金には格段の差がある。村での生活の技術やしくみを生かせば、低コストの生活が可能になる。第二に、町の生活を律している貨幣経済部門が、彼らにとって不安定だということである。一部の公務員などを除いて雇用は安定していないし、収入も低い。とても長く安定的に頼れる仕事ではない。それでも町の生活者たちはそれらをたくみに組み合わせてなんとか生活しているのであるが、不安定であることに変わりはない。彼らを村に向かわせるもう一つの理由がそこにある。

住民の多くは貨幣経済とサブシステンス経済の両方を組み合わせて生活を成り立たせるという生活戦略をとっている。この「二重戦略」とでもいうべきものは、マライタの村においても見られるが、なにぶんマライタの村では貨幣経済部門が弱くならざるをえず、つねに不安定な状態にある。一方、ホニアラのタウン内に住んでいる多くのマライタ人も、実は畑をもっていて二重戦略をとっているのだが、今度はサブシステンス部門が弱い。村の生活ほど畑も広くとれないし、薪や屋根材などの自然資源は非常に貧弱である。ガダルカナルの村に住む（＝ガダルカナルの村落エリアに集落を形成する）ことは、マライタの村でも不安定、ホニアラでも不安定なこの「二重戦略」をより強固なものにしようとする生活戦略なのである。そして土地を購入することは、それをいっそう安定的にする戦略であった。

この戦略の誤算は、土地を購入しガダルカナルに集落を形成して住むことに対する一部のガダルカナル島民たちの反発を招いたことだった。ＩＦＭが主要なターゲットにしたのが、こうしたマライタ人だった。彼らの多くは直接武装勢力に襲われ、ほうほうの体で逃げ出した。購入した土地、畑、家畜、家、家具などの資産はほとんど放棄するしかなかった(18)。

こうした土地購入者たちは現在に至るまで、それらの土地へ戻ることは「怖ろしくてできない」と言っているし、現実にほとんどの土地は放棄されたままになっている。マライタ人たち自身もガダルカナルの土地を購入して生活する戦略は誤りだったと認めている。「ガダルカナル人が自分たちの土地に居着いてしまったマライタ人を追い出したことは、その暴力的な方法は間違っているが、追い出すこと自体は間違っていない。自分たちが逆の立場だったとしてもそうしただろう」というのが、暴力で追い出された人も含めて、マライタ人たちの一般的な意見だ(19)。

このように民族紛争下における彼ら土地購入者たちはもっとも直接にその被害を被っただけでなく、生活戦略を大きく練り直す必要が出てきた点に特徴がある。

プランテーション労働者たちとその避難

土地購入者たちと並んで大きく生活戦略の練り直しを迫られたのは、アブラヤシ・プランテーションの労働者たちだった。

ホニアラから東へ20〜30キロあたりのところに、約3万ヘクタールの広大なアブラヤシ・プランテーションが広がっている。これはソロモン諸島プランテーション会社ＳＩＰＬ（Solomon Islands Plantation Ltd.）のプランテーションで、そこには労働者用の住宅、学校、診療所が整っており、労働者とその家族数千人が生活していた。そのほとんどがマライタ人で、第5章2節で見たようにマライタ人にとって一九七〇年代以降、ホニアラとともにこのＳＩＰＬがもっとも大きな労働移住先としてあった。ＳＩＰＬ育ちという若いマライタ人も今日少なくない。そのために、ここもまたＩＦＭのターゲットとなった。民族紛争によってＳＩＰＬ労働者のたどった道は、インタビューを見る限りみな似通っている。ここでは男性ＪＦさんの経験を取り上げたい。

ＪＦさん（c.1957-）はマライタ島北東部（東クワラアエ地域）で生まれ同地で育ち、一九八二年からガダルカナルで働きはじめた。最初はマレーシア系の森林伐採会社で車のドライバーとして働いた。そのあと一九八六年に結婚し、翌一九八七年よりＳＩＰＬに職を得て働きはじめた。やはりドライバーだった。会社の用意した宿舎に妻と子どもたちとともに住んだ（両親はマライタの村に住んでいた）。それはほかの多くのＳＩＰＬ労働者と同様、安定した暮らしだった。ＳＩＰＬの労働者の賃金は職種や年数によって違うが、平均的な労働者の場合月収数百ドルである。

ＳＩＰＬの労働者の生活について、ここで二点注目しておきたい。一つは彼らの多くが核家族世帯あるいは親を含む世帯で住み、たとえば夫がＳＩＰＬで働き、妻は家事のほかに畑仕事をする、といった生活だったことである。ＳＩＰＬで働く人びとの家族のほとんどは大小の差こそあれ、ほとんどが畑を有していた。村で生活していたほど広いものではないが、自家消費用を中心にキャッサバやサツマイモなどを栽培した。もう一つはＳＩＰＬの労働者はあくまで労働者としてそこにいるのであり、働けなくなったらそこを撤退する。その意味でここは老後まで保障された地ではない。いずれはまた移住せざるをえないのであり、その多くは自分の出身地に戻る。

アノケロ村にも現在、一九七〇〜九〇年代にかけてＳＩＰＬに働きに出て戻ってきた世帯が多く住んでいる。彼らの多くは一九七〇年代あるいは八〇年代からＳＩＰＬで働き、その多くは家族ぐるみで移住だったが、一九九〇年代初頭などに村に戻ってきている。典型的な環流型移住である（第5章参照）。その点がガダルカナル土地購入組やこのあと述べるホニアラ組との差異である。

ＪＦさんはまだマライタに戻るつもりはなかった。そこへ降って湧いたように「民族紛争」が起こった。ＪＦさんによると一九九九年五月、ＩＦＭがＳＩＰＬ地域で脅迫のために空砲を撃ちはじめた。これに恐怖を感じたＪＦさんの家族はマライタ島に避難した。このとき多くの家族がマライタなど出身地へ避難し、また労働者の一部も同様に避難した。しかしＪＦさん自身を含むなお多くの労働者が、ＳＩＰＬに残った。

同年六月、ＩＦＭはＳＩＰＬ労働者を直接襲撃し、4人が殺害された。ここに来てＳＩＰＬは会社として避難を決定し、労働者と家族全員が会社のトラックで避難を始めた。家財は全部置いてこざるをえなかった。トラックはＳＩＰＬとホニアラを何度も往復して労働者と家族を運んだ。ＪＦさんたちはキング・ジョージ六世高校でテントを張り、そこで避難生活を送った。その間食事は会社が支給した。彼らはプランテーションの再開を待ちながらホニアラで避難生活を送っていたが、同年八月、会社側は操

写真 6-4　SIPL のアブラヤシ・プランテーション（1996 年撮影）

業再開を断念して労働者たちを解雇した。会社は退職金として3ヵ月分の給料を支給し（JFさんによると「勤務期間によって違うが、1千～2千ドル程度だった」）、船をチャーターして労働者たちをマライタ島はじめ出身地へ返した。SIPL労働者には政府、赤十字から援助はなく、その代わり会社からの援助で避難したのである。

一九九九年の国勢調査によると（Solomon Islands Government 2000）、SIPLを含むこのエリア全体の避難民は9326人で、そのうちマライタへの避難民は3382人である(20)。これはガダルカナル島（ホニアラを含む）からの避難民（ガダルカナル島内部への避難民を含む）の26・4％を占める。このうちどのくらいがSIPL関係者なのかは不明だが、避難民全体に占めるSIPL労働者およびその家族の割合は低くないことが推測される。

SIPL労働者は土地購入者たちと同様、現在の生活の基盤をすべて奪われ、生活戦略の全面的な練り直しを迫られた。しかし私の観察によると、土地購入者たちに比べ、その衝撃はそれほどでもない。というのも先に述べたように、プランテーション労働者たちは無産なのでいずれマライタの村に戻るというライフコースだったと思われる。

たとえば、ＪＦさんはホニアラでの避難生活のあと、妻の出身地であるアノケロ村に「避難」した。「自分の出身地である東クワラアエ地域より、アノケロ村の方が町へ出るのに便がいいから」という理由でアノケロ村を選択した。二〇〇二年に再び調査した時にも「ずっとアノケロ村に住むつもりだ」と語った。自分の出身地ではないことの意味はあとで考察するとして、ＪＦさんらＳＩＰＬの労働者たちは民族紛争を機に、いずれ戻るはずだったマライタ島に戻ってきたという側面が強い。だから再びホニアラに戻ろうという意志はそれほど強くない。

しかし、ＳＩＰＬにも無産でないエリート層がいる。そうした層は生活戦略の苦しい練り直しを迫られた。ＨＳさんはその典型である。

ＨＳさん（1968-）はボボイラギ村出身の男性で12歳の時に父のＢＥさんと一緒にホニアラに移住している。そしてホニアラで高校を卒業し、ＳＩＰＬに幹部候補生として入社する。一九八九年から2年間、会社からの派遣というかたちでオーストラリアで研修も受けた。一九九四年に結婚した女性（マライタ島の別の地域出身）と子どもたちとの間ではピジンしか話さない。

そうしたＨＳさんにとって、ＳＩＰＬがなくなったことは人生設計上大きな狂いをもたらした。ＨＳさんは一九九九年一二月いったんボボイラギ村に戻るが、やはり「村の生活は自分には難しい」と考え、二〇〇〇年にホニアラに移住した。「ソロモン諸島では町の生活と村の生活が違いすぎる。長年町に住んでいる自分には村の生活は厳しい」。幸いホニアラに父BEさんが購入した土地があったので、そこに住んだ。HSさんは会社からの退職金を元手に車2台（1台はマイクロバス）を購入し、自分で運転手をしながらタクシーとバスの営業を行なっている。

「タクシー・ドライバーはグレードの低い職なので最初はつらかった。自分の学歴・職歴に合った仕事をしたいが、今のソロモン諸島の経済状況からそれは無理だ。今は事態を待つ時だ」とHSさんは語る（二〇〇一年インタビュー）(21)。

ホニアラ居住者たちとその避難

ガダルカナルに住むマライタ人の多くはホニアラに住んでいる。ホニアラは第二次世界大戦後米軍が駐留したことから、戦後首都となり発展した町だが、政治・経済両面での集積は大きく、一極集中が続いている（表6―1）。

通常「ホニアラ」とは、ホニアラ・タウンカウンシルが治めているエリアを指し、東西10キロに広がる地域である(22)。一九九九年一一月に実施された国勢調査では4万9107人がホニアラに住んでおり、これはソロモン諸島人口の12・0％を占めている(23)。そのほとんどは他島民であり、一九九九年の国勢調査から推計すると、マライタ人（マライタ出身者およびその子どもたちの合計）は約2万2千人であり、ホニアラ人口の約45％はマライタ人が占めている。ホニアラ人口に占めるガダルカナル人の人口は推計で約4千人（約8％）にすぎない(24)。先に述べたように、マライタ島をはじめとして他島から移住してきた人びとの多くは、ホニアラの市街地周辺に広がる平地や丘陵地に居住しているが、その多くは一時占有地（ＴＯＬ）と呼ばれる政府の土地を一時的に借りて住むかたちをとっている。

ホニアラに住むマライタ人は、どのような暮らしをしているのだろうか。民族紛争前の様子をＫＡさんの例で描いてみたい。

男性のＫＡさん（c.1950- ）はアノケロ村近くの村出身だが、まだ独身だった一九七〇年代前半にホニアラに出てきている。この時期はマライタ島からホニアラおよびガダルカナルへの長期の出稼ぎや移住が本格的に始まった時期である。一九六〇年代までの出稼ぎはプランテーションからの労働者募集船が多かったが、それが六〇年代後半に終了し、代わってホニアラ－マライタ間の定期客船が就航した。さらにマライタ島内の乗り合いトラックも一九七〇年ごろから始まった。これらの公共交通機関の整備が長期の出稼ぎや移住を容易にし、それ以降多くのマライタ人がホニアラへ短期・長期で移住するようになる。ＫＡさんもその一人である。

ＫＡさんはホニアラへ出て当初ニュージーランド人が経営する問屋商で働いていたが、そのあと自ら運送ビジネスに乗り出した。民族紛争前の段階で2トントラック、バス、タクシー、小型乗用車の合計四台を持ち、人や物を運ぶビジネスを続けていた。5人いる子どもたちも一緒に働いていた。さらに自分たちが住む集落内に小さな雑貨店を設けていた。中古のトラック、バス、乗用車（その多くは日本からの中古車）を購入して運送・交通ビジネスを営むというのは、ホニアラで典型的に行なわれている〝民衆ビジネス〟である。

一方、ＫＡさん家族は居住地の近くに畑をもっていた。ＫＡさんたちが住んでいたアダリウア Adaliua というエリアは、ホニアラ南西の町境界に位置するエリアで、その南にはガダルカナル人が慣

写真 6-5　ホニアラの港。定期客船がホニアラと各島を結ぶ（2004 年撮影）

習的土地として所有している土地が広がっている。KAさんの家族をはじめ、アダリウアの人びとはこの土地を畑として利用していた。KAさんは土地所有者には毎年100ドルを支払っていたと言うが、いろいろ聞いてみたところ、支払っていない人も少なくない。この土地でKAさんの家族はキャッサバ、サツマイモ、ヤムイモ、タロイモなどを栽培していた。ガダルカナルのこのあたりのエリアはキャッサバ栽培に向いているというのが多くの住民の認識で、したがってキャッサバ栽培が目立っている。

現金稼ぎの仕事と集落近くで新たに拓いた畑での自家用栽培、というのがホニアラに住むマライタ人や他島からの移住民の典型的なパターンである。公務員のような定収入の持ち主でも、家族が畑を拓いていることが少なくない。ホニアラに住むのは、そういうライフスタイルを送るということである。

写真 6-6　ホニアラのライフスタイル。家電製品，テレビがある（2007 年撮影）

ＫＡさんは比較的貨幣経済部門の比重が分厚い例である。ホニアラに住む人の中には現金収入がほとんどなく、自給に近い生活や親族に頼る生活を送っている者も少なくない。外国人や富裕層のお手伝いさんとして働いている女性も多い。畑の作物を市場で売ったり、路上で作物やタバコ、ビンロウジュなどを売ったりしてわずかな現金収入で生活している者もいる。

ＫＡさんたちが避難したのは一九九九年八月初めである。アダリウアの人びとの多くがこの時に避難している。一九九九年七月三一日、アダリウアの後背地、つまり彼らが畑にしていたエリアで政府の警察隊とＩＦＭとの撃ち合いが始まり、ＩＦＭ側の４人が死亡する事件が起こった(25)。同年五月以降の紛争激化で恐怖におののきながら生活していたアダリウアの多くの人びとは、この事件をきっかけにマライタ島などに戻ることを決心した。撃ち合いの週明けに当たる八月二日、赤十字の用意した船で多くのマライタ人がマライタ島に避難した。

ホニアラ居住者たちがガダルカナル土地購入組やＳＩＰ

写真 6-7　ホニアラ中央市場。町では手に入りにくい薪や屋根材も市場で買う（2004 年撮影）

Ｌ組と違うのは、直接脅迫を受けて避難したのではないことである。もちろん、かなり近くまでＩＦＭが来た例はあったものの、ＩＦＭに直接脅されてではなく、ホニアラのすぐ周辺で起こった戦闘に恐怖をおぼえ、六月以降順次自主「避難」というかたちをとった。したがって避難後、ホニアラとマライタの行き来を繰り返していることが多い。また、家族の一部がマライタに避難し一部はホニアラに戻るというかたちも珍しくない。

ＫＡさんの家族も、ＫＡさん本人と妻、小さな子どもはマライタに戻り、残りの子どもたちはホニアラに残った。残った子どもたちはしばらく雑貨店やトラック、タクシーの運行に携わったが、そのうち運送ビジネスもやめて1台はマライタに持ち帰った。雑貨店も閉鎖したが、それでも子どもたちは「ホニアラの家の面倒をみるために」ホニアラに残っている（二〇〇一年インタビュー）。

避難先による類型

ここまで、ガダルカナルにおける居住地によって避難形態を類型化し、それぞれについて見てきた。今度はそうした人びとがどこに避難したのか、という点に注目したい。というのも、マライタ島へ避難するといっても、実は必ずしも自分の出身村に戻るとは限らず、そのことが今回の「避難」の意味を探る上で大事なポイントになってくるからである。

「避難」先の選択は大きく二つに分類できる。(1)夫の村へ戻った家族と(2)妻の村へ戻った家族である。表6－4のなかでは、ＺＯ、ＢＢ、ＢＥ、ＪＫ、ＫＡ、ＳＲ、ＲＲ、ＰＡ、ＲＳ、ＴＳ、ＭＡ、ＨＳが(1)に当たり、ＩＩ、ＳＯ、ＪＦ、ＧＷ、ＡＭ、ＡＢ、ＥＭが(2)に当たる。それぞれの類型に当たる事例

表 6-4　民族紛争下の避難先の類型

		家族の避難先		
		(1)夫の村	(2)妻の村	(3)その他
避難の類型	ガダルカナル島土地購入者	BE, PA*, RS	AM, EM	AH
	アブラヤシ・プランテーション労働者	MA, HS	JF, GW	LL
	ホニアラ「タウン」居住者	ZO**, BB, JK, KA, SR**, RR, PA*, TS	II, SO, AB	JI

（注）PA は複数の類型に属する．ZO, SR は夫婦の村が同一

について考えることによって、今回の「避難」の意味を探ってみたい。

男性MAさん（1965-）はアノケロ村で生まれ、小学校卒業後一五歳の時にガダルカナルのSIPLで働きはじめた。アブラヤシ収穫の労働だった。最初1日8ドルだった賃金は最後16ドルにまで上がった。その間に結婚して6人の子どもがいる。民族紛争が勃発してSIPLも巻き込まれ、MAさんは一九九九年五月、会社はまだ操業を続けていたが家族とともにマライタ島へ戻った。自分の出身村アノケロ村に戻ったわけである。MAさんの避難のしかたは(1)の類型（夫の村へ戻った家族）に当てはまる典型的なパターンである。

しかし夫側の村に戻る人たちばかりではない。たとえば先に取り上げたJFさんは、(2)の類型（妻の村に避難）である。JFさんの出身はマライタ島北東部の出身であるが、今回の避難先として妻の村であるアノケロ村を選んだ。彼自身がアノケロ村に住むのは初めてのことである。なぜ自分の村ではなくこちらに来たのか、という私の問いにJFさんは「ここなら町から乗り合いトラックで来るのにも近い。自分の村は町から非常に遠い」と答えた。アノケロ村はマライタの州都アウキから乗り合いトラックで1時間半と比較的近

い。アウキからホニアラへは船が出ている。ＪＦさんはアノケロ村に住み続け、畑も拓き、しばらくは定住の構えである。

ＪＦさんの例は珍しい例ではない。彼らに「なぜ妻の村へ？」と聞いた時の答えはだいたい共通して、(1)ホニアラや町から近いという利便性、(2)小学校が近いという利便性、それに(3)夫はまたホニアラへ出たりすることが多いため、妻や子どもは妻の村の方が好都合、といったものだった。さらに(4)夫側の出身地にはもう家族や親族が少なくなっている、あるいは、出身地には畑や住居などの資産がない、といったことも聞かれた。

要するに、妻側の村に避難してきた人びとは交通、教育などの利便性、それに資源・資産へのアクセスを軸に今回の避難先を決めたのである。そのことは夫側の村へ避難してきた人びとも同じである。夫側か妻側かは、そうした利便性やアクセスを軸に決められている。

実はそうした移住は、何も目新しい移住ではなく、彼らのこれまでの移住パターンを踏襲したものである。今回、「民族紛争下の避難」というかたちをとってはいるものの、実際の移住パターンを見るとそれはこれまでの彼らの移住の延長上にあることがわかる。別の言い方をすれば、民族紛争の際に彼らはこれまでの移住パターンに沿うかたちで避難を行なったのである。

民族紛争終息後における生活戦略の練り直し——ホニアラに戻る者、再移住する者

二〇〇〇年一〇月のタウンズビル和平合意で、完全ではないもののとりあえずの平和が訪れた。人びとは事態の変化を受けて、どのような生活戦略の練り直しに入っただろうか。もっとも、和平合意の前

でもとりあえず「避難」した人びとが再び移住を始める例はあった。したがってここでは、和平合意前も含めて「避難」後の人びとの生活戦略を、おもに移住形態に焦点を当てながら見ていきたい。

大きくは(1)ホニアラに戻る人(2)ホニアラに戻らない人に分けられる。ホニアラ外のガダルカナル島やSIPLに帰るのは当面望めない(26)。選択肢としては、ホニアラに戻るか戻らないかになる。同じホニアラに戻る、あるいは同じマライタに残る、といってもその内実は多様である。

いくつかの事例を見ながら、その実態と意味について考えてみたい。

前に取り上げたAMさんは、二〇〇〇年六月にホニアラに戻った。避難前に住んでいたガダルカナルの土地には帰れないが、夫がホニアラで以前やっていた肉店を再開したのである。一九九九年の避難のとき、夫はそのままホニアラに残ってこの肉店を始める準備をし、AMさんはマライタへ戻ったのである。そしてまたホニアラで合流した。子どものうち、未婚の娘2人がこの店を手伝っている。肉屋の経営は比較的うまく行っているが、AMさんは個人的にはマライタに帰りたい、と語った。「まだ怖いから」と言う。

AMさんのようにホニアラに戻った人は少なくなく、和平合意前の二〇〇〇年三月の調査時と和平合意後の二〇〇一年八月の調査時を比べると、マライタにおける避難民の数は確実に減っていた。ホニアラとマライタ島との往復は大型の定期客船が週3回、それ以外に小型の船が週数便と頻繁であり、行き来はそれほど難しくない。そのため一九九九年に避難した人のなかには、そのあとまた様子を見ながらホニアラとマライタの間で行き来を繰り返している人も多い。そうしてホニアラが安全と見ると、少なくない数のマライタ人がホニアラに戻っているのである。そのなかにはAMさんのように、避難前にホニアラではなく、郊外のガダルカナルの土地に住んでいた人も含まれる。そうした人はもと住んでいた土地ではなく、ホニアラに再移住している。ちなみに、マライタの調査地にある小学校では、その生徒数が紛争前（一九九九年三月調査時）に３３８人だったが、紛争中（二〇〇〇年三月調査時）に４５０人へ急増し、和平合意後の二〇〇一年八月調査時には再び３５９人に減っている。

もちろんホニアラに戻らない人びとも多く存在する。

男性のＩＩさん（1945-）はボボイラギ村出身で妻も同じ地域出身である。一九七四年にマライタを出てガダルカナルに在住し、そのあと3年ほど村に戻っているが、一九八〇年にまたホニアラに出てきた。問屋商で働いたり、国立図書館で働いたりしたが、定職はなく畑を作っていた時期もある。息子がガダルカナルの女性と結婚したので、民族紛争前はＩＩさん夫婦もその女性の村へ移住して一緒に住んでいた。そこへ民族紛争が起こり、一九九九年六月ホニアラに戻らざるをえなくなった。しかしその過程で、三男が紛争に巻き込まれ行方不明になる。一九九九年八月、ＩＩさん夫婦と長男夫婦はマライタへ避難した。この息子夫婦はホニアラ育ちで、ふだんの会話もピジンである。また次男夫婦はホニアラに残り、妻の家族がいる地区に居住している。八月の避難は家財道具などを全部置いていったので、そのあとＩＩさんは様子を見に一九九九年一二月にホニアラを訪れ、テーブルや椅子をマライタに持ち帰った。その後ＩＩさんたちはホニアラに戻ることなく、マライタで生活を続ける模様である(27)。

また前に取り上げたＫＡさんも、一九九九年八月に避難したあと本当はホニアラに戻りたいと考えているのだが、当面マライタに居住するつもりだ。紛争が起きたあと、ＫＡさんは子どもの一部をホニアラに残し、ホニアラでの小規模ビジネス（運送ビジネスと雑貨店）を継続させ、自分もときどきホニアラに出ていたが、それも難しくなり、ビジネスは閉鎖した。子どもたちはそのままホニアラに残し、自分はマライタの出身村で新たに雑貨店を開いた。しかし「ここで雑貨屋をやっても、ホニアラでやった場合と比べて収入はずっと少ない。いずれはホニアラに戻りたい。20数年ホニアラにいて、お金の生活に慣れている。チャンスがあればホニアラに戻りたい」と語る(28)。

一方、ホニアラには戻らないが避難した村から再び移住する人もいる。GWさん（1955-）は、SIPLから避難してきた一人だが、避難先は妻の村であるグワアドエ村だった。彼はマライタの最北に住むラウという言語グループの出身だが、「ラウへ避難した人も多いが、ラウには自分の土地がないのでここに来た。また子どもたちが学校へ通うのもここの方がずっと便利だ。妻の親も自分を歓迎してくれた」と語り、この地で畑も拓きはじめていた。しかし、二〇〇一年八月に再びインタビューした時は、やはりラウへ戻るという決意を固めていた。

「ここは土地争いがあるので、焼畑はともかく、ココヤシ栽培（コプラ用の商品栽培）や養豚をしようとすると土地問題が浮上し、非常に厳しい。だからラウへ戻ることにした。ホニアラへは戻らない。マライタ人はマライタに戻ってマライタを発展させるべきだ」。

妻の土地は住み心地が悪いというよりも、すでに人口密集地域でそのために土地争いもある。交通や教育・医療の面では便利ではあるが、畑を拓くことを考えると必ずしも住みやすい土地でなかった、ということである(29)。

5　住民にとっての「民族紛争」と「避難」

移住の一類型として「避難」

一九九九年に始まった民族紛争は、多くの住民たちにとって青天の霹靂のようなできごとだった。民族紛争への備えがあった住民はいない。しかし、民族紛争下でマライタ人たちが見せた対応には共通点がある。ごく簡単にいうと、彼らのこれまでの移住パターンを踏襲している点である。

前章までで見たように、マライタ人たちはこれまでさまざまな移住を繰り返してきた。まず一九二〇～五〇年代は、マライタ島の内陸部から海岸部へ移住した。キリスト教、学校、医療、消費物資をプル要因として、多くの内陸部の人間が海岸部に移住して住むようになった。反イギリス自治運動であったマアシナルール（一九四三～四九年）もその傾向に拍車をかけた。

この移住とほぼ同時期、男たちとくに独身男性たちがココヤシ・プランテーションへの短期の出稼ぎを繰り返した。衣料品やタバコなどの消費物資を買うため、あるいは当時課せられていた人頭税を払うため、彼らは労働者募集に応じるかたちでプランテーションへ出稼ぎに出た。その多くは半年～2年程度の出稼ぎだった。短期の出稼ぎに出ては村に戻り、また出稼ぎに出る、ということを何度か繰り返したわけである。

出稼ぎや移住が長期になってくるのは一九六〇～七〇年代以降である。とくに一九七一年に始まったＳＩＰＬは多くのマライタ人を雇用した。ＳＩＰＬは長期の出稼ぎ民を前提にしていたため、彼らの多くは家族で来て半ば定住のかたちでＳＩＰＬのエリアに住んだ。しかし彼らはいずれマライタ島に戻る、というパターンが多かった。

一九七〇年代以降、とくに一九八〇年代以降急増したのが、ホニアラへの移住である。一九七〇年前後に始まったホニアラ－マライタ間の定期船により、多くのマライタ人がホニアラに移住したり、また、短期でホニアラを訪れたりするようになった。華人商店の売り子などの定職に就いたり、あるいはお手伝いさんなどの職に就く者もいた。自分で車を購入してタクシー・ビジネスを始める者もいた。あるいはホニアラで畑を拓いて半分自給的な生活をしながら、露天のタバコ売りなどで現金収入を得る者もいた。彼らのなかにはしばらくホニアラで生活したあとマライタに帰る者もいたし、ホニアラに定着してしまう者もいた。ホニアラ育ちの若者も増えてきた。

さらに、一九八〇～九〇年代以降は４節で見たように、ホニアラ郊外の土地を購入する者も現れた。彼らは貨幣経済部門とサブシステンス部門をいずれも強固にするために、ホニアラに近い土地を購入したのであった。

このようにさまざまな移住を繰り返してきたが、こうした彼らの移住は近代セクター（貨幣経済部門や学校・医療）とサブシステンス部門（自然資源とのかかわりを含む）との間でバランスをとったり、行き来する繰り返しだった。近代セクターへの安定的なアクセスが確保できた者は、町に住む選択を行なうが、それに失敗した者やそれを選択しなかった者は、村でサブシステンス部門を厚くした方が生活戦略上有利であると考え、村に戻ってくる。多くの者はその両者の間で揺れ動いている。近代セクターもサブシステンス部門も、彼らの生活を完全に安定させることはできないので、状況に応じて最適な選択を求めてきた結果がそうした移住の繰り返しだった。

民族紛争が起こったとき、ガダルカナルの土地を購入していた者たちやＳＩＰＬの労働者たちは、否応なく「避難」せざるをえず、またホニアラのタウン内に居住した者たちも恐怖からマライタ島に「避難」したり、あるいはまたホニアラに戻ったりした。これらはいずれも、これまでの移住のパターンを踏襲したものだった。すなわち、近代セクターとサブシステンス部門の間の比重のおき方次第で移住を決めるというパターン、言いかえれば、さまざまな社会的な資源のどれとどれを選択するか、どこに比重をおいて生活を組み立てるか、という選択が今回も採られたのである。もっとも、民族紛争によってその条件の一部は変わった。ガダルカナルの土地を購入するという選択肢はなくなったし、ホニアラでの経済活動の選択肢も大幅に縮小した。そうした新たな条件を加味しながら、生活戦略の立て直しが図られ、「避難」や「移住」の形態が選択されていったのである。きょうだい間や家族内の分業を、民族紛争後の状況に応じて組み立て直したり、同じマライタに「避難」するのでも諸条件を鑑みて夫の村に戻るか妻の村に戻るか選択したりしていったのである。

リスク回避のしくみと民族紛争

彼らの選択肢は、いつも不安定なものだった。町に出て現金収入の手段を得たとしても、それだけで生活は安定しなかった。村に戻ってサブシステンス部門でがんばっても、やはり現金収入の必要から町に出稼ぎに出ることもあった。しかし、そうした不安定さゆえにさまざまな選択肢を温存してきたことは、今回の民族紛争においてある面でプラスに働いた。

ソロモン諸島における民族紛争の特徴の一つとして、「避難」が比較的スムーズに行ったことが挙げられる。世界のほかの地域において、紛争が難民・避難民を生み、悲惨な生活をもたらしていることを考えたとき、ソロモン諸島における「避難」は一部悲惨な面があったにせよ、全体としては安定していたといえる。村の存在や親族ネットワークは、セーフティネットとして働いた。ほとんどの人びとは民族紛争によって資産を失っても、本当の意味で〈無産〉になることはなかった。村、親族、自然資源へのアクセスという資源が存在したのである。それはたまたまあったというよりも、彼らがこれまでの生活の中に選択肢として温存してきたものだった。人びとは民族紛争という「有事」をこれまでの移住パターン・生活戦略の中にいわば「呑み込んで」しまったのである。

ポスト民族紛争の生活戦略

しかし一方、今回の民族紛争はマライタ人たちにいくつかの新しい事態をもたらした。

まず、ガダルカナルに土地を買うという選択肢がほぼ消えたことである。二度とあの事態に会いたくないという恐怖はマライタ人に根強く、また「マライタ人はガダルカナルの土地を買うべきではない」という考え方もマライタ人自身の間に広まった。当面、ごく一部の者を除いてガダルカナルの土地を購入する戦略はとられないだろう。

また、ホニアラやその周辺で生活するという選択肢も縮小した。ソロモン諸島の貨幣経済を支えてきたSIPLとソロモン・タイヨーの活動が停止し、パイはすっかり小さくなった。ソロモン・タイヨーはその後、ソルタイ株式会社として再出発することになったが、ソロモン・タイヨー時代の規模に戻るのはまだだいぶ先のことだろう。ホニアラで生活するという選択肢は以前よりはるかに魅力がなくなった。町の生活に慣れた「避難民」の多くはできればホニアラに戻りたいと考えているが、現実の選択肢としてあまり有効ではなくなっている。今回インタビューした人びとの範囲でも、家族全員がホニアラに戻った例は少なく、家族の一部がホニアラに残る／戻る、というパターンが大勢を占めている。そうした条件のなかで今後の生活戦略を立てざるをえなくなっている。

本章では、一九九九年にソロモン諸島で起きた民族紛争が人びとの生活にどのような影響を及ぼしたのかを、マライタ人の「避難」「移住」の実態から考察してきた。マライタ島アノケロ村周辺地域におけるインタビュー調査をもとに、まず、民族紛争前に(1)ガダルカナル島の土地を購入していた人びと、(2)SIPLで働いていた人びと、(3)ホニアラに在住していた人びと、の三つに類型化し、それぞれについて、その避難前の生活、避難の実態、避難後の生活戦略を分析した。さらに、どこに「避難」したか、そして民族紛争終結後どのような選択をしたか（しようとしているか）を見ることによって、彼らの移住戦略、生活戦略を考察した。

「避難」をめぐる彼らの戦略は、おかれている条件によって多様であるが、いずれもさまざまな条件のなかでどこに比重をおくのがベストかという選択を行なっている。それは、近代セクターとサブシステンス部門の間で不安定な選択を繰り返してきたこれまでの移住戦略・生活戦略の延長上にある。また、そうした繰り返しのなかで温存していた多様な選択肢が、今回の民族紛争による「避難」の影響をゆるやかなものにした、という見方もできる。

しかし、民族紛争は経済活動の規模縮小、ホニアラへの移住という選択肢の縮小など、新たな条件も生んだ。人びとはそうした新たな条件も加えながら、さらなる生活の組み替えを図っている。

注

（1）国連難民高等弁務官のウェブサイト（http://www.unhcr.or.jp/　10年11月8日閲覧）による二〇〇九年のデータ。

（2）フィジーにおける民族対立・クーデターの経緯については、おもに橋本和也（2000; 2003）、東裕（1999a; 1999b; 2000a; 2000b; 2001a; 2001b; 2002a; 2002b; 2003a; 2003b）、小川和美（2001）などを参考にした。

（3）ブーゲンビル紛争の経緯については、おもにRegan（1988; 2002a; 2002b; 2002c）、Carl and Garasu eds.（2002）を参考にした。ほかにMatthew（2000）; May（2004）; Havini and Havini（n.d.）も参照されたい。

（4）ブーゲンビル和平合意の全文は、http://www.unpo.org/Downloads/BougainvillePeaceAgreement 29Aug01.pdfなどにある。

（5）紛争が社会形成に影響を与える点については、栗本英世（1999）を参照。

（6）Kabutaulaka（2001）の試算。ほかのソースもだいたい同様の数字を挙げる。

（7）タウンズビル和平合意は、http://www.commerce.gov.sb/Gov/Peace_Agreement.htm に全文が掲載されている。

（8）「民族紛争」の経緯については、現地調査のほか、地元紙 *Solomon Star, Pacific Islands Report*（http://

pidp.ewc.hawaii.edu/pireport/enter.htm）；関根久雄（2002; 2003）；anonym（2002）；Asian Development Bank（1999）；Bennett（2002）；Fry（2000）；Fugui（2001）；Hegarty（2001）；Kabutaulaka（2001; 2002; 2003; 2004a; 2004b; 2005）、Keith-Reid（2003）、を参考にした。

（9）登記の動きは民族紛争でいったん頓挫したが、二〇〇五年ごろからとくにマライタ島において改めて進められるようになった。それは、政府が二〇〇五年から進めているマライタ島北東地域（東ファタレカ地域）におけるアブラヤシ・プランテーション計画に絡んでいる。この経済開発を進めるために政府がとくにこの地域の土地登記を進めようとしており、住民たちもそれに積極的に乗る姿勢を示している（この事態については、稿を改めて論じたい）。なお、慣習法的土地登記法は http://www.paclii.org/sb/legis/consol_act/clra249/ に全文が掲載されている。

（10）ＲＣＤＦをめぐる批判はソロモン諸島国内でも数多くなされてきた。たとえば、*Solomon Star* (online) 26 Oct., 2005 掲載の記事 "RCDF should be administered differently says villagers" や *Solomon Star* (online) 14 Sep., 2006 掲載の記事 "Villager voices concern over distribution of RCDF" あるいは *Solomon Star* (online) 14 July, 2005 の読者欄投稿 "RCDF & other grants" など。

（11）province, state とも、日本語にすると「州」だが、state は「国家」の意味も有し、独立国家に近い権限をもつ地方政府という意味合いである。

（12）正確な問いは「避難（displacement）――あなたは民族紛争のせいで移動（move）または逃走（flee）しましたか?」というものだった。

（13）表６－２に見られるように、ホニアラからホニアラへ、という避難も３６５２人見られる。これはたとえば、ホニアラから出身島へ避難し、またホニアラに戻ってきた人などを多く含むと思われる。

（14）この３つの集落を含む徒歩１時間程度のエリアから生徒が通っている小学校があるが、この小学校では、紛争前の一九九九年三月と紛争後の二〇〇〇年三月を比べると、児童数が338人から450人と約1・3倍に膨れ上がっている(小学校へのインタビューより)。この数字は、国勢調査の数字とほぼ一致する。

(15) ホニアラ・タウンカウンシルが管轄しているエリアを指し、人口が集中しているエリアである。注22参照。

(16) 当時避難にあたっては赤十字が大きな役割を果たした。多くの避難民が赤十字がチャーターした船に乗せてもらうなどしている。

(17) マアシナルールについては第2章4節参照。

(18) これらへの補償がのちに和平プロセスの中で焦点になった。二〇〇〇年一〇月のタウンズビル和平合意では、政府が補償へ向けて最善を尽くすという合意がなされた。

(19) 避難民を含めた多くのマライタ人からのインタビューによる。「ガダルカナルの土地を買って住み続けることは間違っていない。正しいことだ」と言った人はほとんどいない。「人は自分たちの土地に住まなければならない」という考えあるいはイデオロギーは、今回の民族紛争を通じてさらに強くなったと私は観察している。これについて詳しくは次章で論じる。

(20) 「このエリア」とは、二〇〇〇年の国勢調査(Solomon Islands Government 2000)の表B2・13における東タシモコ、西ガオバタ、東ガオバタの三つの地区を指している。

(21) その後、二〇〇五年にHSさんは出身地のボボイラギ村に戻ってきて、トラック・ビジネスをしながら生活している。「長く村の生活から離れていた。学校へ行くため村を出て以来、ずっとだったよ。町の生活はそろそろもういいかと考えたんだ。町の生活は忙しかったが、村に帰ってきても、コミュニティ・ワークなどで結構忙しいね」(二〇〇七年インタビュー)。

(22) この行政区分と、人びとの意識の中での「ホニアラ」は、ほぼ一致している。人びとはこれを「ホニアラ」と呼んだり「タウン」と呼んだりしている。

(23) この国勢調査は民族紛争で多くの人がホニアラを離れた後に行なわれたもので、紛争前はもっと多かった。調査時のホニアラ人口にホニアラから外に出た「避難民」の数を足すと5万6167人となり、これはソロモン諸島人口の13・7%となる。

(24) 国勢調査 (Solomon Islands Government 2000: table B2.07) によると、ホニアラ人口は4万9107人、うち、マライタ生まれの人口は1万3841人である。しかし、これにはマライタ出身者がホニアラで生んだ子どもは含まれていない。同統計では、ホニアラ生まれの人口は1万8036人であるが、その多くはマライタなど他島出身者の子ども(や孫)であると推測できる。そこで、ホニアラ生まれの人口のうちマライタ出身者の子どもの数を、ホニアラ生まれ人口×マライタ生まれの人口/(ホニアラ人口−ホニアラ生まれの人口)で推計し、それにマライタ出身者の人口を足して、マライタ人の推計人口とした。

(25) *Solomon Star*, 3 August,1999 および *Pacific Islands Report* (http://pidp.ewc.hawaii.edu/pireport/enter.htm) の記事より。

(26) SIPLはしばらく閉鎖したままだったが、二〇〇六年GPPOL (Guadalcanal Plains Palm Oil Limited) という新しい会社として操業を再開した。労働者は原則としてガダルカナル島民に限られることになった。ただし、ホニアラ外でも東部のエリアはマライタなどからいくらか人が戻りつつある。

(27) IIさんと息子夫婦が〝戻って〟きたのは、出身地のボボイラギ村ではなく、アノケロ村近くのイミアス村だった。その後息子夫婦はそのままイミアス村に住んでいるが、IIさん夫婦は二〇〇六年、ボボイラギ村近くの別の集落に移住した。

(28) その後、治安も経済も安定するなかで、やはりKAさんの家族はホニアラに戻った。しかし村ではKAさんのように再びホニアラに戻った例は、それほど多くない。

(29) 二〇〇二年に再調査した際、GWさんはまだグワアドエ村にいた。聞くと、「ラウへ戻る決意には変わりはないが、移住にかかるお金が足りず、今はまだグワアドエ村にいる」ということだった。

写真 6-8

なぜカカオの値段は安いのだろうか。

日本のスーパーで見てみると，あるチョコレートは 50 グラムで 100 円だった。一方，ソロモン諸島で住民が収穫したカカオは 1 キロ約 30 円で買い付けられる（2006 年調査時）。50 グラムに換算すると 1.5 円。原料段階で 1.5 円がいろいろなプロセスを経て 100 円で売られている。

アノケロ村では，住民のほとんどが村の周辺の土地にカカオの木を植えている。毎週収穫して買付業者に売る。1 人平均 10 キロ程度で週 300 円程度の収入になる。業者はカカオ豆を乾燥台で乾燥させ，白いカカオ豆はここで褐色になる。それを輸出業者に売ると先進国へ輸出されて，最後はチョコレートやココアなどの商品となる。

私が調査したこの十数年，カカオの値段は低いままほとんど変わらない。カカオの値段を決める主導権は住民たちにはない。カカオの価格は国際的なカカオ市場が決定する。投機の対象にもなり，2010 年にイギリスのヘッジファンドが膨大な量のカカオを買い占める事態が生じて国際的な論議を呼んだ。

カカオを生産する当の住民たちは，ヘッジファンドがどうしようと，国際的な動きから最も遠いところにいる。生産者が主人公ではなく，現場を見たこともない者たちが主導権を握るのが，私たちをとりまく世界のしくみだ。

住民たちは，自分たちが主人公になれない商品作物に全面的に頼るわけにはいかない。しかし，一定程度当てにせざるをえないのも事実。うまくそれを使いこなせるか，それが住民たちにとってのカカオだ（右上 2000 年，右下と上 2006 年撮影）

第7章 生活を組み立てる

1　ある移住計画と生活戦略

内陸部への移住計画への注目

その一見奇妙な計画を聞いたのは、二〇〇一年の調査中だった。二〇〇〇年のタウンズビル和平合意で民族紛争は一応の終息を見ていたが、武装勢力ＩＦＭの残党ハロルド・ケケはガダルカナル島で武装を続けていて、まだ不穏な空気が漂っている時期だった。

その計画とは、アノケロ村の一部の住民たちが内陸部へ移住しようというものだった。

この移住計画を聞いたとき、私は意外な印象をもった。というのも、ソロモン諸島のここ数十年の流れは内陸部から海岸部へ、海岸部から町へ、という移住だったからである。なぜいまさら内陸部なのか。

しかしよく聞いてみると、こうした計画を進めているのが彼らだけでないこともわかった。具体的に計画を進めているのは一つのグループだったが、ほかの人びともそのグループの動向を見ながら、折あらば自分たちもと考えているのだった。

私はこの内陸部への移住計画に関心をもち、調査を進めた。そしてこの移住計画をひもとくことで、本書で議論してきた事柄が包括的に浮かび上がってくることに気がついた。状況に応じてさまざまな資源を利用したりしなかったりして生活を組み立てるさまが、特殊な、しかしある意味で典型的なかたちで現れたのがこの移住計画だった。

本書の結論に当たるこの章で、この移住計画を描写・分析し、そこから、住民たちの生活の組み立て方について、総括的に論じてみようと思う。

移住計画の概要と問題の所在

ここで扱おうとしているのは、アノケロ村に居住するある親族グループが立てている移住計画である。このグループは、トライブiF内のサブ・グループである。トライブiFは、マライタの言語グループの一つ、ファタレカのトライブの一つである。アノケロ村の主要トライブの一つでもある。移住計画を立てているサブ・グループそのものに名称はないが、仮にグループfとしておこう。

グループfの人たちによると、トライブiFの出自は、以下のようなものである。トライブkAがおもとのトライブで、そこから五つのトライブ――トライブfU、aB、eA、bA、iF――が分裂してできた。今の世代の三世代前に、トライブbAの男性がトライブiFの女性と結婚し、bAの土地(土地bA)から iFの土地(土地iF)に移った。トライブiFはトライブbAに土地を与え、自分たちは北の方の土地uSに移り、トライブuSを名乗ることになった。そこで土地iFはこの男性の家族のみが住むことになり、この家族がトライブiFを名乗ることになった(ただし、このトライブの起源の話には、〝異説〟もある。このことについては、2節で議論する)。

今回移住計画を立てているのはこのトライブiFの一部(グループf)である。このグループfが土地bA(土地iFではなく)に移ろうとしているのが、今回の計画である。

このグループfの人たちは以前土地iFに居住していたが、一九三五年に海岸部に集落を形成した。現在の居住地であるアノケロ村に近い場所である。これは内陸部に住む者たち(当時ほとんどのマライタ島民が内陸部に住んでいた）がキリスト教に改宗し、海岸部のキリスト教の村に合流するという、当時の流れに沿ったものだった。その後グループｆは、第二次世界大戦中に戦火を逃れて再び内陸へ移住したが、戦後の一九四六年、反イギリス自治運動であるマアシナルール（一九四四～四九年）のなかで再び海岸部へ戻り、現在のアノケロ村での居住を始めた。マアシナルールは「兄弟たちよ、海岸部で一緒に村を形成しよう」と内陸部の人びとに呼びかけたので、まだ海岸部に降りてきていなかった人も含めて、多くの人びとが海岸部に移ってきた。当時アノケロ村はマアシナルールの拠点の一つで、多くの人がそこに移り住んだ。マアシナルール終息によって、内陸部に戻る人びともいたが、グループｆを含む多くの人たちはアノケロ村に残った。現在のアノケロ村は実のところ、この時に残ったトライブａＢおよびトライブｉＦの人びとを中心に形成された村である。

グループｆの人たちは、海岸部に居住したあと、短期および長期の出稼ぎ・移住を繰り返してきた(1)。たとえばグループｆの長老だったＪＲさん（1923-2005）は、アノケロ村に居住する以前の独身時代、一九三七～四一年の間、断続的に他島のココヤシ・プランテーションに働きに出ていた。また、ＢＡさん（1943-）は結婚後の一九五九～六八年までの間、断続的にココヤシ・プランテーションやホニアラに単身で出稼ぎに出かけていたが、一九七五年から家族でガダルカナル島のアブラヤシ・プランテーションに移住して暮らした。その後一九八二年に帰村し、今に至っている。このように、グループｆの人たちは海岸部のアノケロ村に本拠を構えつつ、短期・長期の出稼ぎ・移住を経て、一九九九年の民族紛争前にその多くがアノケロ村に戻っており、一部（とくに若い世代の一部）がホニアラを中心としたガダルカナル島に移住している、という状況だった。

そして、一九九八年末「民族紛争」が始まった。前章で見たように、ガダルカナル島の武装勢力（IFM）が突如登場して、ガダルカナルに住む他島民、とくにマライタ島民の追い出しにかかった。二〇〇〇年初頭にはマライタ島側の武装勢力MEFも登場して、泥沼化の様相を呈した。幾多の経緯を経て二〇〇〇年一〇月、オーストラリアのタウンズビルで和平合意が結ばれたが、一部残った武装勢力が完全に駆逐されるのは、二〇〇三年七月のオーストラリア軍の介入を待たなければならなかった。

グループfの人たちが内陸部への移住計画を立てたのは、タウンズビル和平合意で民族紛争が一応の終結を見たあとである。そして先述したように、移住しようとしているのは彼らが一九三五年まで住んでいた土地iFではなく、その昔に住んでいたといわれる土地bAである。

二〇〇〇年一一月、彼らのうち男性8人が土地bAを訪れた。土地bAは現在集落が一つもない。彼らはこの土地のなかで川に近く、畑を拓くのに適していると考えたエリアに拠点を定めた。そのあと二〇〇一年二月にまた数人で訪れ、畑を拓くと同時に簡単な住処を作った。そしてその後は何人かがときどき行って1〜2週間滞在し、畑仕事をする、といったことを繰り返した。そうしたことをしばらく続け、家族を迎え入れる準備ができたら移住を進めるという計画を立てた。

この移住計画を聞くと、すぐさまいくつかの疑問が浮かび上がってくる。

第一に注目されるのは、彼らが移住しようとしているのが彼らの属するトライブiFの土地iFではなく、トライブbAの土地bAである、ということである。その土地は彼ら自身は一度も住んだことのない土地である（土地iFもまた、長老を除いて、彼らのほとんどは住んだことがない）。しかし彼らは「自分たちの土地に戻る」と言っている。このことは何を意味するのか？

第二に、彼らがこの移住計画を立てたのは民族紛争が契機になっている。「民族紛争が契機で、自分たちの土地に戻ろうと考えるようになった」と彼ら自身も語る。民族紛争がどのような意味でこの移住計画に影響を与えたのか、そのことの意味は何か？

第三に、マライタ島におけるこれまでの移住パターンは、基本的に内陸部から海岸部へ、そして海岸部から町（ホニアラ）へ、というものだった。しかし今回の移住計画は、一見そうした流れの逆コースともいえる内陸部への移住である。これは昔の生活に戻るという動きなのか、それとも違う何かなのか？

2　トライブと土地の社会学

民族紛争と「マライタ人」

まず、なぜこの時期に内陸部への移住計画が持ち上がったのか、そしてなぜ彼らの属するトライブｉＦの土地ｉＦではなく土地ｂＡだったのか、という疑問から始めよう。

「この移住計画はいつ決めたのか？」という私の問いに、グループｆのリーダー格であるＰＡさん（1959-）はこう語った。

民族紛争のあと、この計画を決めました。ホニアラやガダルカナルで起こったことを見て、同じようなことがマライタの中でも起こるかもしれない、と考えたのです。マライタ人がガダルカナルから戻ったように、自分たちも、他人の土地である海岸部の土地を離れ自分たちの土地に戻ろう、と考えました。自分たちの土地に戻る好機だと考えたのです。(PAさん、二〇〇二年八月インタビュー)

民族紛争は、ガダルカナル島に多くのマライタ島民が移住してガダルカナル島民の一部の反発を生んだことが原因の一つになっている。ガダルカナル島の武装勢力は、マライタ島民をガダルカナル島から武力で追い出そうとした。しかしこの追い出しについて、多くのマライタ島民たちはこう語った。「武力で追い出すというそのやり方は問題だが、出て行けというガダルカナル島民たちの主張は間違っていない」。「自分たちの土地へ戻れ」というガダルカナル島武装勢力の主張は、マライタ島民たちも反論できないものだったのである。「人は本来自分たちの土地に住んでその土地を発展させるべきである」というのは、マライタ島民たちの規範でもある。したがってのちにマライタ島側の武装勢力MEFが登場してガダルカナル武装勢力IFMと戦った時にも、マライタ側の主張は追い出されたガダルカナルの土地を取り戻すことではなかった。あくまでガダルカナル武装勢力からマライタ人を守り、またガダルカナル武装勢力によって奪われた資産について(ガダルカナル側にではなく)政府に賠償請求する、というものだった。

しかし「自分たちの土地へ戻る」とはどのようなことなのだろうか? ガダルカナル武装勢力がマライタ人に向かって言うとき、それは「マライタ人はマライタへ」ということになる。しかし、「マライタ人はマライタへ」という言い方は、当たり前のようでいて、そうではないいくつかのポイントを含んでいる。

まず「マライタ人」という枠組みの妥当性である。マライタには12の言語がある。決してマライタ人という枠組みが昔からあるわけではない。しかし一方、彼らは現在「マライタ人」(ピジンでman long Malaita あるいは Malaita pipol)という言い方をよくするし、そうした意識をもっていることは否定できない。彼らの話の中にもよく「マライタでは……」、「マライタ人は……」という言い方が出てくる。たとえば、「マライタ人はほかの島の人から恐れられている」、「これがマライタのカスタム(習慣)だ」、あるいは私に向かって「タイスケはもうマライタ人だ」と冗談半分に言う、といったかたちで比較的頻繁に使われている(もっともこれは私という外の人間に対する語りだから頻繁に使われているように見えるのかもしれないが)(2)。反対に、マライタ島内に12ある言語グループのそれぞれが「言語」を超えて、人びとを括ったり区別したりするカテゴリーとして使われることは、私の聞く限りではあまり多くない。「ファタレカは……で、クワラアエは……」、あるいは「ファタレカのカスタムは……」といった言い方はなくはないが、あまり聞かれない。

この「マライタ人」という括り、あるいはアイデンティティがいったいいつからあるのかは、はっきりしない。村の老人によると、第二次世界大戦の戦前から戦後にかけて、村からほかの島のココヤシ・プランテーションに出稼ぎに出たとき、マライタ島のほかの地域の人間たちと一緒になり、他島からの労働者とは一線を画すことがあったという。そのあたりから「マライタ人」というアイデンティティは生まれているのかもしれないが、正確には不明である。いずれにせよ、この「マライタ人」という意識がもともと固定的にあったとは考えにくい。とりあえず「マライタ人」は動的な枠組みである、とここでは押さえておこう。それが近年規範として強くなり（しかし実態としては、他島民との結婚が増えるなど逆ともいえる）、今回の民族紛争でそれがいっそう強まったと考えられる。

そして大事なことは、それが単に「マライタ人」という枠組みだけで進行したものではなく、次節で見るような「トライブ」レベルでの動きと連動している、ということである。

「自分たちの土地へ」志向の形成——対立の相似形

「マライタ人はマライタへ」という言い方に潜むもう一つのポイントは、「なぜマライタ人はマライタに住まなければならないか」という点である。このことは広げていうと「なぜある土地の出身者はその土地へ戻らなければならないのか」という問題である。実際のところ、ホニアラをはじめとするガダルカナル島に住んでいたマライタ人は、もう長くガダルカナルに居住している人が少なくない。とくに若い世代は、ガダルカナルで育ったという人も少なくない。にもかかわらず、彼ら若い世代の一人が語ったように「自分はあくまでマライタ人だ。ホニアラは自分がアイデンティファイ（同一視）できる場所ではない」(3)という感覚が一般的である。

そのこと自体は、アイデンティティのもち方の一つのあり方として別に問題があるわけではないし、不思議でもない。しかしそのことと、「マライタに戻って住まなければならない」という考え方の間にはズレがある。実際、ガダルカナルに住むマライタ人たちの多くは、マライタ人というアイデンティティをもちながら同時にガダルカナルでの生活を送っていたし、また若い世代にはピジンを母語とする者も出ていた。

実はマライタの人びとの多くは、マライタに居住している場合でも「自分のトライブの土地」に住んでいるわけではない。グループfの人たちがそうであるように、「自分たちの土地」は内陸部にあるが、現在（とくに一九四〇年代以降）は海岸部の土地に住んでいる、という人が圧倒的に多い。海岸部の土地はたいてい別のトライブの土地なのである。いや、そもそも内陸部に住んでいた時でさえ、実はマライタの人びとは「自分のトライブの土地」に必ずしも住んでいたわけではなかった。「自分のトライブの土地」と住んでいるところが違っていても、それほど大きな問題はなかったし、事実そういう例が多かったのである。

マライタ島における土地所有は、第4章で見たように、柔軟な「重層的コモンズ」のしくみがある。(1)トライブによる土地総有が原則になっているが、(2)しかしその総有は近代法的な「所有」ではなく、(3)さらに、「女のラインのトライブ」の権利が重なっている。(4)そして、いくつかのレベルの所有（権）と利用（権）が折り重なっている。トライブiFの人たちが、アノケロ村に住んで生活を営んでいるのも、そうした状況に応じた柔軟な土地所有・利用のありようが、〝使える資源〟として存在していることを背景としている。

にもかかわらず「マライタ人はマライタへ」という言い方に接したとき、彼らはそれに反論することができなかった。

それには歴史的な背景がある。それは彼ら自身が近年マライタ島内で土地争いを繰り返していたことである。彼ら自身が言うように、「昔は土地争いなどなかった。森林伐採などのデベロプメントがやってきて、土地争いが生じるようになった」。たとえば伐採会社が入ろうとしている土地について、トライブXのものなのかトライブYのものなのか、争いが起こる。それは伐採会社から入る伐採権料（ロイヤルティ）、つまりはお金をめぐる争いだった。そうして土地をめぐる裁判が頻発した。その争いのなかでは「自分たちの土地であれば、その土地から上がる収益は自分たちのもの」という主張がなされるのであり、ひいては「自分たちの土地については自分たちが全面的な権利をもつ」という主張がなされる。これはマライタにおける歴史的な土地利用のあり方、つまり柔軟な土地利用のあり方とはズレる考え方であるが、土地争いが頻発するなかで一つの便宜としてこの主張が強く出され、次第に人びとのなかでこの考え方が力をもつようになった(4)。この主張が強くなると「ここは自分たちの土地だからお前たちは出て行け」という主張も生まれかねず、実際そうやって追い出された例もある(5)。

先にも述べたとおり、マライタ島ではもともと自分のトライブ以外の土地に住むことはそれほど問題ではなかったし、事実そうしたことは頻繁に起こっていた。しかし、それが土地争いのなかで「本来、自分たちの土地に住まなければならないのだ」という考え方が強くなってきたのである。それは同時に、〝他人の土地〟に移住できたのもそうした背景があった。人びとが内陸から比較的簡単に海岸部の従来あいまいであったトライブ間の土地の境界をはっきりさせよう、という流れにもつながった。

このような土地所有をめぐる考え方の変化が背景にあったため、ガダルカナル島武装勢力が「マライタ人はマライタへ」という主張を行なったとき、その主張はマライタの人びとにとっても反論できないものとして受けとめられたのである。

ここで注目すべきは、マライタ島内部での土地争いという構図とガダルカナル人 対 マライタ人という「民族」間の構図が、多くの人にとって〝相似形〟に認識されたということである。この二つの構図

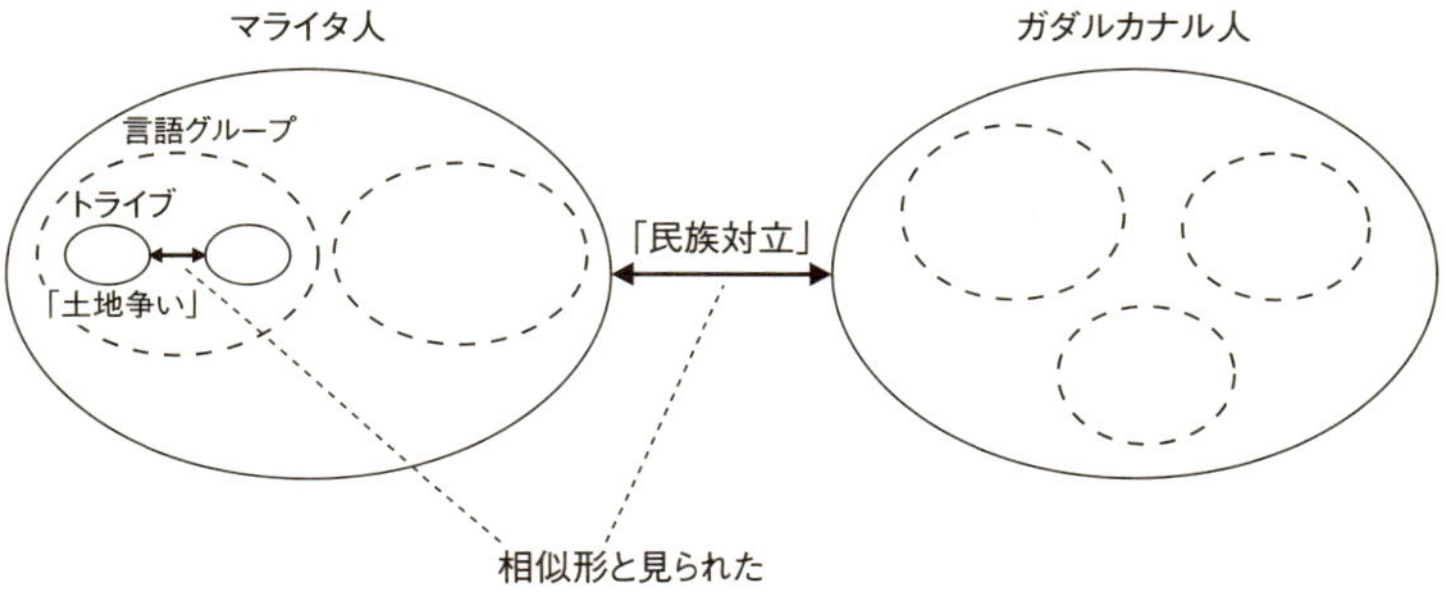

図 7-1　民族対立とトライブ対立の相似形認識

はもともと論理的な関係があるわけではない。しかしいずれも土地をめぐる争いであったことから、マライタ人の間では素直に同じ構図のものととらえられたのである。

一方で、言語グループはこの事態のなかで〝相似形〟と認識されなかった。マライタ島内には12の言語グループがあるが、その枠組みが今回の民族紛争のなかでクローズアップされることはなかった。〈トライブ〉ー〈言語グループ〉ー〈マライタ人〉、という三つのレベルのうち、〈トライブ〉と〈マライタ人〉とは密接に連動したが、一方、間に位置する〈言語グループ〉は連動しなかったということである。これは言語グループという枠組みが土地問題に代表されるような「問題状況」を有していないため、ほかの二つのレベルと連動する必然性がなかったということだと解釈できる。さまざまなレベルの枠組み（「民族」とか「クラン」とか「社会集団」とか呼ばれるもの）は、状況のなかで強く意識されたり意識されなかったり、あるいは強い力として働いたり働かなかったりするものなのである。

そしてガダルカナル人 対 マライタ人という構図の方は、武力対立という事態にまで発展した。そのことはマライタ島内部の緊張もまた高めることになったのである。つまり民族紛争は、マライタの人びとの間にこれまで以上に「自分たちの土地」という意識を喚起した。「他人（ひと）の土地に住むのはやはり安心できない。自分たちの土地に住んでこそ安心できる」という意識はいっそう人びとの間で強くなっていった。他人の土地でいくらココヤシを植えたり竹やパンダナスを植えたりしても、それは将来どうなるかわからない。それが生活上のストック（蓄積）になる保障はない。一方「自分たちの土地」であればそれは未来にわたって保障される。そう彼らは考えるようになった。この考えの帰結は、「自分たちの土地へ戻らなければならない」という考えだった。

実のところ「自分たちの土地へ」という志向は、マライタの人びとの間で民族紛争前から生まれていた。しかし、それらはいろいろな問題（道路がない、学校がない、病院が遠くなるなど）のために実現には至っていなかった。第4章3節で取り上げたＪＢさんの例はその一つである。ＪＢさんは一九九八年、一部の親族がすでに住んでいた内陸部の「自分の土地」へ移住したのだが、「学校や病院へのアクセスの問題」から、一年足らずでアノケロ村に戻ってきた。

しかし、民族紛争はその実行を彼らに迫ったのである。ＰＡさんが「民族紛争をきっかけに移住を決めた」と言っているのはそのことである。アノケロ村の周辺ではＰＡさんたちの動きが先駆的だったが、そのような構えを見せているグループはほかにも多数存在していた。二〇〇二年の調査時点で多くの人が「今すぐは無理だけれど、いくつかの障害が克服されれば〝自分たちの土地〟へ戻りたいと考えている」と語っていた。

トライブと土地をめぐる「混乱」

ここでまた、一つの大きな問題が出てきている。いったい「自分たちの土地」はどこなのか、という「問題」である。そしてそれは、「自分たちのトライブは何なのか」という「問題」とも関係している。

このあたりの話をアノケロ村でしつこく聞くと、人びとは最後には困ったような顔をして、「混乱」(ピジンで「コンヒューズ」)という言葉を使う(6)。何が「混乱」なのか？

PAさんたちの現在のトライブはiFである。しかし、PAさんたちが「戻ろう」と言っているのはトライブiFの土地iFではなく、土地bAである。PAさんの説明はこうである。

なぜ土地iFではなく土地bAか？ それはおもしろい質問だ。実際に行ってみて、土地iFより土地bAにいい場所が見つかった。見つけた土地は川に近く、畑にも適している。土地iFよりも木や籐などの自然資源が豊富だ。土地iFはまわりに人が住んでいるが、土地bAはまわりにまったく人が住んでいないのもいい。ただ、私たちのなかには土地iFに戻ろうという者もいる。

私たちはトライブiFだが、もともとはトライブbAだ。だから土地bAも、私たちのもともとの土地だ。私たちは、トライブiFであると同時にトライブbAなのだ。トライブbAの人がたくさん住むダラ村(7)の人たちとは話をした。彼らは私たちの移住を了承してくれた。(PAさん、二〇〇二年八月インタビュー)

PAさんはこの理屈について自信をもっているので(あるいは、自信をもっているようにふるまっているのかもしれないが)、「混乱」という言葉は使わない。しかし、説明としてはいくらか混乱しているようにみえる。事実、トライブiFの由来も含めPAさんの説明については、トライブiFの中にさえ、異説がある。別のトライブの人間からも、やはりトライブiFの由来とその土地所有について、違う説が聞かれた。そしてそれは、マライタ島ではよくあることである。

別の「混乱」の事例を挙げよう。現在アノケロ村近くの小集落イミアスに住むEEさんの例である。EEさん(1962-)の家族も、亡くなったお父さん(c.1930-2002)が若い頃までは、aBという内陸の土地(トライブaBの土地)に住んでいた。その後、キリスト教に改宗して海岸にいくらか近い村に移住したが、第二次世界大戦が勃発するとまた土地aBに戻った。しかし戦後、また海岸部のアノケロ村に移住してきた。土地aBには現在でもいくつか集落があって人が住んでいる。その一人ELさんとEEさんは、お互い同じトライブだと信じている。しかし、奇妙なことにELさんが「自分もEEもトライブaBだ」と認識しているのに対し、EEさんは「自分たちは土地aDの出身で、現在土地aDに住むトライブaDの人びとと同じトライブだ」と認識している。二人はお互い「同じトライブ内の強い関係」と認め合っている(しかしそれは古い関係と考えられ、具体的な両者の関係は不明という)にもかかわらず、お互いどのトライブに属するか、どこが起源かについて意見の相違がある。EEさんによると、EEさんが自分が属していると考えるトライブaDの人びとも、EEさんを同じトライブの人間だと考えているが、ELさんについては違うトライブの人間だと認識しているという。「同じトライブ内でのこうした意見の相違は珍しいことではない。本当に混乱するね」とEEさんは言う。

なぜこのような混乱があちこちで生じているのか。EEさん自身は、私との議論のなかで「混乱」を四つに整理してみせた。第一に、同じトライブ内に存在する、系譜などに関する意見の相違。第二に、土地の境界線をめぐるトライブ間の意見の相違。第三に、女性の子孫の問題。第四に、養子がそのトライブに属するのかどうかという問題（養子は頻繁に行なわれてきた）。

第三の女性の子孫の問題というのは、第4章4節でも触れた「女のラインのトライブ」への土地譲渡の問題である。あるトライブの女性が別のトライブの男性と結婚したとき、女性の出身トライブからその女性とその夫に土地が分け与えられることがある。この場合、その夫婦の子孫は女性側のトライブを名乗ることがある。実はトライブiFがトライブbAでもあると主張しているのはこのパターンである。しかし、こうした場合、この女性のラインの子孫たちがその「分け与えられた」土地に対してどういう権利をもつのかはあいまいである。

ソロモン諸島における親族グループ（彼らが現在「トライブ」と呼ぶもの）はおそらく、父系を基本としながらも状況に応じて柔軟に変化してきたものだろう。あるグループがkAでもありfUでもある、といったこともそれほど珍しくなかったと思われる。そうした〈便宜〉を重ねることが、「デベロプメントが来る前」はむしろうまく機能してきたと推察してみたい。

ここでの〈便宜〉という言い方は、松田素二（1989）から借用した。松田はアフリカや日本の村落の研究から、「言説―意味―構造の連続性に支配されている近代の知識や認識」とは違う「操りの力としての生活知」の存在を指摘した。この「生活知」とは、「地域生活者の生活の必要や有用性などに依拠し、それらを日常生活の営みのなかで便宜的に活用する智慧」である。マライタ島における「トライブ」も、何か大きな知識体系から合理的に判断されるというより、その場その場の日常的実践のなかでその枠組みが選択的、〈便宜〉的に認識され、実践されてきたといえるだろう。

しかしその柔軟さが、「デベロプメントが来たあと」はむしろ混乱を呼び、争いを呼ぶことになった。その結果、〈理念〉の上では境界線のはっきりした土地と、メンバーシップのはっきりしたトライブがあり、トライブはその土地に対する排他的な権利（所有権）をもつ、という図式が生まれた。しかし、それは実際のありようとズレているので、絶えず混乱と争いを引き起こすようになった。結論の出ない「自分たちの土地」への彷徨が始まるのである(8)。

グループfの今回の移住計画もそうした動きのなかにある。グループfの人びとは、将来を考えた時に「自分たちの土地へ戻る」ことがよい選択だ、と考えた。そして、その「自分たちの土地」がどこかを考えたとき、自分たちのトライブiFのもとの土地であるbAを「自分たちの土地」と決めた。そして条件のよい土地bAへの移住を選択した。

正の資源、負の資源

第4章で議論したように、マライタ島における「重層的コモンズ」はそれが重層的であるぶん、多様な社会関係を取り結んでいることになる。そしてそのことが住民にとってはリスク分散になり、生活の保障をもたらしている。またこの重層的なコモンズは、自然資源との多様な関係を保障するものでもあり、その意味でも生活の保障をもたらしてきた。

しかし、残念ながらそれはいつでも保障を与えてくれるわけではない。重層的とは、あいまいでもあり、安定に欠く側面を有する。トライブによる「所有」が排他的だと認識されはじめると（「自分たちの土地」意識)、「重層的コモンズ」は、あいまいであるがゆえにそうした流れを止める力にはなりにくい。事実マライタ島における長年の土地争いは、そういう方向への流れをすでに形成していた。そこへ民族紛争が起こり、その傾向を加速した。

その問題を克服しようとしてグループｆは内陸部への移住を考えるのだが、しかしその時に彼らが使った社会的なしくみが、やはり「重層的コモンズ」であった。彼らは、トライブの枠組みのあいまいさや土地所有・利用の柔軟さを利用し、土地ｂＡというより生活に適した地に「戻ろう」という計画を立てたのである。グループのリーダーであるＰＡさんが「見つけた土地〔土地ｂＡの中にある〕」は、川に近く、畑にも適している。まわりにまったく人が住んでいないのもいい。私たちはトライブｉＦだが、もともとはトライブｂＡだ。だから土地ｂＡも私たちのもともとの土地だ」と言うのはそういうことである。

「重層的コモンズ」という社会的なしくみは、住民の生活戦略にとって非常に重要な資源である。しかし、状況のなかでそれは負の資源にもなりうるし、正の資源にもなりうる。グループｆの移住計画は、「重層的コモンズ」を負の資源になりかけたことを背景に生まれたが、今度はその「重層的コモンズ」を正の資源として使い直すかたちで計画が練られたのである。

もちろん、今回の移住計画は「重層的コモンズ」という資源のみで動いたわけではない。自然資源へのアクセスというもう一つの重要な資源が大きく働いている。次節ではそのことを、住民の生活戦略全体の中に位置づけながら議論してみよう。

3　自然資源 対 近代セクターのせめぎあいと二重戦略

資源化された自然

今回の移住計画を立てている彼らになぜ内陸部に移住するのかと聞くと、まず得られるのが「内陸部の方が自然資源が豊かだから」という答えである。グループｆのリーダーのＰＡさんは言う。

　土地ｂＡには資源（ピジンでリソシス）がいっぱいあるからね。とくに建材になる〝森の材〟（ピジンでブッシュ・マテリアル）がたくさんある。しかも誰も住んでいない。さらに、畑の作物もよく育つ。タロもサツマイモも実際に植えてみたが、非常によく育つ。今住んでいるところの畑は、作物の出来がよくない。（ＰＡさん、二〇〇二年八月インタビュー）

ここで、彼らが「資源が多い」と語ることの意味を少し掘り下げてみたい。

第一に、移住計画先はたしかに現住地と比べて物理的に自然資源が豊富である。私自身は土地ｂＡへ行く機会に恵まれなかったが、土地ｂＡの様子に近いと思われる内陸の森を何度か歩いて観察したことがある。内陸部の森と現住地近くの森を比べた場合、まずすぐに気がつくのが、内陸の森には大木が豊富に存在していることである。この地の言葉で、ファサ（*Vitex cofassus*）、ダワ（アクワとも）（*Pometia pinnata*）、バウレ（*Calophillum kajewskii*）といった木の大木が容易に見つかる。現住地近くの森にもそ

写真 7-1　森の自然資源を利用する（1999 年撮影）

れらの木はあるが、量が少ない。また、カオと呼ばれる野生の竹（*Nastus obtusus*）、籐（*Calamus* spp.）なども内陸の森では非常に目につくのに対し、現住地近くの森ではそれらが確実に少なくなっている。その他、さまざまな有用野生植物も、やはり内陸部の森の方が豊富である。

第二に、資源が多いというのは、ただ物理的に資源が多いのではなく、資源を利用する技術や知識が人間の側に蓄積されていることである。資源が資源たりえるかは、人間との関係による。彼らは森の動植物について、この木は何に適している、このつるは何に使える、とその特徴と用途を地域社会の伝承として詳しく把握している。そうした技術と知識によって自然は「資源化」するのである。彼らが「資源が多いから移住する」という時の「資源」とはこのように「資源化」した（あるいは「資源化」しうる）自然を指す。これを「第一の資源化」と呼んでみよう。

第三に、こうした「第一の資源化」がなされていたとしても、その資源にアクセスできる権利がないとそれは意味をなさない。繰り返し述べるように、マライタ島には私が「重層的コモンズ」と呼ぶしくみが存在している。土地・自然資源の所有（権）・利用（権）のさまざまなバリエーションが重層的に存在していて、住民が柔軟に（比較的自由に）土地・自然を利用できるしくみである。「第一の資源化」を経た自然は、このしくみによって現実に使える資源となる。土地が細かく個人所有に分かれていたり、国が所有していたりすると、自然資源の「豊富さ」は意味のないものになる。しかし、マライタ島では開かれた共同利用のしくみがあり、そのことが人びとにとって自然資源を「豊富」たらしめているのである。これを「第二の資源化」と呼んでみよう。もっとも前節で見てきたように、そのしくみが土地争いや民族紛争のなかで揺らいできたために、グループfはそのしくみをより安定的に使いうる内陸部の「自分たちの土地」へ移住しようとしたのである。

第四に、「資源が多い」といっても、何でも多いわけではない。第3章で詳しく見たように、住民たちが利用している「自然」のなかには、実は人間の手が加わった「自然」、人間との相互作用の状態にある「自然」が少なくない。〈栽培植物〉―〈組織的に植栽される植物〉―〈植えたものから移植される植物〉―〈天然から移植される植物〉―〈人里近くに生える植物〉―〈手を加えられる野生植物〉―〈野生植物〉という「半栽培」の豊かなグラデーションがそこには存在するのである（図3－5）。しかし、移住計画先の土地bAは長く人びとが住んでいなかった土地なので、そうした「半栽培」は実は多くない。それらは移住後また一から増やしていくしかないのである。実際彼らはすでに「半栽培」の代表格であるカオアシ（kao asi）と呼ばれる竹（*Bambusa blumeana*）を植えたという。

一方で、そうした「半栽培」が現住地のアノケロ村周辺に豊富かというと、そうでもないのである。というのも彼らが現在住んでいる地域は人口が過剰気味で（民族紛争後、ガダルカナル島からの帰村者が増えて、さらにその傾向は加速した）、その人口圧によっていくつかの半栽培植物は少なくなっている。そうした意味では、半栽培植物についても現住地よりも土地ｂＡの方が潜在的な「半栽培のバリエーション」は高いといえるだろうし、彼らがそう考えたとしても不思議ではない。

以上のように、今回のグループｆの移住計画の背景には民族紛争による「土地」への不安ということだけでなく、自然資源という資源の重要性が存在していた。もっとも、それは単純に内陸部の方が「自然」が豊富だということでなく、その自然についての技術や知識が受け継がれており（「第一の資源化」）、それへアクセスできるしくみ（「重層的コモンズ」＝多様な所有（権）・利用（権）の重層的な存在）が存在している（「第二の資源化」）ということが重要なのであり、さらには潜在的な「半栽培」の豊富さが期待できることが重要なのである。それらが彼らを内陸部へ向かわせている。

近代セクター

資源としての自然資源の豊富さが彼らを内陸部へ向かわせる大きな要因である、と述べた。しかし、それならばなぜ彼らはこれまで海岸部に住み続けてきたのか。

第２章で描いたとおり、彼らの多くが海岸部に住みはじめたのは一九三〇〜一九四〇年代である。彼らは「キリスト教に改宗して海岸部の教会に合流した」という言い方でこの時代の海岸部への移住を説明する。そして、第5章で詳しく見たように、そのあとプランテーションや町への短期・長期の移住を繰り返す（プランテーションへの出稼ぎはその前からある）。さらに一九七〇年代以降、とくに一九八〇年代以降はホニアラへの移住が増え、そこに半ば定着する者も増えた。もっともホニアラへ中期的に移住したあと、村へ戻ってくる者も少なくない。

こうした流れをもたらしたものはいくつか説明できる。

一つは医療へのアクセスである。この地域では一九二九年、アノケロ近くのフォアブに英国国教会による診療所が設けられ、西洋人の医者が駐在した。このような教会や政府による医療サービスが進められていった。こうした医療へのアクセスは、人びとを海岸部へ引きつける要因となった。

もう一つは学校へのアクセスである。教会は学校を設立し、教育を受けたソロモン諸島民が教師となって教育を施した。教育を受けることが社会で力を得ることになると気がついた多くの住民たちは、教育を受けるために海岸部に出てきた。

しかし人びとを海岸部へ引きつけた最大の理由は、貨幣経済部門へのアクセスである。これには消費財へのアクセスと賃労働へのアクセスの両方が含まれる。一九七〇年ごろまであった華人による船の巡回は、村々に、米、ビスケット、タバコ、塩、砂糖、灯油、紅茶などの消費物資を行きわたらせた。こうした物資へのアクセスは海岸部の村への移住を促した要因の一つだった。のちにアノケロ村周辺地域でいえば、一九七〇年に始められた乗り合いトラックにより、アウキへの行き来が容易になり、アウキの商店での物資購入も簡単になった（第2章参照）。これも道路が走る海岸部の方が圧倒的に有利であった。

写真 7-2　村近くの定期市。野菜や加工食品販売は重要な経済活動。近年多いのはパンやケーキ。各自小麦粉を買ってきて家で焼くのだが，家によって焼き方や味が違っていて，どこのはおいしい，と評判になる（2004 年撮影）

今日人びとが頻繁に購入するものとして、インスタントラーメン、米、塩、砂糖、紅茶、コーヒー、タバコ、ランプ用の灯油、マッチ、缶詰、洗濯用洗剤といった商品がある。さらに子どもの学費や婚資などにもお金がかかっている。一九九三年のアノケロ村での18世帯調査では、支出全体で1世帯当たり月平均64・20ドル（2234円）。そのうち、市場での購入が4・40ドル、魚の購入が9・70ドル、缶詰などの加工食品類が18・90ドル、その他が31・20ドルであった。

それに対し、収入は地域の市場やアウキの市場での生産物販売（野菜や加工食品）、コプラやカカオの業者への販売、そしてたいへん限られるが一部賃労働などによっている。出稼ぎや仕送りがこれに加わる。買う方も売る方も、内陸部より海岸部の方が圧倒的に有利だった。一九九三年のアノケロ村での調査では、1世帯当たりの月平均収入は87・10ドル。そのうち、コプラ販売が35・00ドル、カカオが36・30ドル、市場販売が15・80ドルだった(表2―1参照)。

二重戦略

医療・学校・貨幣経済を軸とした近代セクターへのアクセスが、彼らの移住や出稼ぎの主要な背景だった。しかし、彼らの移住の形態を見ていると単に近代セクターへのアクセスだけでは説明できない。第5章で見たように、彼らの移住の多くはいわゆる環流型移住である。短期の出稼ぎの場合はもちろん、町で比較的安定した職についていた場合でも、いずれ村に戻るという人は少なくない。近代セクターへのアクセスだけを考えれば町の方がいいのだが、彼らは村の生活を完全には捨てない。ホニアラでの生活が長い者も、何らかのかたちで村との関係を保とうとすることがほとんどである。

また、ホニアラへ移住している間も近代セクターのみで生きているかというと、そうではない。たとえば典型的な例として、夫が工場で働く一方、妻や子どもなどはホニアラの中に畑を拓きキャッサバなどを栽培している。家の屋根を葺く場合はマライタの村からサゴヤシの葉をもってくる。

近代セクターと自然資源へのアクセスを含めた自給経済部門(サブシステンス部門)双方の間で、人びとは揺れ動いている。

お金でしか買えない商品があり、あるいは買った方が投下労働力の点で低コストのものがあり、また、子どもたちの学費、とくに中学校以上の学費を払う必要がある以上、貨幣経済部門を放棄するわけにはいかない。しかし、貨幣経済部門に頼りきることもできない。

なぜなら第一に、サゴヤシの葉や建材など、現在サブシステンス部門で得られているものを貨幣経済部門で代替しよう、つまりは現金で買おうとすると、コスト(投下労働力)が高くなる。第二に、貨幣経済部門はつねに国際相場やインフレといった、人びとのあずかり知らないところからの影響を受けるため、安定性に欠ける。第三に、貨幣経済部門は華人や一部エリートに握られており、人びとがその主導権を握ることはできない。

貨幣経済部門は大事だが完全に頼りきれない、という場合、彼らがとりうる手段はサブシステンス部門を保持しながら貨幣経済部門ともつきあうことである。これは第5、6章でも議論したとおり、いわば「二重戦略」とでもいうべき生活戦略である。

この二重戦略が典型的に現れているのが、ガダルカナルの土地を購入したマライタ人たちの存在である。第6章で詳しく描いたように、一九八〇~九〇年代にかけてガダルカナルの土地を購入するマライタ人が増えた。今回マライタ島内陸部への移住を計画しているグループfのPAさんも、実はその一人だった。

PAさんは小学校七年生終了後の一九七五年、両親とともにガダルカナル島のアブラヤシ・プランテーションSIPLに出稼ぎに出て以来、一九七八年の結婚をはさんで、16年間そこでの仕事を続けた(この移住については第5章2節)。「いずれ村に戻るつもりだった」PAさんは、一九九一年、すでに何人もできていた子どもとともにアノケロ村に戻り、畑作など村の仕事に従事した。

しかし、一九九六年から再び出稼ぎに出る。今度は単身である。

村に戻りたくて戻ったというPAさんが再び出稼ぎに出なければならなかった直接の理由は、子どもの学費だった。PAさんの子どものうち、2人が中学校（Secondary School）に通いはじめ、その学費が合計年800ドルかかることになった。これは村で容易に稼げる額ではない。PAさんの家族は地域の市場向けにパンを焼いて販売するなど、村での現金収入活動に熱心だが、それだけでは子どもたちの学費を十分稼げない。

ソロモン諸島では、中学校へ上がるには全国統一の試験に合格せねばならず(9)、卒業すると将来職を得る可能性が高まる。実際には中学校へ行っても職にありつける可能性は高くないのだが、子どもが試験に合格して中学校に上がれるとなると、親にとってはたいへんうれしいことである。しかし反面、学費の負担が悩みの種となる。

PAさんは村に妻や子を残して単身でホニアラに出て、電気局（SIEA：Solomon Islands Electric Authority）と契約した建設事業を行なった。SIEAとPAさんが一定額で契約し、PAさんは8人の労働者を雇って建設を行なった。その多くは同じアノケロ村の出身者だった。

SIPL時代に家族で移住していたPAさんが、単身での出稼ぎを選択した理由としては(1)パーマネントな労働ではないため、家族を呼ぶほど安定していない（実際、契約が終わると今度は別の契約を探すという）、(2)インフレもありホニアラで家族が生活するのは非常に高くつくといった点がある。ソロモン諸島のインフレ率は非常に高い（一九八八〜九四年の年平均で12・7％、二〇〇〇〜〇九年では8・9％）(10)、ちなみに少し古い数字だが、政府の統計によると、一九九〇〜九一年におけるホニアラでの1世帯当たりの生活費は760ドルであり（Solomon Islands Statistics Office 1992a）(11)、これは一九九三年マライタ島村落部での1世帯当たりの生活費177ドル（Solomon Islands Statistics Office 1995a）に比べてはるかに大きい。

家族を村に残し、PAさんは町で現金収入の仕事に就く。家族は村のサブシステンス部門を中心に生き、PAさんは町の貨幣経済にアクセスする。二重戦略の一つのパターンだった。

そうした生活を送るなかで、PAさんはまた別の二重戦略の道を模索していた。それはガダルカナルの土地を購入することだった。PAさんは首都ホニアラから西に約20キロにある土地を、ガダルカナル島民の土地所有者から6千ドル（当時のレートで約15万円）で買った。このあたりはマライタ人が購入した土地が広がるエリアで、エリア一帯の面積はPAさんの話から推測すると数ヘクタール程度かと思われる。当時PAさんはホニアラとマライタを往復する生活をしていたが、それ以後はこの土地には親戚の家族に住んでもらい、自分自身もときどき通うというかたちをとった。PAさんの目論見では、ここで息子に養豚・養鶏事業をやらせる予定だった。

マライタ島民の生活戦略にとって、ガダルカナル島の土地を購入するのはどのような意味があるのだろうか。実は、ガダルカナル島の土地、とくにホニアラ近郊の土地はマライタ島民にとって、自給セクターと近代セクターの双方の恩恵を享受できる場所なのである。マライタ島民が近代セクターを享受しようとすると、どうしてもホニアラに出てこざるをえない。しかしそこでの生活は、彼らがよく言うように「すべてが金なので、生活はきつい」。一方、村での生活はこれまた彼らがよく言うように「金を得るという面ではきつい」のである。PAさんが目論んでいたように、ガダルカナルの土地を購入してそこで畑仕事などの村の生活を続けながら、町のマーケット向けに養豚や養鶏業を営むというのは、その両方を一度に克服するうまいやり方なのである。はたせるかな、多くのマライタ島民がガナルカナル島の土地を買った(12)。

しかし、これがガダルカナル島の一部の人びとの反発を買った。一九九九年に始まった民族紛争の原因の一つは、マライタ人によるガダルカナル島の土地購入だった。

民族紛争のなかで、ガダルカナル島の武装勢力が真っ先にターゲットにしたのが、こうした他島(とくにマライタ島)からの土地購入者だった。彼らの多くは武装勢力に脅迫され、ほうほうの体でホニアラや出身島に逃げた。

ガダルカナル島の土地を購入するという二重戦略はこうしてあえなく失敗したのだが、実は今回の内陸部への移住計画もそうした二重戦略の延長線上にある。

今回の移住計画について詳しく話を聞くと、どうも全員が完全に移住するわけではないことがわかる。PAさんはこのように言っている。

自分たちのいくらかが土地bAに住み、いくらかがアノケロに住むことになるだろう。子どもたちの学校のこともあるし。たとえば私の家族で言えば、私が土地bAへ行き、息子たちがこちら(アノケロ)に住む。ときどき私もアノケロに戻ってくる。しかし行ったり来たりを頻繁に行なうには、移動手段の問題がある。土地bAへの道路を政府に要求したいと考えている。(PAさん、二〇〇二年八月インタビュー)

彼ら自身、全面移住なのか、部分移住なのか、アノケロでの生活をどのくらい残すのか、といった点について、明確なビジョンがあるわけではない。彼らの動きをいくらか客観的に見ているある住民は、「彼らは移住すると言っているが、たぶん移住しても生活の基盤はアノケロが中心になるだろう」と分析してみせた。私もだいたい同じように予測した(13)。

つまり、彼らの計画は、内陸部に移住して豊富な自然資源へのアクセスを確保すると同時に、アノケロにおいて学校・医療・貨幣経済といった近代セクターへのアクセスも保持しようという、二重戦略の一バリエーションだった。

4　生活を組み立てるということと、めざすべき開発論

さまざまな資源の存在

私が注目したグループfの人びとの移住計画は、サブシステンス部門と貨幣経済部門の二重戦略の帰結であり、同時に二重戦略そのものだった。二重戦略のかたちは状況に応じて変化する。人びとは資源群の中から状況に応じた選択をしている。人びとの生活戦略の立て方とはイコール資源の選択のしかたであった。

この本ではマライタ島の自然利用、土地制度、移住を扱ってきたが、それは実は人びとがどんな資源を使っているか、何を資源化しているかをさまざまな角度から考えてきたことになる。

第3章では、半栽培のバリエーションが資源になっていることを示した。野生から移植するガリの木、移植されたものからさらに移植するパンダナスや竹、野生に手を加えるファサの木、人間の活動と相互作用にあるアマウの木といった、「栽培」でも「野生」でもないさまざまなレベルの半栽培の植物が、人びとの生活を支えていることがわかった。タロイモやヤムイモなど焼畑で生育する栽培植物に加え、これらの半栽培植物があることが住民にリスク分散をもたらしている。半栽培とは人間と自然との間の多様な相互作用である。そして、半栽培植物は初めからそこにあるのではない。人びとが長い年月をかけて歴史的にそこに蓄積してきたものであり、技術や知識の蓄積や継承の結果である。そうした多様な技術・知識と自然との間の関係の蓄積こそが資源なのである。

しかし半栽培が資源として成立するには、もう一つの資源である「重層的コモンズ」のしくみがあった。第4章で見たように、「所有」か「無」かではなく、土地・自然資源をめぐる所有（権）・利用（権）の重層的なしくみが存在しており、それが人びとの生活に安定を与えていた。近代的所有（土地やモノに対して一人の所有者が排他的な権利をもつ）に慣れた私たちから見ると、ソロモン諸島の伝統的な土地所有制度は、何ともあいまいでつかみどころのないものに見える。しかし、そのつかみどころのなさこそが、彼らが蓄積してきた資源としての社会的なしくみだった。父系親族集団の総有を基本としつつ、柔軟な利用権の存在は半栽培のバリエーションを資源として生かす土台になっている。

もちろん半栽培と重層的コモンズという資源だけが、住民の生活を支えているのではない。さまざまな相互扶助のしくみ、人的ネットワーク（トライブ、親族ネットワーク、友人関係、教会ネットワークなどなど）もまた大きく人びとの生活を支えている。人びとの生活の基本単位は核家族世帯だが、集落

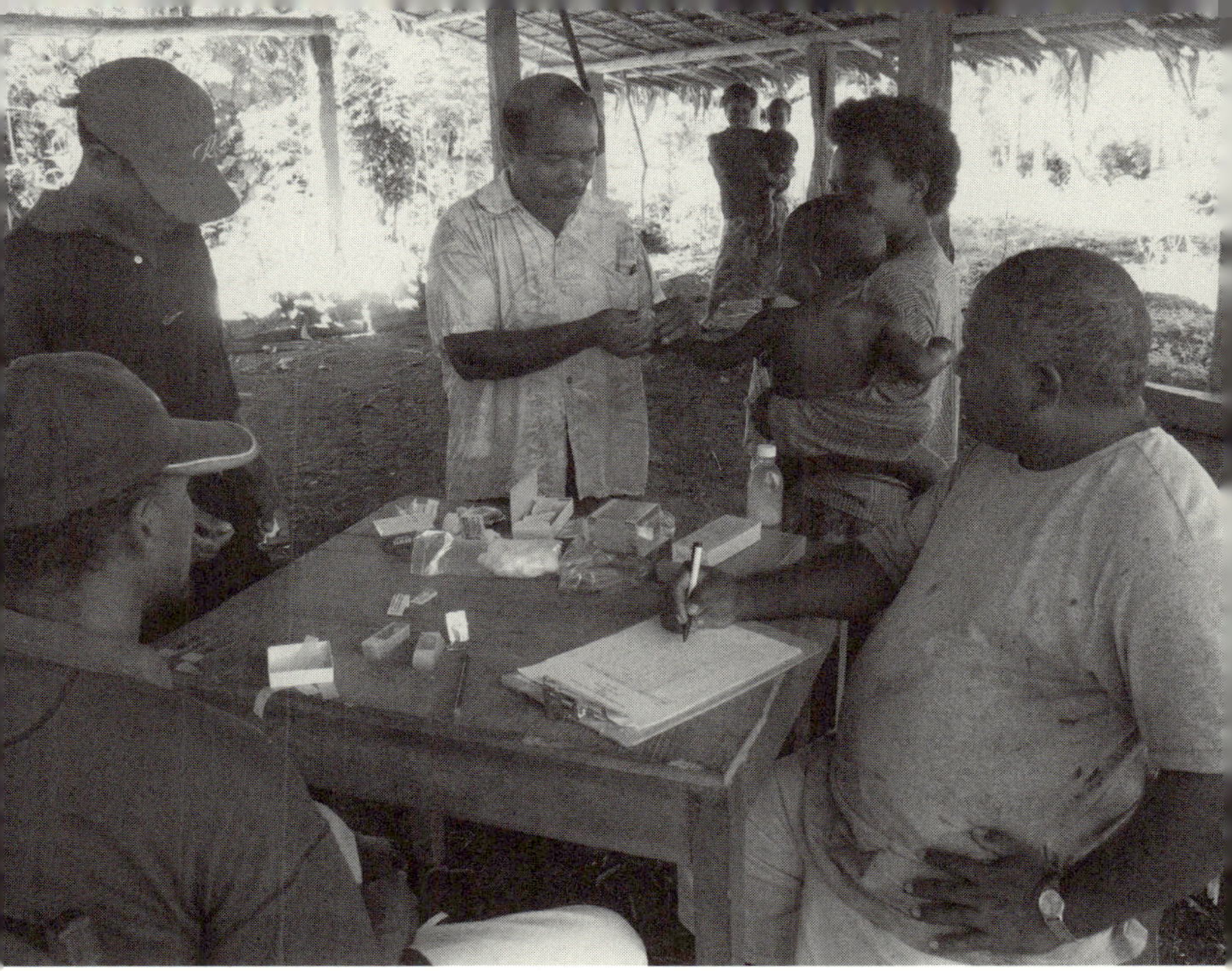

写真 7-3　マラリアはごく日常的な病気。政府によるマラリア検診も行われる。こうしたサービスも住民が利用する資源の一つ（2004 年撮影）

の中の相互扶助はたいへん大きいし、それぞれの世帯がもつ集落を超えたネットワークも小さくない。

さらに、この百年の社会変動のなかで新たに登場した資源も多い。第2章で見たように、アノケロ村は、ほかの海岸部の村同様、社会変動のなかで登場した集落である。その歴史の中には、学校、教会、医療の登場があり、交通、消費物資、町（アウキ）の登場がある。それらは使える（かもしれない）資源として住民たちの前に登場した。新しいリーダー層が登場し、移住・出稼ぎも頻繁になった。なかでももっとも大きい資源として登場したのは、貨幣経済部門だった。

人的ネットワークも、社会変動のなかで新たに加わっていった。従来のトライブや親族ネットワークに加え、学校関係、職場関係、政治家とのつながり、NGOとのつながりなどが少しずつ加わっていく。

住民たちの目の前には多くの資源が存在している。しかし、大事なことはこれらが最初から資源として存在しているのではなく、資源化というプロセスを経て資源になっていることである。半栽培についていえば、長年にわたる人間と自然との間の相互関係の蓄積がまずあり、その上でさらに日常的な半栽培化の行為（たとえば移植するという行為）がある。歴史の蓄積と日常的な行為が合わさって資源は資源として生きてくる。貨幣経済部門という資源は、町に出るという行為、人的ネットワークを使って積極的にアクセスする行為によって、ようやく使える資源となる。

資源には絶えず資源化というプロセスが付随している。

さらに、資源はいつも住民の生活にとってプラスに働くとは限らない。歴史的に蓄積されてきた資源も、場合によっては逆に住民の生活に困難をもたらすことがある。

先に「重層的コモンズ」が「負の資源」化することがあると論じたのがそれに当たる。マライタ島における「重層的コモンズ」は、その重層性ゆえに住民にとってはリスク分散になっており、生活の保障をもたらしている。しかし、社会変動のなかで土地所有が排他的な権利へ動きはじめると、重層的コモンズはあいまいであるがゆえにそれを止めることにはならず、リスクが増すことになる。

しかし一方、それを克服しようとしてグループｆが内陸部に移住しようとしたのも、重層的コモンズがあってこそだった。彼らはより生活に適した土地を「自分たちの土地」と解釈し、そこに移住しようとした。彼らは「重層的コモンズ」を使い直そうとした。

資源は、人びとの営みのなかで正にもなり負にもなる。ときに、負になりかけた資源を正の資源として使い直すという戦略がとられる。

たとえば日本の農村地域で「何もないのがうちの魅力」というかたちで「地域資源の再発見」をしようという試みがあるのを想起してみよう。ソロモン諸島住民の資源の「使い直し」という営みは、これと通底する。

資源を組み合わせる

こうやってさまざまな資源が住民たちの前にある。これらの一つひとつは決して安定的なものではない。コプラの価格は彼らのあずかり知らない国際的な相場で決まる。彼ら自身がコントロールできないという意味で不安定である。教育を受けたからといって、それが安定的な職につながるわけではない。しかし、可能性は若干広がるので親の多くは上の学校（中学校、高校）へ行かせたがるが、これも何かを保障するものにはなっていない。村の中の相互扶助は生活の安定に寄与はするが、これも過剰な期待はできない。絶対的な資源はない。

しかし、こうしたさまざまな資源をうまく組み合わせることによって、生活全体として安定をめざすことができる。多様な資源の組み合わせが可能になって初めてそれぞれの資源は資源として生きてくる。

一つひとつは完全でも十分でもない資源を、その時期の状況に合わせて組み合わせ、なんとか生活を組み立てる。そしてその組み立て方が現状にそぐわなくなったら、また組み立て直す。そうした営みがマライタ島民、ひいては多くの発展途上国の住民たちの姿であろう。

その様子はたとえば、第5章以下で見たような「移住」という現象に典型的に見ることができる。マライタ島の住民たちは一九世紀末〜二〇世紀初頭のブラックバーディングから、戦前のプランテーションへの出稼ぎ、そして、戦争直後の労働部隊の経験、さらには、戦後の出稼ぎ（「ぶらぶら歩き」のための移住を含む）など、さまざまな移住形態をとってきた。彼らのそうした移住形態は、貨幣経済部門と村の歴史的ストックの間を行き来し、できればその両方から利益を得ようとする生活戦略（二重戦略）を基本としていた。そのことは、第6章で見たように、民族紛争という「有事」における避難や移住の形態においても実は同じだった。一見時代に逆行しているかにみえる内陸部への移住計画も、やはり住民たちのそうした生活の組み立て方の延長上にあった。

そしてこの組み立て方は一様でない。私自身、マライタ島で調査をしはじめたとき「村の住民たちの生活はこうである」というモデルを描きたいと思っていた。しかし、私の前に現実に現れたのは一つのモデルに収まりきらない多様な住民たちの存在だった。事実、住民たちの生活は予想外にバラエティに富んでいる。町への志向をはっきりもつ者、村での生活を大事だと考える者などいろいろな志向があり、それぞれに工夫が見られる。彼らの手持ちの札は決して多くないが、そのなかからそれぞれの個人や世帯が創意工夫で生活を組み立て、生活の質の向上を図っている。そのことは対象を「住民」として一括りに見がちな私たちの視点へ反省を迫る。

とはいえ、悩ましいことにどの組み立て方にも完璧なものはない。どのように組み立てても、多くの場合不安定要素を抱えている。民族紛争で避難してきた住民たちについていえば、そのまま村にとどまる者も、民族紛争が収まったからといってホニアラにまた戻ろうとする者も、それぞれに不安定要素を

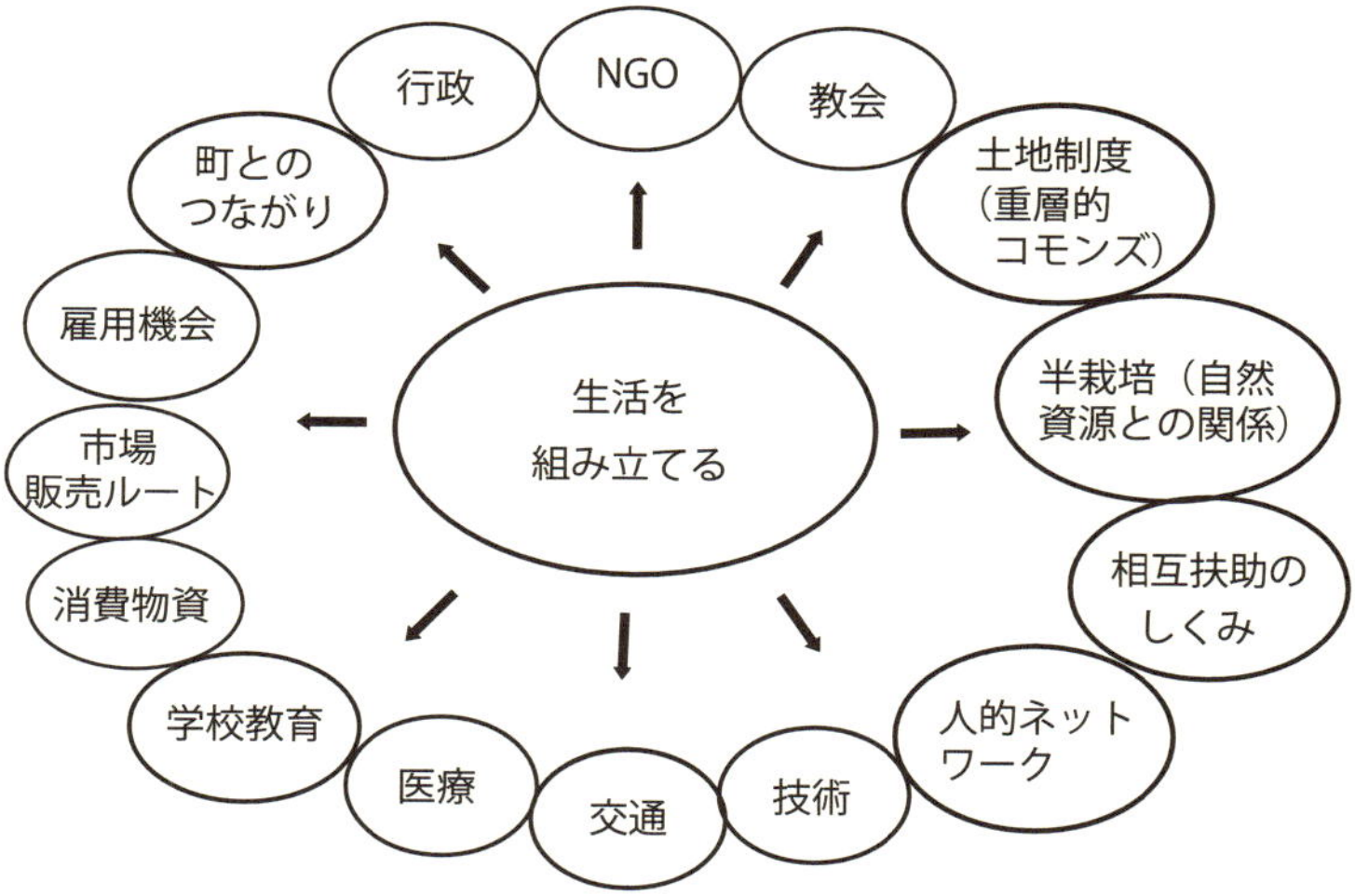

図 7-2　生活を組み立てるための資源群

抱えざるをえない。どちらが正解というのではなく、世帯ごとの状況、一人ひとりの志向や考え方に基づいて、とりあえずより望ましい生活の組み立て方をするしかない。

生活を幸福に組み立てる3つの原則

生活を組み立てる、あるいは組み替える営みを見た私たちは、そこから何を考えればよいだろうか。

私も含め発展途上国での研究を始める者は、おそらく、「幸福（well-being）とは何だろうか」という裏のテーマをもっていることが多い。豊かさとは何か、と言いかえてもよいかもしれないし、生活の質の問題と言ってもよいかもしれない。

もちろん先進国の人間の多くが誤解するように、これは「物質的な豊かさ」対「精神的な豊かさ」という、本来ありもしない二項対立の問題ではない(14)。モノと心という二項対立で考えてしまうと、資源として利用されているさまざまな人的ネットワーク、社会的しくみはそのどちらにも入ってこない。モノも心も含まれるような多様な資源、多様な社会的しくみを全体的に議論する必要がある。大事なことは何だろうか。あるべき社会のかたちはどのようなものだろうか。発展や開発は何をめざすべきだろうか。

発展と問題を考えるとき、私がソロモン諸島の住民たちから学んだのは、望ましい社会というものが、**生活を〝幸福に〟組み立てられる社会**だということだった。

生活が〝幸福に〟組み立てられる、とはどういうことだろう。これまでのソロモン諸島での観察から、私は次の三点を暫定的に考えている。

第一に、選択肢があること。無限の選択肢はもちろんどの社会でも望むべくはない。しかし一定程度の選択肢があることは重要だ。使える資源が多様で、選択肢が確保されていること、住民が選択できること。ソロモン諸島の住民たちを観察していると、単に選択肢が目の前にあるというより、それぞれ選択肢を保つためにさまざまな工夫をしていることがわかる。人間関係を保っておく、資源化の技術を維持する、など選択肢を選択肢として生かす、資源を資源として生かす日常の営みが重要になってくる。経済発展というものがあるとすれば、それは健全な選択肢が増える方向での経済の構築を意味しなければならない。

第二に、組み立てる主体になれること。外から押しつけられて組み立てるのではなく、主体となって組み立てられること。自分たちで決められること。ソロモン諸島の場合は、各世帯が自主的に決めている。したがって私が見たとおり、その組み立て方は多様になる。多様になればなるほど、各自が選択する場合に、多様な事例を参考にすることができる。ほかの事例を参考にしながら、それぞれの世帯が自分たちで決める。

第三に、親密圏や尊厳、アイデンティティを保ちながら組み立てられること。主体的に組み立てるといっても、つらい組み立て方しかできないのではよい社会とはいえない。家族や仲間が離ればなれにならざるをえないようでは、よい組み立ての条件とはいえない。ソロモン諸島でも、住民たちが出稼ぎや移住の選択を考えている時に重視していることの一つに、家族が一緒に住めるか、近しい人と一緒にいられるかがあった。家族や仲間などの親密圏を保ちながら組み立てられること、さらには、それぞれのアイデンティティや尊厳を保ちながら組み立てられることが重要になってくる。そうした条件を提示できている社会がよい社会だといえるだろうし、そうした社会になることが社会の発展だといえるだろう。

このように考えると、たとえば開発協力においてまず第一に考えるべきは、こうした幸福な生活の組み立て方（少なくとも不幸ではない組み立て方）ができる条件を整備することだろう。選択肢、主体性（主権）、親密圏、尊厳、そうしたものを確保できる社会をめざすことが、発展／開発の中心におかれなければならない。

不幸にしてソロモン諸島でも起きてしまった紛争は、そうした生活の幸福な組み立て方をきわめて困難にする。トップダウンの大規模開発、大規模な環境破壊といったものも、先進国の人間が考えるような持続可能性云々よりも、住民の生活の組み立て方に大きな悪影響を与えることが問題なのである。そうした危険を取り除くことが、開発に携わる者のまず第一の目標にならなければならない。そしてなるべく安定的で使いやすい選択肢を増やすような社会整備をすること（社会開発）。主体的な選択ができるようにする、つまりはさまざまなレベルでの民主主義を実現すること。それらが発展や開発の中心におかれなければならない。

5　〝社会的なもの〟のアドボカシー

そうした開発目標を考えたときに、研究は何をめざすべきだろうか。フィールドワークを軸とした研究は何を目標とすべきだろうか。そのことを本書の最後に考えたい。

この本では自然や移住や紛争について論じながら、実のところさまざまな資源とその歴史的ダイナミズムを記述・分析してきた。人びとはさまざまな状況のなかでどのような資源を使ってきたか。どうやって資源化をしてきたか。資源はどのような構造をしていたか。

さまざまな資源の具体的な歴史的構造に注目すると同時に、個々人、個々の世帯の具体的な資源の利用方法、生活の組み立て方に注目し、それを記述してきた。人びとを一括りに見るのではなく、一人ひとり、あるいは一世帯一世帯に注目し、それをいくらか詳しく記述することにより、その資源のリアリティをつかみ、同時に人びとの中の多様性を見ようとした。

このように資源群を立体的にあるいは微細に見たとき、浮かび上がってくるのは人びとが利用している資源の多くが「経済」や「環境」などに一元化されない、微細で多様な〝社会的なもの〟だということである。あるいは、単なる個人的なものでもまた大きな構造（たとえば国家）によるものでもない、実にさまざまなレベルの社会的なしくみだということである。それらの〝社会的なもの〟は、一見頼りなげで実際どれも単体では不安定だが、人びとはそれを創意工夫で組み合わせることによって「力」にしていた。

社会的なものは、社会的であるがゆえに「力」（power）になりうる。国家の施策も、NGOのプロジェクトも、学校教育も、親族ネットワークも、トライブの紐帯も、土地所有制度も、人びとが生きていく時に利用する種々の力は、みんながそれを力があると認めていたり、みんなで力にしていこうとする方向があるからこそ、力として存在している。〝社会的なもの〟であるがゆえに力になるのである。

「生活を組み立てる」ことに視点を移すとは、そうした一見弱々しくみえるが住民にとっては非常に大事なもろもろの「力」を再発見し、アドボケイト（政策提言）しようとすることである。この本全体で行なってきたこともそうした「力」、「資源」としての社会的なもののダイナミズムをもう一度浮かび上がらせ、記述しようということだった。

ここへ来て、開発／発展に資する研究、フィールドワークを軸とする研究のあるべき像がほのかに見えてくる。つまり、人びとの種々の〝社会的なもの〟を明らかにし、開発／発展の道筋を考えることがその目的になる。住民の視点に立って複眼的に〝社会的なもの〟をアドボケイトする役割を担う。「経済発展」や「公共性」の名の下で、あるいは場合によっては「自然保護」の名の下で、住民の生活が無視されようとするとき、住民が依存している種々の〝社会的なもの〟を掘り起こし、学びながら、代弁する。それは何が政策や活動の前面におかれるべきかという、配置の組み替えの問題である。こうした再配置こそが研究の主要な目的となる。

本書では〈自然環境〉と〈移住〉という二つのトピックを重点的に取り上げたが、実のところ〈自然環境〉とは自然との関係の配置を住民たちが組み替えた様相であり、また〈移住〉とは住民が社会的な資源（雇用、政策、社会的ネットワークなど）の配置を空間的に組み替えることであった。住民たちもまた再配置の営みを続けている。私たちが提案する再配置と住民たちの再配置が連動しながら、協働でアドボカシーを行なっていくことをめざしたい。

アドボカシーは単に政策決定者へ向けたものばかりではない。むしろ私たちのアドボカシーは、私たちを横につなぐものが望ましい。現場と現場をつなぐものとしての研究である。一見微細な〝社会的なもの〟を浮かび上がらせながら事例と事例、アドボカシーとアドボカシーを横につないでいく。そしてそのことが人びとのエンパワメントにもつながる。そうした調査研究をめざしていきたい。

注

（1）グループｆの人たちを含むアノケロ村住民の出稼ぎの歴史については、第5章を参照されたい。

（2）「あなたたちは〈マライタ人〉という意識が強いのか？」という私の質問に、ある人は、「うん、強い。マライタ島内では互いに争うけど、外ではマライタの北の方の人間が南の方の人間を助ける、といった具合に。あるいは、南の方の人間がガダルカナル人に馬鹿にされたら北の方の人間も一緒に仕返しするよ」と答えた。この語りは、マライタ人という括りが「外」との関係で語られることが多いことを示している。

（3）こう語ったのはＨＳさん（第6章4節参照）である。一九七八年生まれのマライタ島出身者で、父親の仕事の関係で12歳からガダルカナル島に住み、高校を卒業後、アブラヤシ・プランテーションＳ

IPLで幹部候補生としてエリート・コースを歩んできた。私が「ホニアラ人というアイデンティティはないか?」と質問したのに答えたもの。

(4) こうした動きの背景には、第4章1節で見たように、植民地時代の土地政策もある。植民地政府は、誰が(この場合は個人)土地を所有しているか確定させ、西洋的な土地所有にしようとする政策を採ってきた。

(5) 私の調査地周辺ではこうした事態は発生していないが、伝聞情報では、マライタ島の他地域でそうしたこともあるという。

(6)「混乱」(コンヒューズ)という言葉で私に語ってくれたのは、おもに地域の状況を「客観的」に見ていると私が考えている複数の人たちである。そのうち一人は元政府職員のSIさん、一人は元NGO職員のEEさんである。

(7) アノケロ村の南西5キロに位置する大きな村。

(8) こうした混乱や争いの解決の方向は二つ考えられる。一つは、土地領有(あるいは、「〈自分たちの土地〉がどこであるかということ」)と土地利用を峻別する方向である。土地を所有した者が全権をもつ、という理念が、争いと混乱を生んでいる。自分たちの土地がどこであるか、自分たちのオリジンがどこであるかということと、その土地を使えるか、その土地から利益を得られるかということを制度的に分けることが、争いと混乱を解決する方向になりうる。もう一つは、土地所有を最終的に確定してしまう(所有者、境界線をはっきりさせる)という方向である。第6章3節で触れたように、この後者の方向はすでに、慣習法的土地登記法(Customary Land Records Act)の改正(一九九四年)によって、進められている。第6章注9で触れたように、二〇〇五年からマライタ島北東部(東ファタレカ地域)におけるアブラヤシ・プランテーション計画により、関係するトライブの間では、慣習法的土地登記法に基づく「解決」が急速に進められようとしている。「混乱」していたEEさんたちのトライブも、そのなかで「解決」へ向かっている。この新しい事態については、また別の機会に論じたい。

(9) かつて小学校から中学校への進学はたいへん狭き門だった。ソロモン諸島統計局の数字では一九九五年当時、中学校（Secondary School）第一学年（Form 1）在学者数を小学校（Primary School）第六学年（Standard 6）在学者数で割ると28・4％だった。同じ計算で、中学校第四学年（Form 4）に上がれる生徒は10・4％（中学校は学年進級に際して試験がある）。ちなみに小学校在学者は学齢期の子どもの74・0％だった（Solomon Islands Statistics Office 1996）。二〇〇五年現在、小学校在学者は学齢期の子ども（6～12歳）の83・9％であり、中学校第一学年在学者数を小学校第六学年在学者数で割ると69・6％、中学校第四学年だと38・5％となる（Solomon Islands National Statistics Office http://www.spc.int/prism/country/sb/stats/ 07年10月26日閲覧より計算）。進学率はずいぶん上がったことになるが、これは一九九〇年代後半から従来の数少ない中学校に加え、地域中学校（community high school と呼ばれる）を新設する政策が始まり、中学校収容人数が増えたことが大きい。アノケロ村周辺地域にも、二〇〇〇年からクワレア地域中学校（Kwarea Community High School）が生まれ、多くの小学生が進学することになった。

(10) 一九八八～九四年はSolomon Islands Statistics Office（1995b）より計算。二〇〇〇～〇九年は *Central Bank of Solomon Islands Annual Report* 各年版より計算。

(11) 外国人専門家などを除き、ソロモン諸島国民に限定した金額。

(12) もっとも、ガダルカナル島の土地を購入したのはマライタ人だけではない。他の島の人たちも購入しているが、マライタ人の購入が圧倒的に多い。これはマライタ人の人口がもともと多いことと、とくにマライタ人がガダルカナル島移住に熱心だったことがある。
(13) 二〇〇六年三月、〇七年三月に調査した時には、やはりこの計画は1~2名の年配者が移住した以外は進んでおらず、PAさんも「計画は中断している」と語った。その背景には民族紛争直後の土地をめぐる不安がいくらか収まったことがある。移住熱が冷めたということである。
(14) この二項対立は一見たいへんわかりやすいので、ソロモン諸島でもよく語られるようになっている。

写真 7-4　ソロモン諸島の住民たちは選挙好きだ。みんなが好きなわけではないだろうが，私がつきあっている住民たちは総じてそうだ。

2006 年 3 月に行われた総選挙のとき，ちょうど私はアノケロ村に滞在中だった。私の友人たちは小学校の元校長を候補に立て，選挙運動を展開中だった。「前の選挙は候補者が分裂して負けた。今回は候補者を統一して，勝てる戦いをやる」と友人たちは私に語った。事実，他候補と比べて選挙運動は派手だった。小学校の校庭を借りてたくさんの住民を動員し，ステージでの演説のあとは，パンパイプの楽団が演奏し，音楽を楽しませる趣向。その甲斐もあって，私の友人でもあるこの元校長は見事当選した。

しかしこの総選挙後，ソロモン諸島は首相選出をめぐる政治的混乱に見舞われる。新しく選ばれた首相に不満をもつ人たちがホニアラで抗議行動を起こすまではよかったが，それが暴徒化し，華人商店が焼き討ちにあう事態に発展した。その背景の一つには，選挙期間中候補者たちが政治の腐敗防止を訴えた際，「腐敗の後ろには中国人がいる」と煽ったことがある。ソロモン諸島の政治はなかなか安定化しない。

上の写真は，選挙運動ではなく，NGO によるワークショップ。このワークショップは森林伐採について考える集まりだった。NGO，国際機関，教会などのワークショップは，近年あちこちで頻繁に行なわれている。さまざまな人たちがさまざまなプロジェクトを携えて，いくらか無秩序にやってくる。

住民たちは，こうした新しい政治のあり方をどこまで使いこなせるだろうか。

（右 2006 年撮影，上 1993 年撮影）

あとがき

辺境から世界を考えてみたい。そんな思いがあった。

ソロモン諸島に初めて足を踏み入れたのは一九九二年。30歳の時だった。とくにソロモン諸島と関係があったわけではない。ソロモン諸島発展基金（ＳＩＤＴ）というＮＧＯと細い糸でつながっているだけだった私は、それでも何とかなるだろうと妻とともに乗り込んだ。幸いＳＩＤＴで当時ディレクターをしていたアブラハム・バエアニシアさんが、私たちのためにアレンジしてくださり、アノケロ村を訪れることができた。受け入れ先で当時ＳＩＤＴのフィールドオフィサー（在村職員）をしていたエディ・エリファウさんがたまたま私と同年代で、妙に馬が合った。以来その好意に甘えながら、十数年間ほぼ毎年アノケロ村に通うことになる。当時生まれたばかりのエディさんの赤ん坊は、今や立派な青年になった。その間には不幸な民族紛争もあった。最初のころに何度も昔の話を聞いた老人たちはおおかた亡くなってしまった。

今でも、ソロモン諸島のことがよくわかっているかと問われれば、正直よくわからないと言うしかない。いろいろなレベルの「わからない」があり、なかなか解けない謎がある。一方、これは確実にわかったということがあり、なんとなくこうかなということもある。地域を知るとはそういうことだ。

それでも、アノケロ村に通うようになってから、私は、何を考えるにもアノケロ村の人びとの顔を思い浮かべながら考える幸せを得た。自然、家族、労働、経済、開発、さらには幸福、そうしたものを考えるさいに、私はアノケロ村を参照軸に考える。この参照軸は、世界から切れた参照軸ではない。村と世界はダイレクトにつながっている。

この本で展開したのは、広い世界から見ると、本当に小さな地域のできごとだ。しかし、このとてもなく小さな地域のできごとが、世界を映し出している、——はずだ。

地域に入り込むということは、その地域の固有性とつきあうことである。そしてフィールドワークそのものも一回限りのものだ。その一回限りのものをどう組み立て直して表現すれば、私は世界を映し出すことができるだろうか。地域社会の細部にとことんこだわりながら、世界がどういう姿をしているのか描き出す手法を、私たちはまだ十分に獲得していないように思う。

多くのルポルタージュや民族誌から学んできた私は、いつか民族誌を書きたいと思っていた。しかし、正直に言えば「民族誌」というタイトルは私にとって、少し面はゆい。すぐれた民族誌がかもし出す濃厚さからほど遠いこの本に「民族誌」を冠するのが適当かどうか、今でも迷いがある。

民族誌でもあり、今後の世界を示す書でもあるというあり方は、どんな道が可能だろうか。

アノケロ村に滞在中は、エディ・エリファウさんとその家族、スティーブン・ラドさんとその家族、ジェヒエル・メテさんとその家族、アノケロ村、イミアス村、オシナコ村、フレッシュウィンド村、ナ

エディ・エリファウさん一家と著者（右）（2007年撮影）

ムフォケ村、グワアドエ村、ボボイラギ村、クワラエ小学校、フォアブ診療所のみなさんにいつもお世話になった。とくにエディ・エリファウさんと私は、地域をどう見るか、という点においてお互い刺激しあい、学びあったように思う。エディさんには一度日本に来てもらい、通常日本人が向こうに行くのとは逆のスタディ・ツアーを敢行した。日本社会をエディさんと一緒に見て考えた。私の調査はある意味エディさんとの二人三脚だった。エディさんとの出会い、人びととの出会いは、確実に私の人生に深みを与えてくれた。

オセアニア学会の須藤健一さん、吉岡政徳さん、山本真鳥さんらは、日本におけるオセアニア研究について不案内だった私を国立民族学博物館の研究会に誘ってくださり、私はそこで多くを学ぶことができた。オセアニア研究の先輩、同輩、そして私よりも若い研究者との議論から多くを学んだ。そうした場がなければ、この本はなかったと思う。さらに、一九九〇年代以降私の「ホームグラウンド」の一つとなった環境社会学会のみなさんには、さまざまなかたちで私の研究を刺激していただいた。環境社会学会における議論のおかげで、ソロモン諸島における私の調査研究はより深まった。この本の土台となった博士論文については、佐藤健二さん、山本真鳥さん、武川正吾さん、松本三和夫さん、本田洋さんから数々の有益なご指摘をいただいた。

編集は、『コモンズの社会学』『コモンズをささえるしくみ』に続き、新曜社の小田亜佐子さんにお願いすることになった。今回は、写真の使い方についてなど、私のわがままをたくさん聞いていただいた。信頼のおける編集者とのやりとりは執筆者にとって何ものにもかえがたいものである。

みなさまに心より感謝いたします。

なお、ソロモン諸島での調査は、以下の研究助成に支えられた。一九九二～一九九三年度日本学術振興会海外特別研究員（研究課題「太平洋島嶼部における〈食〉システムの変容についての社会学的研究」）、一九九五～一九九六年度福井県大学等学術振興基金助成事業「太平洋島嶼地域における家族経済の諸戦略——世界経済・生活経済・環境の観点から」（研究代表者・宮内）、二〇〇一～二〇〇二年度科学研究費補助金基盤研究（C）「メラネシアにおける民族紛争と地域住民に関する開発社会学的研究」（研究代表者・宮内）、二〇〇三～二〇〇四年度科学研究費補助金基盤研究（B）⑴「コモンズと公共性の環境社会学的研究」（研究代表者・宮内）、二〇〇四～二〇〇七年度科学研究費補助金基盤研究（A）（海外学術調査）「オセアニア島嶼国におけるグローカリゼーションと国民文化に関する人類学的研究」（研究代表者・須藤健一）、二〇〇五～二〇〇七年度科学研究費補助金基盤研究（B）「半栽培（半自然）

と社会的しくみについての環境社会学的研究」（研究代表者・宮内）。また、本書の出版は、北海道大学大学院文学研究科出版助成を受けた。記して感謝します。

著者

人名索引

事項索引

あ行

か行

な行

は行

ま行

や行

ら行

参考文献

Agricultural Economics Section, 1989, *Socio-Economic Survey of Smallholder Farming Systems in Solomon Islands: South Auki Malaita Province*, Honiara: Ministry of Agriculture and Lands Solomon Island.

秋道智彌，1995,『なわばりの文化史――海・山・川の資源と民俗社会』小学館

秋道智彌，2004,『コモンズの人類学』人文書院

秋道智彌編，1999,『自然はだれのものか――「コモンズの悲劇」を超えて』昭和堂

秋道智彌編，2007，『資源人類学 8 資源とコモンズ』弘文堂

Allan, Colin H., 1957, *Customary Land Tenure in the British Solomon Islands Protectorate* (*Report of the Special Lands Commission*), Honiara: Command of His Excellency the High Commissioner for the Western Pacific.

anonym, 2002, "Winners and Losers: Politics and Disorder in the Solomon Islands 2000–2002", *The Journal of Pacific History*, 37(3): 285–298.

Asian Development Bank, 1999, *Country Assistance Plan: Solomon Islands* (2000–2002).

Bathgate, M. A., I. L. Frazer and J. M. McKinnon, 1973, *Socio-economic Change in Solomon Island Villages*, Wellington: Department of Geography, Victoria University of Wellington.

Bennett, Judith, 1987, *Wealth of the Solomons: A History of a Pacific Archipelago, 1800–1978*, Honolulu: University of Hawaii Press.

Bennett, Judith, 2002, "Roots of Conflict in Solomon Islands, Tough Much is Taken, Much Abides: Legacies of Tradition and Colonialism", Discussion Paper 2002/5. Canberra: State, Society and Governance 3 in Melanesia; Research School of Pacific and Asian Studies, Australian National University. (http://eprints.anu.edu.au/archive/00002123/) (Retrieved September 5, 2005)

Berkes, F., D. Feeny, B. J. McCay and J. M. Acheson, 1989, "The Benefits of the Commons", *Nature*, 340(13): 91–93.

Bertram, Geoffrey, 1986, " 'Sustainable Development' in Pacific Micro-

economies", *World Development,* 14(7): 809–822.

Bertram, I. G. and R. F. Watters, 1986, "The Mirab Process: Earlier Analysis in Context", *Pacific Viewpoint,* 27(1): 47–59.

Black, Robert H., 1963, "The Russell Islanders of the British Solomon Islands Protectorate", Dip. Anthrop Thesis, Sydney University.

Bromley, Daniel W. ed., 1992, *Making the Commons Work: Theory, Practice, and Policy*, San Francisco: Institute for Contemporary Studies Press.

Brookfield, H. C., 1972, "Intensification and Disintensification in Pacific Agriculture: A Theoretical Approach", *Pacific Viewpoint,* 13(1): 30–47.

Brookfield, Harold, 1977, "Constraints to Agrarian Change", in J. W. Winslow ed., *The Melanesian Environment*, Canberra: ANU Press, pp. 133–138.

Brookfield, H. C. with Doreen Hart, 1971, *Melanesia: A Geographical Interpretation of an Island World*, London: Methuen.

Burger, Joanna et al. eds., 2001, *Protecting the Commons: A Framework for Resource Management in the Americas*, Washington: Island Press.

Burt, Ben, 1994, "Land in Kwara'ae and Development in Solomon Islands", *Oceania,* 64: 317–335.

Carl, Andy and Sr. Lorraine Garasu eds., 2002, *Weaving Consensus: The Papua New Guinea- Bougainville Peace Process*, Conciliation Resources.

Cashore, Benjamin, 2002, "Letgitimacy and the Privatization of Environmental Governance: How Non-State Market-Driven (NSMD) Governance System Gain Rule-Making Authority", *Governance: An International Journal of Policy, Administration, and Institutions*, 15(4): 503–529.

Central Bank of Solomon Islands, 1992–2009, *Annual Report*, Honiara: Central Bank of Solomon Islands.

Chambers, Robert, 1992, "Sustainable Livelihoods: The Poor's Reconciliation of Environment and Development", in Paul Ekins and Manfred Max-Neef eds., *Real-life Economics: Understanding Wealth Creation*, London and New York: Routledge, pp. 214–229.

Cheal, David, 1981, "Strategies of Resource Management in Household Economies: Moral Economy or Political Economy?", in Richard R. Wilk ed., *The Household Economy: Reconsidering the Domestic Mode of Production*, Boulder: West View Press.

Coleman, James S., 1988, "Social Capital in the Creation of Human Capital", *American Journal of Sociology*, 94 Supplement: S95–S120.

Connell, John, 1984, "Status or Subjugation? Women, Migration and

Development in the South Pacific", *International Migration Review*, 18: 964–983.

Connell, John ed., 1990, *Migration and Development in the South Pacific, Pacific Research Monograph,* No. 24, Canberra: National Centre for Development Studies, Research School of Pacific Studies, Australian National University.

Curtain, Richard, 1981, "Migration in Papua New Guinea: The Role of Peasant Household in a Strategy of Survival," in G. W. Jones and H. V. Richter eds., *Population Mobility and Development: Southeast Asia and the Pacific*, Canberra: ANU, pp.187–204.

Douglas, Norman and Ngaire Douglas eds., 1989, *Pacific Islands Yearbook* 16th edition, North Ryde (Australia): Angus & Robertson Publishers.

Duram, Leslie A. and Katharin G. Brown, 1999, "Insights and Applications Assessing Public Participation in U. S. Watershed Planning Initiatives", *Society and Natural Resources*, 12(5): 455–467.

Eele, G. J., 1978, "Indigenous Agriculture in the Solomon Islands" in E. K. Fisk ed., *The Adaption of Traditional Agriculture: Socioeconomic Problems of Urbanization*, Canberra: Development Studies Centre, Australian National University.

Ekins, Paul and Manfred Max-Neef eds., 1992, *Real-Life Economics: Understanding Wealth Creation*, London: Routledge.

Feeny, David, Fikret Berkes, Bonnie J. McCay and James M. Acheson, 1990, "The Tragedy of the Commons: Twenty-Two Years Later", *Human Ecology*, 18(1): 1–19. =1998, 田村典江訳「『コモンズの悲劇』――その22年後」『エコソフィア』1: 76–87

Fifi'i, Jonathan, 1989, *From Pig-theft to Parliament* (translated and edited by Roger M. Keesing), Honiara: Solomon Islands College of Higher Education and the University of the South Pacific. =1994, 関根久男訳『豚泥棒から国会議員へ』中山書店

Firth, Raymond, 1950, "Economics and Ritual in Sago Extraction in *Tikopia", Mankind,* 4(4): 131–143.

Flannery, Tim, 1995, *Mammals of New Guinea*, revised and update edition, Chatswood: Reed Books.

Flannery, T. F. and S. Wickler, 1989, "Quaternary Murid (Rodentia: Muridae) From Buka Island, Papua New Guinea, with Descriptions of Two New Species", *Australian Mammalogy*, 12(1&2): 127–139.

Fleming, Euan, 1989, *Resource Use and Consumption in Smallholder Households*

in Solomon Islands: Analysis of Some Key Relationships, Armidale: University of New England.

Fleming, Euan, Brian Hardaker and Julie Delforce, 1991, "Smallholder Agricultural Economy at the Crossroads: Policy Priorities for Sustainable Agricultural Development in South Pacific Island Nations", *Journal de la Société des Océanistes*, 92/93: 119–126.

Frazer, Ian, 1973, *To'ambaita Report: A Study of Socio-Economic Change in North-West Malaita*, Wellington: Department of Geography, Victoria University.

Frazer, Ian, 1978, *Finding Stability in Mobility: A Transition in the Pattern of Circular Migration amongst the To'ambaita, Solomon Island*, Honolulu: East-West Centre.

Frazer, Ian, 1985, "Walkabout and Urban Movement: A Melanesian Case Study", *Pacific Viewpoint*, 26(1): 185–205.

Frazer, Ian, 1987, *Growth and Change in Village Agriculture: Manakwai, North Malaita*, Armidale: South Pacific Smallholder Project, University of New England.

Frazer, Ian, 1990, "Maasina Rule and Solomon Islands Labour History", in Moore, Leckie and Munro eds., *Labour in the South Pacific*, Townsville: Department of History and Politics, and Melanesian Studies Centre, James Cook University of North Queensland, pp. 191–203.

Friedmann, John, 1992, *Empowerment : The Politics of Alternative Development*, Blackwell. = 1995, 斉藤千宏・雨森孝悦監訳『市民・政府・NGO――「力の剥奪」からエンパワーメントへ』新評論

Fry, Greg, 2000, "Political Legitimacy and the Post-colonial State in the Pacific: Reflections on Some Common Threads in the Fiji and Solomon Islands Coups", *Pacifica Review*, 12(3): 293–304.

Fugui, John Moffat, 2001, "Political Reviews - Melanesia - Solomon Islands", *The Contemporary Pacific*, 551–556.

藤村美穂, 1996,「社会関係から見た自然観――湖北農村における所有の分析を通じて」『村落社会研究』32: 69–95.

藤村美穂, 2006,「土地への発言力――草原の利用をめぐる合意と了解のしくみ」宮内泰介編『コモンズをささえるしくみ――レジティマシーの環境社会学』新曜社, pp. 108–125.

船橋晴俊, 1999,「環境社会学研究における調査と理論」船橋晴俊・古川彰編『環境社会学入門――環境問題研究の理論と技法』文化書房博文

社，pp. 17–54.
船橋晴俊・宮内泰介編，2003,『新訂　環境社会学』放送大学教育振興会
浜本幸生監修，熊本一規・ケビン・ショート・水口憲哉ほか著，1996,『海の「守り人」論 ―― 徹底検証・漁業権と地先権』まな出版
塙狼星，2002,「半栽培と共創 ―― 中部アフリカ，焼畑農耕民の森林文化に関する一考察」寺嶋秀明・篠原徹編『講座生態人類学 7 エスノ・サイエンス』京都大学学術出版会，pp. 71–119.
Hardaker, J. B., E. M. Fleming and G. T. Harris, 1984, "Smallholder Modes of Agricultural Production in the South Pacific: Prospects for Development", *Pacific Viewpoint,* 25(2): 196–211.
Hardin, Garrett, 1968, "The Tragedy of the Commons", *Science*, 162: 1243–1248. =1993, 桜井徹訳「共有地の悲劇」京都生命倫理研究会訳『環境の倫理・下』晃洋書房，pp. 445–470.
Harlan, J. R., 1992, *Crops and Man* 2nd ed., Madison: American Society of Agronomy, Inc.
橋本和也，2000,「フィジー諸島共和国憲法と国家統合への道」『JCAS 連携研究成果報告 2 オセアニアの国家統合と国民文化』pp. 61–82.
橋本和也，2003,「国民和解と国家再建 ―― フィジーにおける 2000 年クーデターをめぐる論争」『JCAS 連携研究成果報告 6 オセアニアの国家統合と地域主義』pp. 161–187.
Havini, Moses and Rikha Havini, n.d., "Bougainville: the Long Struggle for Freedom" (http://www.eco-action.org/dt/bvstory.html) (Retrieved January 20, 2006)
林勲男，1999,「『生きられた空間』の所有 ―― パプアニューギニアの熱帯雨林に生きる人びとと土地」杉島敬志編『土地所有の政治史 ―― 人類学的視点』風響社，pp. 275–297.
Heath, Ian ed., 1979, *Land Research in Solomon Islands*, Honiara: Land Research Project, Lands Division, Ministry of Agriculture and Lands, Solomon Islands.
Hegarty, David, 2001, "Small Arms in Post-Conflict Situation: Solomon Islands", Paper presented at Pacific Islands Forum Small Arms Workshop. (http://rspas.anu.edu.au/papers/melanesia/working_papers/workingpaperhegarty01_5.htm)
Henderson, C. P. and L. R. Hancock, 1988, *A Guide to the Useful Plants of Solomon Islands*, Honiara: Research Department, Ministry of Agriculture and Lands.

東裕，1999a,「フィジー諸島共和国の新選挙制度とその思想」『パシフィックウェイ』112: 26–36.
東裕，1999b,「フィジー諸島共和国憲法（1997年）における人権と原住民の権利」『苫小牧駒澤大学紀要』2: 61–84.
東裕，2000a,「フィジー・クーデタ，その後──2001年進憲法の制定へ」『パシフィックウェイ』116: 4–24.
東裕，2000b,「フィジーの国民統合と『複数政党内閣』制」『憲法研究』32:129–144.
東裕，2001a,「フィジークーデタ（2000年）の憲法政治学的考察」『苫小牧駒澤大学紀要』5: 89–115.
東裕，2001b,「クーデタと司法権──フィジー控訴裁判所判決（2001.3.1）の批判的検討」『苫小牧駒澤大学紀要』6: 93–113
東裕，2002a,「フィジー「複数政党内閣事件」判決について──控訴裁判決（2002.2.15）における組閣条項（99条）解釈」『パシフィックウェイ』120: 4–18.
東裕，2002b,「植民地下フィジーの自治行政制度──フィジー人行政（Fijian Administration）の構造と機能」『苫小牧駒澤大学紀要』2002:73–90.
東裕，2003a,「フィジー『複数政党内閣事件』最高裁判決（18/07/2003）について」『苫小牧駒澤大学紀要』2003: 1–46.
東裕，2003b,「フィジー政治の論理──国民統合政府の理念と現実」『JCAS連携研究成果報告6 オセアニアの国家統合と地域主義』pp. 139–160.
平松紘，1995,『イギリス環境法の基礎研究──コモンズの史的変容とオープンスペースの展開』敬文堂
平松紘，1999,『イギリス緑の庶民物語──もうひとつの自然環境保全史』明石書店
Honneland, Geir and Frode Nilssen, 2000, “Comanagement in Northwest Russian Fisheries”, *Society and Natural Resources*, 13(7): 635–648.
穂積智夫，1998,「女性の社会参加と開発」斎藤千宏編著『NGOが変える南アジア──経済成長から社会発展へ』コモンズ，pp. 215–259.
今田高俊，2000,「リアリティと格闘する──社会学研究法の諸類型」今田高俊編『リアリティの捉え方──社会学研究法』有斐閣，pp. 1–38.
井上真，1995,『焼畑と熱帯林──カリマンタンの伝統的焼畑システムの変容』弘文堂
井上真，1997,「コモンズとしての熱帯林──カリマンタンでの実証調査

をもとにして」『環境社会学研究』3: 15–30.
井上真，2001,「自然資源の共同管理制度としてのコモンズ」井上真・宮内泰介編『コモンズの社会学』新曜社，pp. 1–28.
井上真，2004,『コモンズの思想を求めて――カリマンタンの森で考える』岩波書店
井上真・宮内泰介編，2001,『シリーズ環境社会学 2 コモンズの社会学』新曜社
Ipo, 1989, "Land and Economy", in Hugh Leracy ed., *Ples Blong Iumi: Solomon Islands, The Past Four Thousand Years*, Suva and Honiara: University of the South Pacific.
石森大知，2001,「ソロモン諸島の親族組織と資源保有・利用形態――西部州ニュージョージア島の事例を中心に」『アジア・太平洋の環境・開発・文化』（日本学術振興会未来開拓推進事業「地域社会に対する開発の影響とその緩和方策に関する研究」大塚プロジェクト）2: 203–219.
伊藤貴庸・中山祐一郎・山口裕文，1999,「伝統的畦畔と基盤整備畦畔における植生構造とその変遷過程」『雑草研究』20(1): 63–120.
岩松文代，2009,「揺れ動く竹の半栽培」宮内泰介編，2009,『半栽培の環境社会学』昭和堂，pp. 45–70.
岩槻邦男，1997,『文明が育てた植物たち』東京大学出版会
Kabutaulaka, Tarcisius Tara, 2001, *Beyond Ethnicity: The Political Economy of the Guadalcanal Crisis in Solomon Islands* (State, Society and Governance in Melanesia Project Working Paper 01/1). (http://rspas.anu.edu.au/papers/melanesia/working_papers/tarcisiusworkingpaper.htm)
Kabutaulaka, Tarcisius Tara, 2002, *A Weak State and the Solomon Islands Peace Process* (East-West Center Working Papers).
Kabutaulaka, Tarcisius Tara, 2003, "Learning the Solomons Intervention Tap Dance", *Pacific Islands Report*, Pacific Islands Development Program / East-West Center. (http://archives.pireport.org/archive/2003/August/08–07–comm.htm)
Kabutaulaka, Tarcisius Tara, 2004a, " 'Failed State' and the War on Terror: Intervention in Solomon Islands", *Asia Pacific Issues, Analysis from the East-West Center*, No. 72.
Kabutaulaka, Tarcisius Tara, 2004b, "Political Reviews: Solomon Islands", *The Contemporary Pacific*, 16(2): 393–401.
Kabutaulaka, Tarcisius Tara, 2005, "Australian Foreign Policy and the RAMSI

Intervention in Solomon Islands", *The Contemporary Pacific,* 17(2): 283–308.

嘉田由紀子, 1997,「生活実践からつむぎ出される重層的所有観 —— 余呉湖周辺の共有資源の利用と所有」『環境社会学研究』3: 72–85.

金子務・山口裕文, 2001,「照葉樹帯の中山間地農村の景観をつくる畔道と攪乱依存性植物」金子務・山口裕文編『照葉樹林文化論の現代的展開』北海道大学図書刊行会, pp. 295–310.

春日直樹, 1999,「土地はなぜ執着を生むか —— フィジーの歴史と現在をつうじて考える」杉島敬志編『土地所有の政治史 —— 人類学的視点』風響社, pp. 371–408.

Keesing, Rodger, 1965, Kwaio Marriage and Society, Ph. D. dessertation, Department of Social Relations, Harvard University, Cambridge, Massachusetts.

Keesing, Rodger, 1973, "Seeking Paths for Solomons' Development", *Pacific Perspective*, 2(1): 21–35.

Keesing, Rodger, 1975, "Alternative Perspectives on Pacific Development", in Bryan Farrel ed., *Views on Economic Development in the Pacific*, Santa Cruz: Center for South Pacific Studies, University of California.

Keesing, Rodger, 1977, "Poitico-Religious Movements and Anti-colonialism on Malaita: Mausina Rule in Historical Prespection: Part I", *Oceania*, 48(4): 242–261.

Keesing, Rodger, 1978a, "Poitico-Religious Movements and Anti-colonialism on Malaita: Mausina Rule in Historical Prespection: Part II", *Oceania*, 49(1): 47–73.

Keesing, Rodger, 1978b, "The Kwaio of Malaita: Old Values and New Discontents", in E. K. Fisk ed., *The Adaption of Traditional Agriculture: Socioeconomic Problems of Urbanization*, Camberra: ANU, pp. 180–195.

Keesing, Rodger, 1988, *Melanesian Pidgin and the Oceanic Substrate*, Stanford: Stanford University Press.

Keesing, Rodger, 1989, "Creating the Past: Custom and Identity in the Contemporary Pacific", *The Contemporary Pacific*, 1(1–2): 19–42.

Keesing, Rodger and Peter Corris, 1980, *Lightning Meets the West Wind*, Melbourne: Oxford University Press.

Keesing, Rodger, ed., 1978, *'Elota's Story: The Life and Times of a Solomon Islands Big Man*, Brisbane: University of Queensland Press.

Keith-Reid, Robert, 2003, "Britain's Foundering Legacy in the Solomons",

Pacific Islands Report, Pacific Islands Development Program / East-West Center.（http://archives.pireport.org/archive/2003/august/08-08-comm2.htm）

Keohane, Robert O. and Elinor Ostrom eds., 1994, *Local Commons and Global Interdependence: Heterogeneity and Cooperation in Two Domains*, London: Sage Publications.

小松かおり・塙狼星，2000,「許容される野生植物――カメルーン東南部熱帯林の混作文化」『エコソフィア』6: 120-134.

熊本一規，1995,『持続的開発と生命系』学陽書房

熊本一規，2000,『公共事業はどこが間違っているのか？――早わかり「入会権・漁業権・水利権」 コモンズ行動学入門』まな出版企画

栗本英世，1999,『未開の戦争，現代の戦争――現代人類学の射程』岩波書店

Larmour, Peter, 1984, "Solomon Islands: Customary Land Registration Policy", in Ben Acquaye and Ron Crocombe eds., *Land Tenure and Rural Productivity in the Pacific*, Rome: FAO; Suva: IPS, USP; Noumea: SPREP.

Larmour, Peter, 1989, "Sharing the Benefits: Customary Landowners and Natural Resource Projects in Melanesia", *Pacific Viewpoint,* 30(1): 56-74.

Larmour, Peter ed., 1979, *Land in Solomon Islands*, Suva: Institute of Pacific Studies, University of the South Pacific; Honiara: Ministry of Agriculture and Lands, Solomon Islands.

Leracy, Hugh, 1983, *Pacific Protest: The Maasina Rule Movement, Solomon Islands, 1944-1952*, Suva: Institute of Pacific Studies, University of the South Pacific.

Long, John L., 2003, *Introduced Mammals of the World*, Collingwood: CSIRO Publishing.

Maenu'u, Leonard P., 1981, *Bib-Kami na Ano: Land and Land Problems in Kwara'ae*, Honiara: The University of the South Pacific Solomon Islands Centre.

Maia, Maria Leonor, 1995, "Land Use Regulations and Rights to the City: Squatter Settlements in Recife, Brazil", *Land Use Policy*, 12(2): 177-180.

Manring, Nancy J., 2004, "Locking the Back Door: The Implications of Eliminating Postdecisional Appeals in National Forest Planning", *Society and Natural Resources*, 17(3): 235-245.

Mary-Louise O'Callaghan, 2002, "The Origins of the Conflict", in Andy Carl and Sr. Lorraine Garasu eds., *Weaving Consensus: The Papua New Guinea*

Bougainville Peace Process, Conciliation Resources.

Mascarenhas, Michael and Rik Scarce, 2004, "'The Intention Was Good' : Legitimacy, Consensus-Based Decision Making, and the Case of Forest Planning in British Columbia, Canada", *Society and Natural Resources*, 17 (1): 17–38.

松田素二，1989,「必然から便宜へ」鳥越皓之編『環境問題の社会理論』御茶の水書房，pp. 93–132.

松田素二，1990,「拘束と創造 —— アフリカ都市出稼ぎ民形成のダイナミズム：ケニア，マラゴリ人の場合」『歴史学研究』612: 31–43.

松田素二，1996,『都市を飼い慣らす —— アフリカの都市人類学』河出書房新社

松井健，1989,『セミ・ドメスティケイション』海鳴社

松井健，1998a,『文化学の脱＝構築 —— 琉球弧からの視座』榕樹書林

松井健，1998b,「マイナー・サブシステンスの世界」篠原徹編『現代民俗学の視点第 1 巻 民俗の技術』朝倉書店

Matthew, Anthony, 2000, "Bougainville and Papua New Guinea: Complexities of Secession in a Multi-ethnic Developing State", *Political Studies*, 48: 724–744.

May, R. J., 2004, "The Bougaiville Crisis", in *State and Society in Papua New Guinea: The First Twenty-five Years*.（first pub. 1990）

McCay, Bonnie J. and James M. Acheson eds., 1987, *The Question of the Commons: The Culture and Ecology of Communal Resources*, Tucson: The University of Arizona Press.

McDougall, Derek, 2004, "Conflicts in the Southwest Pacific: The Relevance of New Security Perspectives", *Contemporary Security Policy*, 25(2): 339–359.

McGee, T. G., 1975, *Food Dependency in the Pacific: A Preliminary Statement*, Canberra: Australian National University.

Meillassoux, Claude, 1975, *Femmes, greniers et capitaux*, Paris: F. Maspero. =1977, 川田順造・原口武彦訳『家族制共同体の理論 —— 経済人類学の課題』筑摩書房

箕浦一哉，2006,「音環境の共有 ——《あたりまえ》というレジティマシー」宮内泰介編『コモンズをささえるしくみ —— レジティマシーの環境社会学』新曜社，pp. 150–172.

三俣学・室田武・森元早苗編，2008,『コモンズ研究のフロンティア —— 山野海川の共的世界』東京大学出版会

三俣学・井上真・菅豊編，2010,『ローカル・コモンズの可能性 ── 自治と環境の新たな関係』ミネルヴァ書房

Miyauchi, Taisuke, 1995, "Household Strategy for Survival in the Pacific Islands: A Case Study from a Village in the Solomon Islands", in Yukio Satow ed., *Regional Development and Cultural Transformation in the South Pacific: A Critical Examination of the 'Sustainable Development' Perspective*, Nagoya: Graduate School of International Development, University of Nagoya, pp. 31–59.

宮内泰介，1995,「太平洋島嶼部における家族の二重戦略 ── ソロモン諸島アノケロ村の事例から」佐藤幸男編『南太平洋島嶼国・地域の開発と文化変容 ──「持続可能な開発」論の批判的検討』名古屋大学大学院国際開発研究科，pp. 101–120.

宮内泰介，1996,「開発の岐路」秋道智彌ほか編『ソロモン諸島の生活誌 ── 文化・歴史・社会』明石書店，pp. 315–326.

宮内泰介，1998a,「重層的な環境利用と共同利用権 ── ソロモン諸島マライタ島の事例から」『環境社会学研究』4: 125–141.

宮内泰介，1998b,「発展途上国と環境問題 ── ソロモン諸島の事例から」飯島伸子・舩橋晴俊編『講座社会学 12 環境』東京大学出版会，pp. 163–190.

宮内泰介，1999a,「地域住民の視点との往復作業で"環境"を考える ── ソロモン諸島から」『新環境学がわかる』朝日新聞社，pp. 38–41.

宮内泰介，1999b,「ソロモン諸島 ── 島々を揺るがす紛争」『オルタ通信』（アジア太平洋資料センター）268: 34.

宮内泰介，2000a,「ソロモン諸島マライタ島における出稼ぎと移住の社会史 ── 1930〜1990 年代」吉岡政徳・林勲男編『オセアニア近代史の人類学的研究』（国立民族学博物館研究報告別冊 21 号），pp. 237–260.

宮内泰介，2000b,「『民族対立』が続くソロモン諸島 ── 紛争の中の住民たち」『オルタ通信』（アジア太平洋資料センター）279（2000 年 6 月号）: 20–21.

宮内泰介，2001a,「住民の生活戦略とコモンズ ── ソロモン諸島の事例から」井上真・宮内泰介編『シリーズ環境社会学 2 コモンズの社会学』新曜社，pp. 144–164.

宮内泰介，2001b,「コモンズの社会学 ── 自然環境の所有・利用・管理をめぐって」鳥越皓之編『講座環境社会学第 3 巻 自然環境と環境文化』有斐閣，pp. 25–46.

宮内泰介，2001c,「担いのシステムづくり ── 重層的コモンズ論からのア

プローチ」『林業経済』54(3): 24–28.
宮内泰介, 2001d,「環境自治のしくみづくり ── 正統性を組みなおす」『環境社会学研究』7: 56–71.
宮内泰介, 2001e,「都市のコモンズ再生 ── 市民自治と試行錯誤」『エコフロンティア』3: 63.
宮内泰介, 2003a,「『自分たちの土地へ』 ── 現代メラネシア社会における移住・民族紛争・土地所有」武川正吾・山田信行編『現代社会学における歴史と批判 ── グローバル化の社会学』東信堂, pp. 133–158.
宮内泰介, 2003b,「自然環境と社会の相互作用」舩橋晴俊・宮内泰介編『新訂　環境社会学』放送大学教育振興会, pp. 132–144.
宮内泰介, 2003c,「『民族紛争』下の住民たち ── ソロモン諸島マライタ島避難民の移住パターンと生活戦略」山本真鳥・須藤健一・吉田集而編『オセアニアの国家統合と地域主義 (JCAS 連携研究成果報告 6)』国立民族博物館地域研究企画交流センター, pp. 209–238.
宮内泰介, 2003d,「コモンズ ── 自然環境と担い手」舩橋晴俊・宮内泰介編『新訂　環境社会学』放送大学教育振興会, pp. 161–175.
宮内泰介, 2003e,「発展途上国と環境問題」舩橋晴俊・宮内泰介編『新訂　環境社会学』放送大学教育振興会, pp. 176–189.
宮内泰介, 2003f,「コモンズと公共性 ── 半栽培と半所有からの考察」『人間ー環境系ニューズレター』(東京大学東洋文化研究所広域連携研究プログラム「アジア的人間ー環境系モデルの構築とその実践的検討」5: 1–7.
宮内泰介, 2005a,「事例研究再考 ── 生活を組み立てる〈力〉としての調査研究」『先端社会研究』(関西学院大学 21 世紀 COE「人類の幸福に資する社会調査」の研究) 2: 27–46.
宮内泰介, 2005b,「生活を組み立てるということと調査研究」新崎盛暉・比嘉政夫・家中茂編『地域の自立　シマの力 (上)』コモンズ, pp. 181–199.
宮内泰介, 2006,「レジティマシーの社会学へ」宮内泰介編『コモンズをささえるしくみ ── レジティマシーの環境社会学』新曜社, pp. 1–32.
宮内泰介, 2009,「『所有』と『自然』の発見」佐藤健二・山田一成編『社会調査論』八千代出版, pp. 293–308.
宮内泰介・雀部真理, 2004,「ソロモン諸島へ進出した日本企業」藤林泰・宮内泰介編『カツオとかつお節の同時代史』コモンズ, pp. 115–130.
宮内泰介編, 2006,『コモンズをささえるしくみ ── レジティマシーの環

境社会学』新曜社
宮内泰介編，2009,『半栽培の環境社会学 —— これからの人と自然』昭和堂
Mondal, Abdul Hye, 2000, “Social Capital Formation: The Role of NGO Rural Development Programs in Bangladesh”, *Policy Sciences*, 33: 459–475.
Moore, C., J. Leckie and D. Munro eds., 1990, *Labour in the South Pacific*, Townsville: Department of History and Politics, and Melanesian Studies Centre, James Cook University of North Queensland.
守田志郎，1978,『日本の村』（朝日選書）朝日新聞社
守山弘，1988,『自然を守るとはどういうことか』農山漁村文化協会
Munro, Doug, 1990, “The Origins of Labourers in the South Pacific: Commentary and Statistics,” in Leckie Moore and Munro eds., *Labour in the South Pacific*, Townsville: Department of History and Politics, and Melanesian Studies Centre, James Cook University of North Queensland, pp. xxxxix-1i.
室田武・三俣学，2004,『入会林野とコモンズ —— 持続可能な共有の森』日本評論社
室田武編，2009,『グローバル時代のローカル・コモンズ』ミネルヴァ書房
内藤和明・高橋佳孝，2002,「三瓶山の半自然草地における生物多様性保全」『日本草地学会誌』48(3): 277–282.
Nakano, Kazutaka, 1992, “On the Vegetational Change in Fallows at a Hamlet in a Northwestern Region of Malaita, the Solomon Islands”, *South Pacific Study* (Kagoshima University Research Center for the South Pacific), 12(2): 113–127.
中野和敬，1994,「メラネシアの自給農業」『Tropics』3(1): 79–86.
中尾佐助，1977,「半栽培という段階について」『どるめん』13: 6–14.
中尾佐助，1982,「パプア・ニューギニアにおける半栽培植物群について」小合龍夫編『昭和 55 年度第二次文部省科学研究費補助金による海外学術調査報告書　東南アジア及びオセアニアの農村における果樹を中心とした植物利用の生態学的研究』pp. 7–19　→ 2004, 中尾佐助『中尾佐助著作集 第 1 巻 農耕の起源と栽培植物』北海道大学図書刊行会, pp. 691–708.
西谷大，2003,「野生と栽培を結ぶ開かれた扉 —— 焼き畑周辺をめぐる植物利用から見た栽培化に関する一考察」『国立歴史民俗博物館研究報告』105: 15–56.
小川和美，2001,「2001 年フィジー総選挙の分析 —— 民意はどこにあった

のか」『パシフィックウェイ』119: 4–18.
小倉充夫，1995,『労働移動と社会変動——ザンビアの人びとの営みから』有信堂
Ostrom, Elinor, 1990, *Governing the Commons: The Evolution of Institutions for Collective Action*, New York: University of Cambridge Press.
Pacific News Bulletin, various issues.
Pacific Report, various issues.
Peoples, James G., 1985, *Island in Trust: Culture Change and Dependence in a Micronesian Economy*, Boulder and London: Westview Press.
Polanyi, Karl, 1977, *The Livelihood of Man*, ed. by Harry W. Pearson, New York: Academic Press. = 1998, 玉野井芳郎ほか訳『人間の経済』I・II, 岩波書店
Putnam, Robert D., 1993, *Making Democracy Work: Civic Traditions in Modern Italy*, Princeton: Princeton University Press. = 2001, 河田潤一訳『哲学する民主主義——伝統と改革の市民的構造』NTT 出版
Ramachandran, V. K., 1997, "On Kerala's Development Achievements", in Dreze Jean and Amartya Sen eds., *Indian Development: Selected Regional Perspectives*, Delhi: Oxford University Press.
Regan, Anthony J., 1988, "Current Development in the Pacific: Causes and Course of the Bougaiville Conflict", *The Journal of Pacific History*, 3(3): 269–285.
Regan, Anthony J., 2002a, "The Bougaiville Political Settlement and the Prospects for Sustainable Peace", *Pacific Economic Bulletin*, 17(1): 114–129.
Regan, Anthony J., 2002b, "Phases of the Negotiation Process", in Andy Carl and Sr. Lorraine Garasu eds., *Weaving Consensus: The Papua New Guinea Bougainville Peace Process,* Conciliation Resources.
Regan, Anthony J., 2002c, "Resolving Two Dimensions of Conflict: The Dynamics of Consent, Consensus and Compromise", in Andy Carl and Sr. Lorraine Garasu eds., *Weaving Consensus: The Papua New Guinea Bougainville Peace Process,* Conciliation Resources.
Reilly, Benjamin, 2004, "State Functioning and State Failure in the South Pacific", *Australian Journal of International Affairs*, 68(4): 479–493.
Ross, Harold M., 1973, *Baegu: Social and Ecological Organization in Malaita, Solomon Islands*, Urbana: University of Illinois Press.
Ross, Harold M., 1976, "Bush Fallow Farming, Diet and Nutrition: A Melanesian Example of Successful Adoption", in Eugene Giles and JR S. Friedlaender eds., *The Measures of Man: Methodologies in Biological Anthropology*,

Cambridge: Peabody Museum, pp. 550–615.
Ross, Harold M., 1977, "The Sweet Potato in the South-Eastern Solomons", *Journal of Polynesian Society*, 86(4): 521–534.
Ross, Harold M., 1978, "Baegu Market, Areal Integration, Economic Efficiency in Malaita, Solomon Islands," *Ethnology*, 17: 119–138.
Russell, T., 1950, "The Fataleka of Malaita", *Oceania,* 21(1): 1–13.
阪本寧男，1995,「半栽培をめぐる植物と人間の共生関係」福井勝義編『講座地球に生きる 4 自然と人間の共生』雄山閣，pp. 7–36.
佐藤寛，2001,「社会関係資本と開発 —— 議論の系譜」佐藤寛編『援助と社会関係資本 —— ソーシャルキャピタル論の可能性』アジア経済研究所，pp. 11–33.
佐藤郁哉，2006a,『フィールドワーク 増訂版』新曜社
佐藤郁哉，2006b,『定性データ分析入門 —— QDA ソフトウェア・マニュアル』新曜社
佐藤郁哉，2008,『QDA ソフトを活用する実践質的データ分析入門』新曜社
佐藤元彦，2002,『脱貧困のための国際開発論』築地書館
Scheffler, Harold W., 1971, "The Solomon Islands: Seeking a New Land Custom", in Ron Crocombe ed., *Land Tenure in the Pacific*, Melbourne: Oxford University Press, pp. 273–291.
関根久雄，2002,「『辺境』の抵抗 —— ソロモン諸島ガダルカナル島における『民族紛争』が意味するもの」『地域研究論集』（国立民族学博物館地域研究企画交流センター）4(1): 63–86.
関根久雄，2003,「紛争とコンペンセーション —— なぜソロモン諸島政府は支払うのか」山本真鳥・須藤健一・吉田集而編『オセアニアの国家統合と地域主義（JCAS 連携研究成果報告 6)』国立民族博物館地域研究企画交流センター，pp. 189–208.
Sen, Amartya, 1992, *Inequality Reexamined*, Oxford University Press. = 1999, 池本幸生・野上裕生・佐藤仁訳『不平等の再検討 —— 潜在能力と自由』岩波書店
重田眞義，1987,「認知・実用・雑草性 —— 南部スーダン・アチョリ地域におけるヒト一植物関係」『アフリカ研究』21: 25–60.
曽我亨，2004,「個人と共同体の相克 —— ラクダ牧畜民ガブラにおける家畜の所有と信託制度」田中二郎・佐藤俊・菅原和孝・太田至編『遊動民 —— アフリカ原野に生きる』昭和堂，pp. 340–362.
Solomon Islands Broadcasting Corporation, news archives（http://www.

sibconline.com.sb/)
Solomon Islands Curriculum Development Centre, 1990, *A Social Studies Atlas of Solomon Islands*, Honiara: Solomon Islands Curriculum Development Centre.
Solomon Islands Government, 2000, *Report on 1999 Population & Housing Census: Basic Tables and Census Description*, Honiara: Solomon Islands Government.
Solomon Islands Statistics Office, 1987, *1985/6 Statistical Yearbook, Trade Report 1988*, Honiara: Statistics Office.
Solomon Islands Statistics Office, 1991, *Solomon Islands Trade Report 1988*, (*Statistical Bulletin* No. 20/91), Honiara: Solomon Islands Statistics Office.
Solomon Islands Statistics Office, 1992a, *Honiara Household Income and Expenditure Survey 1990/91*, Honiara: Solomon Islands Statistics Office.
Solomon Islands Statistics Office, 1992b, *Statistical Bulletin No.9/92*, Honiara: Solomon Islands Statistics Office.
Solomon Islands Statistics Office, 1992c, *Statistical Bulletin No.12/92*, Honiara: Solomon Islands Statistics Office.
Solomon Islands Statistics Office, 1993, *External Trade: January-March 1990 (Statistical Bulletin* No.8/93*)*, Honiara: Solomon Islands Statistics Office.
Solomon Islands Statistics Office, 1994a, *Statistical Bulletin No.18/94*, Honiara: Solomon Islands Statistics Office.
Solomon Islands Statistics Office, 1994b, *1989–1992: Solomon Islands Statistical Bulletin* (No. 20/94), Honiara: Solomon Islands Statistics Office.
Solomon Islands Statistics Office, 1994c, *Statistical Bulletin No.22/94.*
Solomon Islands Statistics Office, 1995a, *Rural Areas of Solomon Islands: Income and Expenditure Survey 1993 (Statistical Bulletin No.18/95)*, Honiara Statistics Office (Solomon Islands).
Solomon Islands Statistics Office, 1995b, *Solomon Islands 1993 Statistical Yearbook*, Honiara: Solomon Islands Statistics Office.
Solomon Islands Statistics Office, 1995c, *Provincial Centres Household Income and Expenditure Survey 1995*, Honiara: Solomon Islands Statistics Office.
Solomon Islands Statistics Office, 1996, *Education Statistics 1995 (Statistical Bulletin No.03/96)*, Honiara Statistics Office (Solomon Islands), Honiara: Solomon Islands Statistics Office
Solomon Islands Statistics Office, 1997a, *Solomon Islands Statistical Bulletin* (No. 11/97), Honiara: Solomon Islands Statistics Office.

Solomon Islands Statistics Office, 1997b, *Village Resources Survey 1995/96 (Statistical Bulletin No.10/97 Report 2)*, Honiara: Solomon Islands Statistics Office.

Solomon Islands Statistics Office, 1998, *Statistical Bulletin No.4/98(Copra Production 1996)*, Honiara: Solomon Islands Statistics Office.

Solomon Islands Statistics Office, 2006a, *Household Income and Expenditure Survey 2005/6 National Report*, Honiara: Solomon Islands Statistics Office. (http://www.spc.int/prism/country/sb/stats/)

Solomon Islands Statistics Office, 2006b, *Household Income and Expenditure Survey 2005/6 Provincial Report*, Honiara: Solomon Islands Statistics Office. (http://www.spc.int/prism/country/sb/stats/)

Solomon Islands Statistics Office, 2008, *Gross Domestic Product 2003–2006 (Statistical Bulletin: 16/2008)*, Honiara: Solomon Islands Statistics Office. (http://www.spc.int/prism/Country/SB/Stats/Publication/Annual/SINSO-GDP%20Estimates%20%202003-2006.pdf)

Solomon Islands Statistics Office, *Statistical Bulletin*, various issues.

Solomon Star, online (www.solomonstarnews.com/)

Solomon Star, 各号

菅豊，1994,「『水辺』の開拓誌」『国立歴史民俗博物館研究報告』57: 63–94.

菅豊，1998,「深い遊び――マイナー・サブシステンスの伝承論」篠原徹編『現代民俗学の視点第 1 巻 民俗の技術』朝倉書店，pp. 217–246.

菅豊，1999,「川に生きる男と女の“伝承的エコシステム”――新潟県，大川の菜園（女たち）とサケ漁（男たち）」『BIO-City』16: 74–80.

菅豊，2004,「平準化システムとしての新しい総有論の試み」寺嶋秀明編『平等と不平等をめぐる人類学的研究』ナカニシヤ出版，pp. 240–273.

杉村和彦，1995,「作物の多様化にみる土着思考」福井勝義編『講座地球に生きる 4 自然と人間の共生』雄山閣，pp. 165–192.

杉村順夫，2001,「ココヤシの多様性と伝播」山口裕文・島本義也編『栽培植物の自然史――野生植物と人類の共進化』北海道大学図書刊行会，pp. 137–150.

多辺田政弘，1990,『コモンズの経済学』学陽書房

高橋佳孝，2001,「三瓶山の半自然草地の保全――農的営みが創り上げてきた自然」『農業および園芸』76(2): 249–256.

武内和彦・鷲谷いずみ・恒川篤史編，2001,『里山の環境学』東京大学出版会

玉野井芳郎，1995,「コモンズとしての海」中村尚司・鶴見良行編『コモンズの海』学陽書房，pp. 2–10.
棚橋訓，1989,「ソロモン諸島と労働交易 ── 修正論の検討を中心とする覚書」慶応義塾大学民族学考古学研究室編『考古学の世界』新人物往来社，pp. 165–180.
棚橋訓，1996,「出稼ぎと労働移動」秋道智彌・関根久雄・田井竜一編『ソロモン諸島の生活誌』明石書店，pp. 336–345.
棚橋訓，1999,「ポリネシア・クック諸島における土地問題の深淵 ── 歴史的省察」杉島敬志編『土地所有の政治史 ── 人類学的視点』風響社，pp. 55–76.
田中求，2002a,「商業伐採の導入によるエコ・コモンズの変容と新たなエコ・コモンズの試行 ── ソロモン諸島西部州マロヴォラグーン，ガトカエ島ビチェ村の事例」『アジア・太平洋の環境・開発・文化』（未来開拓大塚柳太郎プロジェクト）4: 100–128.
田中求，2002b,「ソロモン諸島における商業伐採の導入と新たな開発観の形成 ── ウェスタン州マロヴォラグーン，ガトガエ島ビチェ村の事例」『環境社会学研究』8: 120–135.
田中求，2004,「商業伐採にともなう森林利用の混乱と再構築」大塚柳太郎編『島の生活世界と開発 I ソロモン諸島 ── 最後の熱帯林』東京大学出版会，pp. 115–145.
Tisdell, Clem and Teo Ian Fairbairn, 1984, "Subsistence Economies and Unsustainable Development and Trade: Some Simple Theory", *Journal of Development Studies,* 20(2): 227–241.
鳥越皓之，1997a,『環境社会学の理論と実践』有斐閣
鳥越皓之，1997b,「コモンズの利用権を享受する者」『環境社会学研究』3: 5–13.
鳥越皓之編，2001,『講座環境社会学第 3 巻 自然環境と環境文化』有斐閣
豊田由貴夫，2000,「メラネシア史」山本真鳥編『オセアニア史』山川出版社，pp. 221–262.
Tryon, D. T. and B. D. Hackman, 1983, *Solomon Islands Languages: An Internal Classification (Pacific Linguisitics Series C72)*, Canberra: Department of Linguistics, Research School of Pacific Studies, ANU.
槌谷智子，1999,「石油開発と『伝統の創造』 ── パプアニューギニア・フォイ社会の『近代』との葛藤」杉島敬志編『土地所有の政治史 ── 人類学的視点』風響社，pp. 251–273.
梅本信也・草薙得一，1995,「畦畔なし水田における伝統的雑草管理」『雑

草研究』40（別）: 90–91.
梅本信也・山口裕文・姚雷，2001,「商用樹林帯の一年生雑草における半栽培の風景」金子努・山口裕文編『照葉樹林文化論の現代的展開』北海道大学図書刊行会，pp. 513–528.
UNDP, 1996, *Human Development Report 1996*.
UNDP, 2009, *Human Development Report 2009*.
若林良和，2000,『水産社会論 ── カツオ漁業研究による「水産社会学」の確立を目指して』御茶の水書房
Wall, J. R. D. and J. R. F. Hansell, 1974, *Land Resource of the British Solomon Islands Protectorate, Vol. 3: Malaita and Ulawa*, Surbiton, Surrey（UK）: Ministry of Overseas Development.
Ward, R. G., 1982, "Changes in Subsistence Cropping," in R. J. May and N. T. Hank eds., *Melanesia: Beyond Diversity*, Canberra: ANU, Research School of Pacific Studies.
Ward, R. G., 1993, "South Pacific Island Futures: Paradise, Prosperity, or Pauperism?", *The Contemporary Pacific*, 5(1): 1–21.
Warmke, E. S., 1985, *Profiles of Eight Rural Women in Dala North, Malaita, Solomon Islands: A Time Allocation Study*, Honiara: Dodo Creek Research Station, Agriculture Division, Ministry of Agriculture and Lands, Solomon Islands.
鷲谷いづみ・矢原徹一，1996,『保全生態学入門 ── 遺伝子から景観まで』文一総合出版
Watson, James B., 1965, "The Significance of a Recent Ecological Change in the Central Highlands of New Guinea", *Journal of Polynesian Society,* 74: 438–450.
Watson-Gegeo, Karen Ann and David Welchman Gegeo, 1992, "Schooling, Knowledge, and Power: Social Transformation in the Solomon Islands", *Anthropology & Education Quarterly,* 23: 10–29.
Watters, Ray, 1987, "Mirab Societies and Bureaucratic Elites," in Antony Hooper et. al. eds., *Class and Culture in the South Pacific*, Suva: Institute of Pacific Studies of the University of the South Pacific and Auckland: Centre for Pacific Studies of the University of Auckland.
Wheelock, Jane, 1992, "The Household in the Total Economy", in Ekins and Max-Neef eds., *Real-Life Economics: Understanding Wealth Creation*, London: Routledge, pp. 124–136.
White, G., D. Gegeo, D. Akin and K. Watson-Gegeo eds., 1998, *The Big Death:*

Islanders Remember World War II, Honiara: University of the South Pacific and Solomon Islands College of Higher Education.
山口裕文, 1976,「東アジアの雑草燕麦ーその民族植物学的考察」『季刊人類学』7(1): 86–104.
山口裕文, 1991,「雑草生物学概説」『雑草研究』36(1): 1–7.
山口裕文, 1997a,「日本の雑草の起源と多様化」山口裕文編『雑草の自然史』北海道大学図書刊行会, pp. 3–16
山口裕文, 1997b,「水田畦畔の類型と畦畔植物の多様性」『種生物学研究』21: 27–33.
山口裕文・梅本信也, 1996,「水田畦畔の類型と畦畔植物の資源学的意義」『雑草研究』41(4): 286–294.
山口裕文・梅本信也・前中久行, 1998,「伝統的水田と基盤整備水田における畦畔植生」『雑草研究』43(3): 249–257.
山口裕文編, 1997,『雑草の自然史』北海道大学図書刊行会
山下晋司, 2007,「序 ── 資源化する文化」山下晋司編『資源人類学 2 資源化する文化』弘文堂, pp. 13–59.
家中茂, 2002,「生成するコモンズ ── 環境社会学におけるコモンズ論の展開」松井健編『開発と環境の文化学 ── 沖縄地域社会変動の諸契機』榕樹書林, pp. 81–112.
保田謙太郎・山口裕文, 2001,「アズキの半栽培段階における生活史特性の進化」山口裕文・島本義也編『栽培植物の自然史 ── 野生植物と人類の共進化』北海道大学図書刊行会, pp. 108–119.

【公文書資料】（Solomon Islands National Archives 所蔵）
BSIP, 10/I/34/9, Fataleka, 1948/08
BSIP, 12/VI/11
BSIP, 15/IV/102, War arrives in Solomon Islands.
BSIP, 25/IV
BSIP, 27/I/7, Native Affairs Book 6 Fataleka 1952–55
BSIP, 27/IV/18, Fataleka Census
BSIP, 27/VI/11, Malaita District Annual Report
BSIP, 27/VI/12, Political and General, Malaita District Annual Report, 1948/01
BSIP, 27/VI/14, Political and General, 1949 and 1950, Malaita District Annual
BSIP, 27/VI/29, District Administration and Local Government, Malaita District
BSIP, 27/VIII/12, Lands Dept. Fauabu Leases
BSIP, 100/III/10, Tour of West Baegu Fataleka, by District Commissioner Malaita,

BSIP, 227/VI/11, Political Activity on Malaita, 1946/10/09

BSIP, Annual Report, 1972

BSIP, Fauabu Diary 1928–1978

BSIP, Mr. R. Torpin, 1968/04

BSIP, Report, 1951/01/31,

Malaita Newsletter, 1954/04, 1954/08, 1954/04/14, 1958/06/14, 1958/11/19, 1959/06/16, 1960/03/28, 1960/09/20, 1961/12, 1962/01（Council Tax in the Malaita District in 1962）, 1962/04, 1962/09（Difference Between "Council" and "Court"）, 1963/01, 1968/04/25, 1968/07, 1968/11/26, 1968/12/18（Cyclone Damage on Malaita）, 1969/04/26, 1970/06/16（Agricultural News）, 1970/08/11, 1970/10/30, 1970/11, 1970/12, 1970/12, 1971/01/22, 1971/02/24, 1971/05/25, 1971/06/16, 1972/01/19, 1973/08/06, 1973/08/06

初出一覧

本書は東京大学大学院人文社会系研究科へ2009年に提出した博士学位論文「自然・移住・紛争の開発社会学 ── ソロモン諸島マライタ島民たちに見る生活の組み立て方」をもとに，大幅に改稿したものである。各章は以下の既発表論文を土台にしている。

第3章

1995,「太平洋島嶼部における家族の二重戦略 ── ソロモン諸島アノケロ村の事例から」佐藤幸男編『南太平洋島嶼国・地域の開発と文化変容 ──「持続可能な開発」論の批判的検討』名古屋大学大学院国際開発研究科，pp. 101–120.

第4章

1998,「重層的な環境利用と共同利用権 ── ソロモン諸島マライタ島の事例から」『環境社会学研究』4: 125–141.

第5章

2000,「ソロモン諸島マライタ島における出稼ぎと移住の社会史 ── 1930～1990年代」吉岡政德・林勲男編『オセアニア近代史の人類学的研究』(国立民族学博物館研究報告別冊21号)，pp. 237–260.

第6章

2010,「オセアニアにおける紛争と人々の対応─ソロモン諸島の民族紛争を事例に」熊谷圭知・片山一道編『朝倉世界地理講座15　オセアニア』pp. 403–414.

2003,「『民族紛争』下の住民たち ── ソロモン諸島マライタ島避難民の移住パターンと生活戦略」山本真鳥・須藤健一・吉田集而編『オセアニアの国家統合と地域主義（JCAS連携研究成果報告6)』国立民族学博物館地域研究企画交流センター，pp. 209–238.

第7章

2003,「『自分たちの土地へ』 ── 現代メラネシア社会における移住・民族紛争・土地所有」武川正吾・山田信行編『現代社会学における歴史と批判 ── グローバル化の社会学』東信堂，pp. 133–158.

著者紹介

宮内　泰介（みやうち　たいすけ）

1961 年愛媛県生まれ
東京大学大学院社会学研究科博士課程単位取得退学　博士（社会学）
北海道大学大学院文学研究科教授
専攻　環境社会学，開発社会学，メラネシア研究
主著
『半栽培の環境社会学 —— これからの人と自然』（編著）昭和堂，2009
『コモンズをささえるしくみ —— レジティマシーの環境社会学』（編著）新曜社，2006
『自分で調べる技術 —— 市民のための調査入門』岩波書店，2004
『カツオとかつお節の同時代史』（共編著）コモンズ，2004
『新訂　環境社会学』（共編著）放送大学教育振興会，2003
『コモンズの社会学』（共編著）新曜社，2001
『ヤシの実のアジア学』（共編著）コモンズ，1996

新曜社

開発と生活戦略の民族誌
ソロモン諸島アノケロ村の自然・移住・紛争

初版第 1 刷発行　2011 年 3 月 30 日©

著　者　宮内　泰介
発行者　塩浦　暲
発行所　株式会社　新曜社
101-0051　東京都千代田区神田神保町 2-10
電話（03）3264-4973（代）・FAX（03）3239-2958
E-mail：info@shin-yo-sha.co.jp
URL：http://www.shin-yo-sha.co.jp/

印　刷　長野印刷商工（株）　Printed in Japan
製　本　渋谷文泉閣
ISBN978-4-7885-1224-5　C3036